Der Philipperbrief

Eine Auslegung

Die Bibelstellen sind, wenn nicht anders angegeben, der „Schlachter Übersetzung" - Version 2000 entnommen; ebenso die Überschriften der unterteilten Kapitelabschnitte sowie die Einleitung zum Philipperbrief. Die Lutherübersetzung von 1984 wurde mit „Lutherbibel 1984" gekennzeichnet; die unrevidierte Übersetzung Martin Luthers von 1545 mit „Lutherbibel 1545", die Zürcher Bibel von 2007 mit „Zürcher Bibel".

Patrick Rompf

Der Philipperbrief

Bibliografische Information der Deutschen Nationalbibliothek:
Die Deutsche Nationalbibliothek verzeichnet diese Publikation in der Deutschen Nationalbibliografie; detaillierte bibliografische Daten sind im Internet über http://dnb.dnb.de abrufbar.

© 2017 Patrick Rompf

Herstellung und Verlag: BoD – Books on Demand, Norderstedt

ISBN: 978-3-7431-9751-0

INHALT

Vorwort zum Brief des Apostels   **10**
Paulus an die Philipper

Einleitung zum Philipperbrief   **17**

Kapitel 1

Zuschrift und Gruß   *18*

Das Gebet des Apostels für   *25*
die Gemeinde

Die Zuversicht des Apostels in   *50*
Gefangenschaft und Leiden

Ermahnung zu Standhaftigkeit   *89*
und Eintracht

Kapitel 2

Die Gesinnung des Christus als Vorbild   *102*
für die Gläubigen

Ermahnung zu einem heiligen Wandel   *124*

Timotheus und Epaphroditus –   *145*
zwei vorbildliche Diener Jesu Christi

Kapitel 3

Das Vorbild des Paulus: *158*
Christus ist alles

Warnung vor Feinden des Kreuzes   *204*
des Christus

Kapitel 4

Ansporn zu geistlichem Wandel   *220*

Paulus dankt für die Gaben   *245*
der Philipper

Gruß und Segenswunsch *277*

Nachwort **283**

Jesus Christus spricht:

Wenn ihr bleiben werdet an meinem Wort, so seid ihr wahrhaftig meine Jünger und werdet die Wahrheit erkennen, und die Wahrheit wird euch frei machen.

(Johannes, Kapitel 8, Verse 31b + 32 / Lutherbibel 1984)

Vorwort
zum Brief des Apostels Paulus an die Philipper

Hoffnung im Glauben bedeutet, die vollkommene Wahrheit Gottes in dem Herrn Jesus Christus durch die Worte der Heiligen Schrift im Glauben erkannt und im Herzen angenommen zu haben. Diese überaus gewichtige Maßnahme ergibt sich daraus, dass der Mensch in sein eigenes Ich hinabsteigen muss, um seine Fehler in Form der ihn belastenden Sünde vor Gott im Gebet der Buße zu bekennen, um letztlich zu der vollendeten Wahrheit angelangen zu können, welche ausschließlich in Gott und in dem Herrn Jesus Christus auffindbar ist.

Denn Gottes vollendete Wahrheit in dem Herrn Jesus Christus trägt folgende Eigenschaften:

Sie ist aufrichtig und ehrlich, ohne Falsch, konstant, unanfechtbar und unabänderlich, sichert rundum das Geborgensein, gewährt Abschirmung von Fremdeinwirkungen bedingt durch die Kraftauswirkung des den Gläubigen sich annehmenden Heiligen Geistes – und verbleibt folglich in Ewigkeit – wenn der Mensch den Glauben an Gott und Jesus Christus beständig in seinem Herzen trägt. Die Wahrheit Gottes in Seinem Sohn hat einen unwiderruflichen Bestand von Ewigkeit zu Ewigkeit; denn in Jesus Christus ist der neue und ewige Bund Gottes für die gläubige Menschheit gegründet worden.

Die Herrlichkeit der Worte des Psalmisten ummanteln im *„Güldenen ABC“*, Psalm 119, Vers 160 (Lutherbibel 1984) folgende unwiderruflichen Wahrheitsprinzipien des allmächtigen Gottes:

Dein Wort ist nichts als Wahrheit, alle Ordnungen deiner Gerechtigkeit währen ewiglich.

Unser Herr Jesus spricht in den bereits am Anfang dieses Buches zitierten Worten des Johannesevangeliums, Kapitel 8, Vers 31a (Lutherbibel 1984):

Wenn ihr bleiben werdet in meinem Wort...

Der Heiland verbindet Seine Worte mit einer Aufforderung. Diese Unerlässlichkeit bedeutet jedoch, dass des Herrn an die Menschen gerichteten Worte eine nicht wankende Bestätigung erfordern, sondern umwoben ist von einer standhaft bleibenden Zustimmung im Glauben an Ihn. Diese einzig und allein charakterfesten Befürwortungen tragen dazu bei, dass die Worte Christi auf ein grundsolides Fundament gegründet werden, welche von einem unerschütterlichen Glauben an den Messias vom Heiligen Geist genährt und fortwährend im Herzen der Menschen auffindbar sind.

Einfluss und Wirkung der Worte Jesu Christi legen zugrunde, in Seinen Worten zu verbleiben, um sie vollends zu erfahren und im Herzen dank des Glaubens in ihrer rundum voluminösen Fülle genießen zu können. Diese unantastbaren Wesenszüge Gottes sorgen für die Erleuchtung des Glaubens in den Herzen der Beschenkten bedingt durch die Kraftausgießung des Heiligen Geistes. Es sind jene befreienden Charaktere, welche die innigen Verhältnisse zwischen Gott und der gläubigen

Menschheit prägen, weil – bedingt durch die Wahrheit Christi – das Joch der Sünde für immer gebrochen und diese somit in dem Heiland durch die Gnade Gottes rundweg vertilgt wurde. So ist die Haltung des Glaubens eine im Gegensatz zu den Menschen ausgerichtete Herzensrichtung der von Sünde belastenden Menschen. Der Glaube an den Herrn Jesus Christus bildet und verwirklicht zugleich die Erlösung der Gläubigen in dem Heiland – eine alles errettende Wirkung, die einzig und allein durch die gnadenreiche Barmherzigkeit Gottes hervorgehoben wird – und daher auch rundum vom Höchsten vollendet werden kann.

Fortan erkennt und verbleibt der Mensch in der vollkommenen von Freiheit sich ausbreitenden Wahrheit Gottes in dem Herrn Jesus Christus, welche die Wirklichkeit Gottes in Seinem Sohn zugänglich macht – einer immerwährenden Wahrheit, die von grenzenlos errettenden Ausmaßen das Heil Gottes durch das fleischgewordene Wort Christi der gläubigen Menschheit offenbarend darlegt.

Nun kann der Beschenkte durch seinen festgegründeten Glauben dank der ihm zuteilwerdenden Kraft des Heiligen Geistes von ganzem Herzen behaupten, dass *es ein köstlich Ding ist, geduldig zu sein und auf die Hilfe des Herrn zu hoffen* (die Klagelieder Jeremias, Kapitel 3, Vers 26 / Lutherbibel 1984).

Auch die Gemeinde in Philippi hat sich zu ihren Sünden vor Gott und Jesus Christus in Gebeten der Buße bekannt, um die vollkommene Wahrheit Gottes in Jesus Christus gänzlich in ihren Herzen voller Dank aufnehmen und ausleben zu können. Diese unmissverständliche Freude bestand darin, dass Jesus Christus als Mensch den Sitz der himmlischen Regionen der Herrlichkeit Gottes, in denen Er sich noch vor der Erschaffung der Welt befand, verließ, in dem sich Gott in Ihm verwirklichte, um der gläubigen Menschheit zu dienen. Dieses jedem Gläubigen zuteilwerdende Dienen des Heilands bestand darin, den Ihm von Gott offenbarten Weg voller Wohlwollen zu begehen. Ja, diesen musste unser Herr Jesus als vollkommen Schuldloser für des Menschen Sünde freiwillig auf sich nehmen, bis dass der Auftrag des Ewigen das von Gott bestimmte Ziel zur Errettung der an Christus Glaubenden mit des Herrn Jesus` Kreuzestod und Seiner Auferstehung vollendet wurde – *damit jeder, der an ihn glaubt, nicht verlorengeht, sondern ewiges Leben hat* (Johannes, Kapitel 3, Vers 16b).

Der Inhalt des Philipperbriefes weist uns auf eine innige Gemeinschaft mit der Gemeinde in Philippi hin, mit welcher sich der Apostel Paulus nicht nur menschlich, sondern vor allem auch geistig eng verbunden sah, denn sie war seine Lieblingsgemeinde. Auch war die christliche Gemeinschaft in Philippi (Griechenland) die erste in Europa gegründete Gemeinde des Apostels Paulus – eine Gemeinde, die in gegenseitiger Unterstützung sowohl aus der Betrachtung materieller Dinge, als vor allem auch auf geistiger Gemeinsamkeit wohlwollend mit dem Apostel basierte. So zählt folglich der Lobpreis Gottes am Anfang dieses Briefes zu den ausführlichsten aller von Paulus verfassten Briefen. Diese von standhafter Ehrerbietung ummantelnden Worte sind gekennzeichnet von einer beständigen Verbundenheit zu dem allmächtigen Gott und Jesus Christus, welche durch inständiges Gebet, als auch von überzeugten Lobpreisungen gekürt sind, die der Apostel durch unerschütterlichen Glauben an Gott und Jesus Christus in seinem Herzen trägt.

Der über allem stehende Förderer dieser Lobeserhebung jedoch ist Gott allein, der sich in Jesus Christus offenbarte und dieses von Freude gekürte Wirken durch die Kraftausgießung des Heiligen Geistes rundum ermöglichte. Die daraus resultierende Freude, welche die im Herzen entsprungene Quelle des Dankes unwillkürlich aufweist, prägt die Basis des ganzen Philipperbriefes. Selbst die überaus aus menschlicher Betrachtungsweise bedrückende Lage im Gefängnis, in welchem der Apostel Paulus diesen Brief verfasste, veranlasst Paulus keineswegs zur Betrübnis, sondern sein unbeirrbarer Glaube fördert ihn zu einer unverzagten Verkündigung des Evangeliums unseres Herrn Jesus Christus; denn Paulus bekennt in seinem 2.Korintherbrief in Kapitel 12, Verse 9 + 10:

Und er **(Jesus Christus)** *hat zu mir gesagt: Lass dir an meiner Gnade genügen, denn meine Kraft wird in der Schwachheit vollkommen! Darum will ich mich am liebsten vielmehr meiner Schwachheit rühmen, damit die Kraft des Christus bei mir wohne. Darum habe ich Wohlgefallen an Schwachheiten, an Misshandlungen, an Nöten, an Verfolgungen, an Ängsten um des Christus willen; denn wenn ich schwach bin, dann bin ich stark.*

Diese rundum grundsoliden Worte des Paulus zeigen einmal mehr, wie stark und unmissverständlich sich sein Glaube in seinem Herzen ersichtlich zeigt; denn das Licht des Christus hat sein Herz vollkommen vereinnahmt. Des Apostels stets zum Himmel gerichteter Blick weist uns darauf hin, dass – obwohl er in der Situation des Philipperbriefes mit einem baldigen Tod rechnen muss – stets eine zuversichtliche Gewissheit durch seinen Glauben im Herzen trägt, der ihn unmissverständlich mit der unabdingbaren Kraft des Heiligen Geistes unwillkürlich auf Folgendes hinweist:

Wer will uns scheiden von der Liebe des Christus? Drangsal oder Angst oder Verfolgung oder Hunger oder Blöße oder Schwert? Wie geschrieben steht: „Um deinetwillen werden wir getötet den ganzen Tag; wie Schlachtschafe sind wir geachtet!" Aber in dem allem überwinden wir weit durch den, der uns geliebt hat. Denn ich bin gewiss, dass weder Tod noch Leben, weder Engel noch Fürstentümer noch Gewalten, weder Gegenwärtiges noch Zukünftiges, weder Hohes noch Tiefes, noch irgendein anderes Geschöpf uns zu scheiden vermag von der Liebe Gottes, die in Christus Jesus ist, unserem Herrn (Römer, Kapitel 8, Verse 35 – 39).

Paulus überzeugt durch seinen tiefgründigen Glauben mit der Gewissheit, sowohl im Leben, als auch im Tod den Herrn Jesus Christus vollends zu verherrlichen. So bildet selbst der Tod keine unüberwindbaren Barrieren – im Gegenteil – dieser erst ist der letzte Förderer in das Ewige Leben in beständiger Freiheit im Lichtglanz Gottes und Jesu Christi. So beschreibt der Apostel Paulus seine persönliche – als auch die Hoffnung eines jeden Christen in dem Philipperbrief in Kapitel 1, Vers 21 (Zürcher Bibel) wie folgt:

Denn für mich gilt: Leben heißt Christus, und Sterben ist für mich Gewinn.

Folglich bedeutet fortan der Tod keine Trennung von Christus, sondern ein auf Ewigkeit gegründetes, immerdar friedvolles Zusammensein in der Herrlichkeit Gottes und des Heilands Jesus Christus. Dies ist die Grundsubstanz christlicher Dankbarkeit und Freude, welche sich im ganzen Briefdurchlauf des Philipperbriefes ersichtlich zeigt. So ist der Glaube beseelt von einer grundsoliden, unumstößlichen, ja – zuversichtlichen Loyalität, der bedingt durch Gottes barmherziger Gnade schrankenlose Liebe den Menschen im Heiligen Geist offenbart, welche sich voller Glauben an den Allmächtigen und Seinen Sohn bekennen. Dort wird das Heil der Gläubigen vollkommen, welches Ewiges Leben in deren beider Zusammenkunft wohlwollend offenbarend darlegt.

Einleitung zum Philpperbrief

Der Philipperbrief wurde von dem Apostel Paulus etwa 61 – 63 n.Chr., gegen Ende seiner ersten Gefangenschaft in Rom, geschrieben und ist an die Gemeinde in der römischen Kolonie Philippi in Mazedonien (Griechenland) gerichtet (vgl. Apg. 16, 11 – 14). Diese Gemeinde, die offensichtlich Verfolgung erleiden musste, nahm regen Anteil an seinem Dienst und sandte ihm durch einen Boten, Epaphroditus, Unterstützung nach Rom. In seinem Dankesbrief lobt Paulus besonders ihre geistliche Gesinnung und ermuntert sie, in der Gesinnung des Christus zu wachsen; dabei stellt er ihnen den Herrn selbst als Vorbild hin (2, 5 – 11). Das persönliche Bekenntnis des Paulus (Kap.3) zeigt uns das Vorbild eines geistlich reifen Dieners des Christus, der ganz für seinen Herrn lebt, dem Christus alles geworden ist. Die Freude mitten in Anfechtungen, die herzliche Liebe Jesu Christi und die völlige Hingabe an den Herrn bilden den Grundton dieses Briefes.

Kapitel 1

Verse 1 + 2
Zuschrift und Gruß

¹Paulus und Timotheus, Knechte Jesu Christi, an alle Heiligen in Christus Jesus, die in Philippi sind, samt den Aufsehern und Diakonen: ²Gnade sei mit euch und Friede von Gott, unserem Vater, und dem Herrn Jesus Christus!

Auslegung:

Vers 1: Wie in allen anderen Briefen, die der Apostel Paulus verfasste, so stellt sich der Apostel auch in dem Brief an die Philipper mit seinem persönlichen Namen vor. Einerseits, um nicht mit einer Namensgleichheit verwechselt zu werden, andererseits akzentuiert er sein von Bedeutung geprägtes, apostolisches Amt als ein persönlicher Gesandter Gottes, weil er *durch* den Herrn Jesus Christus im Auftrag des allmächtigen Gottes in das apostolische Amt berufen wurde (siehe die Apostelgeschichte des Lukas, Kapitel 9!).

Auffallend ist jedoch, dass Paulus sich im Philipperbrief nicht als „Apostel Jesu Christi" bezeichnet. Daher liegt die Vermutung des Autors nahe, dass die Philipper ihn bereits bei seiner persönlichen Begegnung mit ihnen als einen Apostel Jesu Christi vollends anerkannten und Paulus diesbezüglich auf die Bezeichnung am Briefanfang bewusst verzichtete. Dies spricht abermals für seine tiefbewegende Freundschaft gegenüber der Gemeinde in Philippi.

Weiterhin benennt Paulus auch Timotheus als *(mein) echtes Kind im Glauben* (1.Timotheus, Kapitel 1, Vers 2a) als den weiteren Absender dieses Briefes. Timotheus – ein enger Mitarbeiter des Apostels Paulus – von Paulus in seinem 1. Brief an Timotheus als ein gleichgesinnter, vom Heiligen Geist beseelter Glaubensbruder betitelt – als auch im Philipperbrief in Kapitel 2, Vers 20a, wo ihn Paulus als einen seiner engsten Mitarbeiter *gleicher Gesinnung* betitelt (siehe noch kommende Auslegung!) – war auch der Gemeinde in Philippi bereits seit ihrer Etablierung bekannt (siehe noch kommende Auslegung unter Philipper, Kapitel 2, Verse 19 – 22!).

Zwar wurde Timotheus als Absender von Paulus namentlich erwähnt, jedoch deutet der weitere Briefverlauf an keiner Stelle darauf hin, dass auch Timotheus der Mitverfasser dieses Briefes ist. Dies unterstreicht zumal der 19.Vers des 2. Kapitels, wo Paulus anhand seiner Formulierung des Satzes ausdrücklich betont, dass *er* der alleinige Verfasser des Philipperbriefes ist, denn dieser lautet:

Ich hoffe aber in dem Herrn Jesus, Timotheus bald zu euch zu senden, damit auch ich ermutigt werde, wenn ich erfahre, wie es um euch steht (Auslegung folgt!).

Jedoch liegt die Vermutung nahe, dass Paulus den Inhalt dieses Briefes nicht nur als seinen eigenen in Betracht zieht, sondern der Inhalt des Briefes weist auf ein Geschehen hin, welches sowohl an die Gemeinde, als auch an seine Mitarbeiter gerichtet ist. Sie alle sind und sollen nutzreiche Anteilnehmer am Inhalt dieses von Dankbarkeit und Freude verfassten Briefes sein. Vielmehr berichtet der Apostel als ein Zeuge seiner selbst von seiner apostolischen Tätigkeit samt aller Höhen und Tiefen, die sein Amt jedoch mit williger Glaubensstärke und der unabdingbaren Hilfe des Heiligen Geistes durch die gnadenreiche Wirkung Gottes stets zu einem beständigen, nicht abirrenden Menschen im Glauben formt, der selbst irdischen Anfechtungen erfolgreich *wider*steht – und folglich mit der relevanten Hilfe Gottes *be*steht.

Weiterhin bezeichnet der Apostel sich selbst, als auch Timotheus als **Knechte Jesu Christi** – und stellt sich somit nicht auf eine gehobene Ebene gegenüber Timotheus aufgrund seines apostolischen Amtes, sondern verbleibt zusammen mit Timotheus auf ein und derselben Ebene der Knechtschaft des Herrn Jesu Christi. Was er den Philippern schriftlich in Form dieses Briefes hinterlegt: dieser Verfasser ist ein Knecht des Herrn Jesus Christus. Dies wiederum sagt unmissverständlich aus, dass sowohl Paulus, als auch Timotheus mit Leib und Leben das Eigentum ihres Herrn waren und sein wollten (Quelle: Schlachter-Bibel 2000!). Sie stehen vollkommen im Dienst der autorisierten Willensbereitschaft Gottes und des Heilands Jesus Christus.

Gleich, wie damals die alttestamentlichen Propheten unter der Obhut des allmächtigen Gottes standen, so stehen nunmehr die neutestamentlichen Apostel und ihre engsten Mitarbeiter unter der Obhut des Heilands Jesus Christus. Ein Beispiel aus dem Alten Testament im Buch des Propheten Jeremia schenkt uns die Aufklärung.

Denn Gott spricht:

Ehe ich dich im Mutterleib bildete, habe ich dich ersehen, und bevor du aus dem Mutterschoß hervorkamst, habe ich dich geheiligt; zum Propheten für die Völker habe ich dich bestimmt! Da sprach ich **(Jeremia):** *Ach, Herr, HERR, siehe, ich kann nicht reden, denn ich bin noch zu jung! Aber der Herr sprach zu mir: Sage nicht: „Ich bin zu jung"; sondern du sollst zu allen hingehen, zu denen ich dich sende, und du sollst alles reden, was ich dir gebiete! Fürchte dich nicht vor ihnen! Denn ich bin mit dir, um dich zu erretten, spricht der* **HERR** (Jeremia, Kapitel 1, Verse 5 – 8).

Somit ist die Bezeichnung des **Knechtes** *keinesfalls* eine beleidigende Betitelung, *sondern* eine ehrende Bezeichnung, welche im Dienst Gottes (in den alttestamentlichen Schriften), als auch im Dienst Jesu Christi (in den neutestamentlichen Schriften) steht. Diese Personen befinden sich unter der Willensbereitschaft, ja, unter der Vollmacht Gottes und Jesus Christus. Der Gemeinde in Philippi schreibt demzufolge: Paulus, der **Knecht Jesu Christi.**

So bezieht sich dieser Brief **an die Heiligen in Christus Jesus.** Dies ist die Bezeichnung aller Gemeindemitglieder in Philippi – sprich – der Brief ist an *alle Gläubigen* gerichtet. Diese sind *nicht heilig aus eigener Kraft,* ihre Heiligkeit hat Bestand, *weil sie* **in Christus Jesus** *sind.* Aufgrund des Heilgeschehens Gottes in dem Herrn Jesus Christus sind sie durch ihren Glauben an Christus als Heilige bzw. als Gläubige zu betiteln.

Gleich, wie *Gott in Jesus Christus war und die Welt mit sich versöhnt hat* (2.Korinther, Kapitel 5, Vers 19a), so versöhnt Jesus Christus die Gläubigen in und mit sich durch ihren Glauben in Verbindung mit Seinem Tod und Seiner Auferstehung. Der Apostel Paulus betont in seinem Brief an die Römer:

Denn wenn wir mit ihm (Jesus Christus) *einsgemacht und ihm gleich geworden sind in seinem Tod, so werden wir ihm auc in der Auferstehung gleich sein* (Römer, Kapitel 6, Vers 5).

Weiterhin benennt Paulus *die Aufseher und Diakone*. Die Lutherbibel von 1545 benennt diese als *Bischöfe und Diener*, die Lutherbibel von 1984 – als auch die Zürcher Bibel betitelt sie als *Bischöfe und Diakone*.

Die Aufseher – dies sind die besonderen Ämter der vom Geist Gottes eingesetzten Leiter der örtlichen Gemeinden (Quelle: Schlachter-Bibel 2000!). Gleich *den Bischöfen und Dienern* – dies sind die Aufseher oder Verwalter neben den Helfern (Diakonen) in den Gemeinden (Quelle: Lutherbibel 1984!). So beschreibt die Zürcher Bibel die *Bischöfe und Diener* als Kundschafter, Aufseher, Fürsorger, Amtsträger, welche mit bestimmten Aufgaben in der Gemeinde betraut sind (Quelle: Zürcher Bibel).

So liegt es nahe anzunehmen, dass den *Aufsehern* bzw. den *Bischöfen* die Lehrgewalt der Gemeinden oblag, sodass der Dienst der *Diakonen* bzw. *Dienern* darin ersichtlich wurde, dass sie als Gehilfen im Auftrag der *Bischöfe* tätig waren. So trägt jede Gemeinde, als auch im Falle der Gemeinde in Philippi besondere Aufgabenbereiche im Dienste Gottes (siehe Beispiel unter 1.Korinther, Kapitel 12, Vers 28, wo der Apostel Paulus die verschiedensten Dienste der Gemeindemitglieder aufzählt, die da sind: *erstens als Apostel, zweitens als Propheten, drittens als Lehrer; sodann Wunderkräfte, dann Gnadengaben der Heilungen, der Hilfeleistung, der Leitung, verschiedene Sprachen*).

Folglich wächst eine jede Gemeinde mit den an sie gerichteten Aufgabengebieten heran *in allen Stücken zu ihm hin, der das Haupt ist, der Christus* (Epheser, Kapitel 4, Vers 15). Diese sind nun *eifrig* im Glauben an Christus Jesus *bemüht, die Einheit des Geistes zu bewahren durch das Band des Friedens* (Epheser, Kapitel 4, Vers 3) zu einer Gott wohlgefälligen, von Glauben umwobenen Gemeinde.

Vers 2: Grüße des Paulus fügen sich nach der Zuschrift an. So folgt ein von Paulus wohlwollender, vom Herzen kommender Segenswunsch der von Gott und Jesus Christus ausgehenden *Gnade und des Friedens*, der sich an die einzelnen Gemeindemitglieder der Philipper richtet.

Die *Gnade* erweist sich als ein über allem stehendes Indiz göttlicher Zuwendung zu Seinen Kindern im Glauben, die weder erzwungen, noch erarbeitet, oder gar verdient werden kann (siehe abermals Auslegung unter Philipper, Kapitel 1, Vers 1 – in Bezug auf *die Heiligen in Christus Jesus!*). Vielmehr ist die Gnade umwoben von der ausgehenden Liebe Gottes an Seine Auserwählten. Sie ist ein Geschenk des Allmächtigen und daher als ein Segen des Höchsten in Betracht zu ziehen. In Psalm

100, Vers 5 (Lutherbibel 1984) können wir über die Gnade Gottes Folgendes in Erfahrung bringen. Dort steht geschrieben:

Denn der Herr ist freundlich, und seine Gnade währet ewig und seine Wahrheit für und für.

So obliegt es allein dem barmherzigen Gott, *wer* von Ihm in Seinen Gnadenbereich auserwählt wird. So spricht Gott:

Und wem ich gnädig bin, dem bin ich gnädig, und über wen ich mich erbarme, über den erbarme ich mich (2.Mose, Kapitel 33, Vers 19b + Römer, Kapitel 9, Vers 15).

Der *Friede* drückt das Wohlergehen, die Freude und Zufriedenheit, als auch die Sympathie gegenüber dem Nächsten aus. Somit umfasst der *Friede* die göttliche und daher unumstößliche Reinheit Seiner selbst. Er ist gegründet auf einem soliden Fundament und muss daher als ein weiteres Geschenk Gottes betrachtet werden. Der *Friede* ist ein hervorzuhebender Teil christlicher Lebenseinstellung, dessen Eckstein Gott in dem Herrn Jesus Christus auf Ewigkeit geprägt hat. So begründet Paulus den *Frieden* Gottes in dem Herrn Jesus Christus wie folgt:

Denn Er ist unser Friede, der aus beiden **(Juden und Christen!)** *eins gemacht und die Scheidewand des Zaunes abgebrochen hat* (Epheser, Kapitel 2, Vers 14).

Folglich haben sich die Absichten Gottes in dem Herrn Jesus Christus verwirklicht. So ist der *Friede* eine überaus richtungsweisende und daher maßgebliche Eigenschaft Gottes. Ja, in der Tat, der *Friede* prägt die Trinität (Dreifaltigkeit Gottes = Vater, Sohn und Heiliger Geist!) des Heils – und ist in den gnadenreichen Eigenschaften des Höchsten beseelt. Gott beinhaltet dieses fruchtbringende und gleichzeitig zum geistigen Wachstum ernährende, stets anwesende Fundament und schenkt es den Kindern Seiner Obhut mit der bedeutungsvollen Kraftausgießung des Heiligen Geistes. Aufgrund des Allmächtigen` Selbstverwirklichung in Jesus Christus wird den Glaubenden das Ewige Leben zuteil. Daher sind die Kinder Gottes Seine Begünstigten bis in alle Ewigkeit – und können fortan von ganzem Herzen behaupten:

Denn auf dich traut meine Seele, und unter dem Schatten deiner Flügel habe ich Zuflucht (Psalm 57 – ein Psalm Davids, Vers 2b / Lutherbibel 1984).

Verse 3 – 11
Das Gebet des Apostels für die Gemeinde

[3]*Ich danke meinem Gott, sooft ich an euch gedenke,* [4]*indem ich allezeit, in jedem meiner Gebete für euch alle mit Freuden Fürbitte tue,* [5]*wegen eurer Gemeinschaft am Evangelium vom ersten Tag an bis jetzt,* [6]*weil ich davon überzeugt bin, dass der, welcher in euch ein gutes Werk angefangen hat, es auch vollenden wird bis auf den Tag Jesu Christi.* [7]*Es ist ja*

nur recht, dass ich so von euch allen denke, weil ich euch im Herzen trage, die ihr alle sowohl in meinen Fesseln als auch bei der Verteidigung und Bekräftigung des Evangeliums mit mir Anteil habt an der Gnade. [8]Denn Gott ist mein Zeuge, wie mich nach euch allen verlangt in der herzlichen Liebe Jesu Christi. [9]Und um das bete ich, dass eure Liebe noch mehr und mehr überströme in Erkenntnis und allem Urteilsvermögen, [10]damit ihr prüfen könnt, worauf es ankommt, sodass ihr lauter und ohne Anstoß seid bis auf den Tag des Christus, [11]erfüllt mit Früchten der Gerechtigkeit, die durch Jesus Christus (gewirkt werden) zur Ehre und zum Lob Gottes.

Zwischenbemerkung:

Paulus beginnt nun mit einem lobpreisenden Gebet des Dankes gegenüber dem allmächtigen Gott, welches sich auf die im Glauben feststehenden Gemeindemitglieder der Philipper bezieht. Dieses Gebet der Huldigung drückt die in Gott und Jesus Christus bereits bestehende enge Beziehung zu den Philippern aus, welche die Gläubigen bereits in ihren Herzen verwirklicht haben. So führt des Paulus` Lobpreisung zum gewichtigen Kern des Philipperbriefes: dem Dank Gottes, dass der Höchste die Zugänglichkeit der Herzen der Gemeindemitglieder öffnete, damit das Licht der unabdingbaren Wahrheit Seiner selbst in Christus Jesus diese Herzen zur vollkommenen Wahrheit leitet, die allein in Gott und in dem Heiland Jesus Christus ruht.

Anhand dieser Gnadenoffenbarung können nunmehr die Gläubigen mehr und mehr in die Herrlichkeit der Wahrheit anhand ihres stets sich ausbreitenden Glaubens hineinwachsen, um mit den gnadenreichen Früchten der Gerechtigkeit vom Heiligen Geist beseelt zu werden, welche durch Jesus Christus von Gott gewirkt werden. Diese über allen stehenden Kriterien sind der maßgebliche Grund für des Apostels Danksagung.

So zeigt sich folgendes „Lobpreisungs-Fürbitten-Schema" des Apostels Paulus ersichtlich:

Der lobpreisende Dank an Gott, wann immer er an die Gemeinde in Philippi denkt, die von Bedeutung gekürte, enge Beziehung des Apostels mit der Gemeinde, als auch auf die sich daraufhin resultierende Fürbitte, dass die Gemeinde den bereits von Gott gesegneten Glaubensweg durch eine vom Höchsten stets geförderte Erkenntnis im Heiligen Geist ausweitet, damit diese zu einem erkenntnisreichen Glaubensstand gelangt, um dass die Gemeinde anhand dieses Offenbarungsgeschenkes des Höchsten noch tiefer in die von ganzer Wahrheit gekürte Vertrautheit Gottes und Jesus Christus im Glauben hineinwächst, sodass diese mehr und mehr imstande ist, Fremdeinwirkungen jeglicher Art *durch* ihren geförderten Glauben dank der sich ausbreitenden Geisteswirkungen *zu verdrängen.*

Die immerwährende Zuversichtlichkeit im Herzen des Apostels ist dieser beständige Förderer, sodass Paulus voller von Herzen kommender Gewissheit beseelt ist, dass Gott, der den Anfang des Glaubens der Philipper ermöglichte, somit auch den Glauben zu einem beharrlichen Fundament leitet, welches standhaftes Ausharren gegenüber Fremdeinwirkungen ermöglicht. Denn Gott allein kann dieses von Demut ummantelnde Gebet verwirklichen...

Auslegung:

Vers 3: Paulus beginnt nun mit der von Herzen kommenden Danksagung des Gebets gegenüber Gott. Wann immer er an die Gemeinde in Philippi gedenkt, sieht er sich dazu aufgefordert, dem Allmächtigen für Seine den Philippern zuteilwerdende Gnadengabe von ganzem Herzen zu danken.

Aus dieser Fürbitte aber kann man bereits des Paulus` *persönliches* Dankgebet an Gott heraushören, der ihn dazu im Geist der Wahrheit aufgrund seines apostolischen Amtes dazu bemächtigte, die Gemeinde in Philippi zu ehrfürchtigen Glaubensgeschwistern zu formen. Jedoch ist es nicht Paulus selbst, der das Gedeihen des Glaubens ermöglicht, denn er hat es nur ***gepflanzt, aber Gott allein hat das Gedeihen gegeben*** und daher ist Gott allein der alles entscheidende und gewichtige Förderer des Glaubens (1.Korinther, Kapitel 3, Vers 6). Somit weist der Apostel in Ehrfurcht seine gedanklichen Hintergründe auf das Werk des ebenfalls von der Gnade Gottes angewiesene Gelingen ***des Dieners*** (1.Korinther, Kapitel 3, Vers 5b) zurück, indem er sich selbst ***als Knecht Jesu Christi*** (Philipper, Kapitel 1, Vers 1a – siehe Auslegung!) betitelt.

So hat zwar Paulus den Vollzug des Glaubens bei der Gemeinde in Philippi eingeleitet, doch Gott allein hat dafür Sorge getragen, dass der Glaube in deren Herzen gedeiht. Dieses maßgebliche Gedeihen aber bewirkt, dass das Evangelium des Herrn Jesus Christus sich in den Herzen der Gemeindemitglieder ersichtlich zeigt und folglich Ausmaße des Heils in Form von aktiven Glaubensausrichtungen hervorbringt (siehe noch kommende Auslegung!).

Vers 4: Diese unmissverständlichen, deutlich im Herzen des Apostels wahrgenommenen Heiltaten Gottes veranlassen ihn förmlich dazu, *allezeit, in jedem seiner Gebete* für alle Philipper Gott gebührenden Lob und Dank auszusprechen. Diese Gebete sind folglich ummantelt von einer von Herzen kommenden *Freude der Fürbitte*, die wiederum aufweist, wie tiefgründig sein gläubiges Herz an Gott und den Herrn Jesus Christus gerichtet ist. Denn Paulus weiß sehr genau, dass *das Gebet eines Gerechten viel vermag, wenn es ernstlich ist* (Jakobus, Kapitel 5, Vers 16b).

So sind alle Gebete des Apostels Paulus von hingebungsvoller Gewissheit geprägt, sodass er der festen Überzeugung ist, dass Gott diese auch wohlwollend erhören wird.

Denn wenn er (Gott!) *spricht, so geschieht's; wenn er* (Gott!) *gebietet, so steht's da* (Psalm 33, Vers 9 / Lutherbibel 1984).

Und unser Herr Jesus Christus hinterlegt allen Gläubigen folgende Frohe Botschaft:

Alles, was mir der Vater gibt, wird zu mir kommen; und wer zu mir kommt, den werde ich nicht hinausstoßen (Johannes, Kapitel 6, Vers 37).

Vers 5: Weiterhin dankt der Apostel Gott dafür, dass die Philipper durch des Schöpfers gnadenreiche Barmherzigkeit Anteilnahme am Evangelium haben. Die Frohe Botschaft wurde von den Gemeindemitgliedern *vom ersten Tag an*, als sie die gnadenreichen Worte des Evangeliums von Paulus hörten, in ihren Herzen verwirklicht. Diese Früchte des Heils haben fortan in den Herzen der Philipper nicht aufgehört zu gedeihen, sondern diese sind unentwegt – sprich – *bis jetzt*, so Paulus, in ihren Herzen geblieben.

Diese kontinuierliche Glaubensgewissheit, die in den Herzen der Philipper ersichtlich wurde, ist beseelt von der barmherzigen Gnadengabe Gottes im Heiligen Geist. Ja, in der Tat, diese Gnade wird ersichtlich *zur Errettung für jeden, der glaubt*, so Paulus in seinem Brief an die Römer in Kapitel 1, Vers 16b. Für dieses von Gott offenbarte Heil dankt Paulus dem Ewigen allezeit.

Folglich sind die Philipper *durch* die Gnade Gottes in den neuen, ewigen Bund mit aufgenommen worden, der in Jesus Christus vom Höchsten verwirklicht wurde. Sie sind fortan aufgeschrieben im Buch des Lebens – ja – ihnen wurde die Tür zum Ewigen Leben geöffnet mit dem über allem stehenden

Jawort Gottes. Dies umschreibt das wunderbare Handeln Gottes an *den* Menschen, die Er seit der Grundlegung der Welt in Jesus Christus auserwählt hat. So spricht Jesus Christus:

Kommt her, ihr Gesegneten meines Vaters, und erbt das Reich, das euch bereitet ist seit Grundlegung der Welt! (Matthäus, Kapitel 25, Vers 34d).

Vers 6: So tritt nun Paulus zu der zuversichtlichen Überzeugung über, *dass der, welcher in euch ein gutes Werk angefangen hat, es auch vollenden wird bis auf den Tag* (die Wiederkunft!) *Jesu Christi.*

So sind fortan die Gläubigen in die Gemeinschaft Gottes mit hineinintegriert worden. Daher definiert Paulus in seinem 2.Korintherbrief in Kapitel 5, Verse 17 + 18 den neuen Menschen in dem Herrn Jesus Christus wie folgt:

Darum: Ist jemand in Christus, so ist er eine neue Schöpfung; das Alte ist vergangen; siehe, es ist alles neu geworden! Das alles aber kommt von Gott, der uns mit sich selbst versöhnt hat durch Jesus Christus und uns den Dienst der Versöhnung gegeben hat.

Dies bedeutet, als Gläubiger eine rundum zuversichtliche Gewissheit an der Anteilnahme Gottes zu haben. In der Tat, *dies* ist *der* Glaubensinhalt eines jeden Gläubigen, der unwiderruflich belegt, dass man in die Herrlichkeit des Höchsten *eingegangen ist* – nicht nur im Hier und Jetzt – sondern auch in der noch vor uns liegenden Zukunft – ja, diese bleibt auch in Ewigkeit ein und dieselbe. Es ist eine Gewissheit, welche die Glaubenden zu beständiger Freude und Dank in Form von Gebeten aufruft, denn diese Freude der Zuversicht ist *im* Heiland Jesus Christus von Gott bestätigt worden! Sie ist ein unwiderruflicher Bestandteil der kontinuierlichen Wahrheit Gottes in Jesus Christus, denn Gott spricht:

Denn ich, der HERR, verändere mich nicht (Maleachi, Kapitel 3, Vers 6a).

Seit der Auferstehung des Heilands Jesus Christus steht die gläubige Menschheit in Gemeinschaft mit Gott und dem Sohn. Einer Gemeinsamkeit, die allein Gott den Menschen ermöglicht hat, die von ganzem Herzen an Ihn glauben. So kann der Mensch seinen Lob und Dank an Gott wie folgt bekunden:

Wenn ich dich (Gott!) ***anrufe, so erhörst du mich und gibst meiner Seele große Kraft*** (Psalm 138 – ein Psalm Davids – Vers 3 / Lutherbibel 1984).

Folglich besteht die Gnade Gottes gegenüber der Gläubigen *aus völligem zubereiten, festigen, stärken und gründen* (1.Petrus, Kapitel 5, Vers 10c).

Dies alles bewirkt den neuen, ewig währenden Bund und Glaubensstand der Gemeinde in Philippi und hebt die gnadenumwobene Beweistat Gottes prägend hervor; denn Gott ist *treu.*

Im 5.Buch Mose heißt es in Kapitel 32, Vers 4:

Er ist der Fels; vollkommen ist sein Tun; ja, alle seine Wege sind gerecht. Ein Gott der Treue und ohne Falsch, gerecht und aufrichtig ist er.

Die Treue Gottes schenkt auch der gläubigen Gemeinde in Philippi eine niemals versiegende Hoffnung in ihre Herzen hinein. So wird das christliche Bestehen eine fortwährende Kontinuität erlangen, welche selbst irdischen Anfechtungen widersteht, weil der Glaube auf einem unerschütterlichen Fundament der Gewissheit in Jesus Christus von Gott hinterlegt wurde.

Denn Gott, so Paulus in Philipper, Kapitel 2, Vers 13 (Auslegung folgt!) *ist es, der in euch sowohl das Wollen als auch das Vollbringen wirkt nach seinem Wohlgefallen.*

Dies ist *die* Freude, die uns Gott im Herrn Jesus Christus ermöglichte, um jeden erneuten Tag dem Höchsten Dankbarkeit im Gebet zu bekunden. Einer Bitte, die von Gott im Heiligen Geist gewährleistet wird, weil der Gläubige diese in seinem Herzen angenommen und im Glauben an Ihn und Jesus Christus rundum bestätigt hat. Denn der Herr Jesus Christus spricht über *die Erhörung eines ernstlichen Gebetes* folgende Worte:

Darum sage ich euch: Alles, was ihr auch immer im Gebet erbittet, glaubt, dass ihr es empfangt, so wird es euch zuteilwerden! (Markus, Kapitel 11, Vers 24).

Vers 7: Die detaillierte Beziehung zwischen Paulus und der Gemeinde der Philipper erwähnte der Apostel bereits in den ausgelegten Versen 3 – 6 des 1. Kapitels (siehe Auslegung!). Diese begründeten recht deutlich, dass *es ja nur recht ist*, dass sich Paulus in stetigen Gedanken und Gebeten an sie besinnt. Das Herz des Apostels ist überaus erfreut, dass die Philipper im Glauben gefestigte Anteilnehmer am Evangelium des Herrn Jesus Christus wurden und noch immer tatkräftig sind. Er bestätigt ihnen somit, dass sie die Liebe Gottes in Jesus Christus in ihren Herzen voller Wohlwollen angenommen haben. So ist die Gemeinde eine von der Treue Gottes überzeugte Glaubensgemeinschaft, denn sie haben ihre von Glauben erfüllten Herzen an die von Licht umgebenen Worten der Wahrheit Gottes und Jesus Christus vergeben. In der Tat, die Gemeinde in Philippi ist *in die himmlische Berufung* (Hebräer, Kapitel 3, Vers 1a) eingegangen. Nun sind sie Teilnehmer *der Herrlichkeit, die geoffenbart werden soll* (1.Petrus, Kapitel 5, Vers 1b). Diese Tatsache musste den Apostel von ganzem Herzen dazu bewegen, Gott immerdar Lob und Preis in Form von innigen Gebeten zu bekunden.

Die Gemeinde der Philipper hat den Apostel nicht nur ihren von Herzen kommenden Glauben bekundet, sondern sie haben Paulus *auch in seinen Fesseln als auch bei der Verteidigung und Bekräftigung des Evangeliums mit Anteilnahme an der Gnade* unterstützt (Philipper, Kapitel 1, Vers 7).

Paulus weist auf die Situation hin, in welcher er sich zu der Zeit befindet, indem er den Philippern diesen Brief verfasst: Der Apostel schreibt den Brief an die Philipper *in Gefangenschaft*. Doch diesen Aufenthalt im Gefängnis definiert Paulus als ein Zeichen *der Gnade*, obwohl er sein baldiges Todesurteil erwarten musste, wie uns der weitere Briefverlauf berichtet (siehe noch kommende Auslegung unter Philipper, Kapitel 1, Vers 20, als auch in Kapitel 2, Vers 17!). Der Apostel aber deklariert diesen Gefängnisaufenthalt als *Gnade*. So beruft Paulus sich im Beispiel des 2. Korintherbriefes, Kapitel 1, Vers 9, als der Apostel sich in großer Gefahr befand auf folgende Worte:

Ja, wir hatten in uns selbst schon das Todesurteil, damit wir nicht auf uns selbst vertrauten, sondern auf Gott, der die Toten auferweckt.

Aus dieser kritischen Lage aber zieht Paulus eine niemals versiegende Hoffnung, die ihm vom Herrn Jesus Christus wie folgt offenbart wurde:

Und er (Jesus Christus!) *hat zu mir gesagt: Lass dir an meiner Gnade genügen, denn meine Kraft wird in der Schwachheit vollkommen! Darum will ich mich am liebsten vielmehr meiner Schwachheiten rühmen, damit die Kraft des Christus bei mir wohne. Darum habe ich Wohlgefallen an Schwachheiten, an Misshandlungen, an Nöten, an Verfolgungen, an Ängsten um des Christus willen; denn wenn ich schwach bin, dann bin ich stark* (2.Korinter, Kapitel 12, Verse 9 + 10).

Selbst schwerwiegenden Bedrängnissen jeglicher Art begegnet der Apostel mit einer stets zuversichtlichen, vom Glauben genährten Ermutigung. Paulus weiß allzu genau, dass sein Vertrauen von ganzem Herzen auf dem Herrn Jesus Christus basiert; denn aus *jeder* Notlage heraus, sei diese auch aus irdischer Betrachtungsweise noch so schwer überwindbar, wird ihm die Macht des Herrn Jesus Christus zur Hilfe stehen; denn:

Vor schlimmer Kunde fürchtet er sich nicht; sein Herz hofft unverzagt auf den HERRN (Psalm 112, Vers 7 / Lutherbibel 1984).

Und unser Herr Jesus Christus spricht:

Glückselig seid ihr, wenn euch die Menschen hassen, und wenn sie euch ausschließen und schmähen und euren Namen als einen lasterhaften verwerfen um des Menschensohnes willen. Freut euch an jenem Tag und hüpft! Denn siehe, euer Lohn ist groß im Himmel. Denn ebenso haben es ihre Väter mit den Propheten gemacht (Lukas, Kapitel 6, Verse 22 + 23).

Paulus, der mit vollster zuversichtlicher Gewissheit im Glauben behauptet:

Ich habe den guten Kampf gekämpft, den Lauf vollendet, den Glauben bewahrt. Von nun an liegt für mich die Krone der Gerechtigkeit bereit, die mir der Herr, der gerechte Richter, an jenem Tag zuerkennen wird, nicht aber mir allein, sondern auch allen, die seine Erscheinung lieb gewonnen haben (2.Timotheus, Kapitel 4, Verse 7 + 8).

Folglich bedeutet für den Apostel selbst der Tod keinerlei Last oder gar eine unüberwindbare Erschwernis, sondern eine auf Ewigkeit währende Zusammenkunft bei Gott und dem Herrn Jesus Christus. Denn, so Paulus:

Tod, wo ist dein Stachel? Totenreich, wo ist dein Sieg?
(1.Korinther, Kapitel 15, Vers 55).

Ja, in der Tat: der Tod wird zur Vernichtung verurteilt, weil er *in* Christus Jesus endgültig vertilgt wurde. Dieser Vorgang bedeutet aber nunmehr Ewiges Leben in der Gemeinsamkeit der Herrlichkeit Gottes und Jesu Christi.

So ist *der Tod im Sieg verschlungen* (1.Korinther, Kapitel 15, Vers 54).

Daher ist die Unverzagtheit des Paulus ein unverkennbares Anzeichen eines sich im Herzen verwirklichenden, standhaften Glaubens, dessen Fundament vollkommen auf Gott und dem Herrn Jesus Christus basiert. Paulus ist ein Virtuose der Evangeliums-Verkündigung; denn er ist unter allen irdischen Umständen vom Heiland gefordert, das Evangelium des Herrn Jesus Christus im dem ihn vom Herrn geoffenbarten Heiligen Geist zu verkündigen. Diese Aufgabe liegt ihm am Herzen und er tätigt sie mit einer vorzüglichen Bravour.

Doch voller Sehnsucht erwartet Paulus mit hingebungsvollen Blicken zum Himmel die immerwährende Zusammenkunft bei dem Heiland Jesus Christus, dem er alle diese Gnadengaben für sein apostolisches Amt, welches des Paulus` Errettung bedeutete, zu verdanken hat.

Dort, wo die *Quelle des Lebens* (Psalm 36 – ein Psalm Davids, Vers 10a / Lutherbibel 1984) ist, dort, *wo Gott alle Tränen von ihren Augen abwischen wird, und der Tod nicht mehr sein wird, weder Leid noch Geschrei noch Schmerz mehr sein wird* (die Offenbarung des Johannes, Kapitel 21, Vers 4). Dort, wo *das neue Jerusalem, die Heilige Stadt von Gott aus dem Himmel herabsteigt*, (die Offenbarung des Johannes, Kapitel 21, Vers 2a) – *da* ist die über alle Maßen sich ausbreitende, entschlossene Sehnsucht von Paulus *auffindbar,* weil er immerdar dieses dürstende Begehren in seinem Herzen trägt, um zur vollkommenen Reinheit bei Christus anzugelangen.

Ja, in der Tat, es ist eben *diese* Sehnsucht, welche Paulus dazu im Glauben auffordert, seinen Gefängnisaufenthalt als einen unverkennbaren Beweis der **Gnade** (Philipper 1, Vers 7) Gottes anzusehen. Denn für einen Gläubigen gilt, Anteilnahme am Leiden Jesu Christi zu haben. Daher trägt der Apostel *das Sterben Christi am seinem Leib* (2.Korinther, Kapitel 4, Vers 10) – **Leiden sowie der Trost**, welche auf *ihn überfließen* (2.Korinther, Kapitel 1, Vers 5).

Dies sind die Kennzeichen eines für Christus Leidenden – *indem ich* – wie sich Paulus ausdrückt – *seinem Tod gleichförmig werde* (Philipper, Kapitel 3, Vers 10b – Auslegung folgt!). So ist fortan in Jesus Christus das Heilgeschehen des Apostels Paulus offenbart – und dieser zum Vorschein gelangende Glaubensprozess verwirklicht sich demzufolge zu einer im Glauben dienenden Errettung der **Gnade**.

Vers 8: Das des Paulus' Herz mit Worten der vollkommenen Wahrheit zu den Philippern spricht, bekennt der Apostel wie folgt: **Gott ist mein Zeuge**. Ja, seine Worte kann er vor dem Thron Gottes rechtfertigen, denn Paulus liebt die Gemeinde in

Philippi von ganzem Herzen, sodass seine Sehnsucht davon geprägt ist, dass sein Herz *nach ihnen allen in der herzlichen Liebe Jesu Christi verlangt.*

Der Apostel weist seine in ihm aufkommende Liebe auf den Herrn Jesus Christus hin, die er der Gemeinde mit seinen an sie gerichteten Worte offenbarend darlegt. So ist es des Heilands beständige Liebe, die in dem Herzen des Paulus wirkt – welche aber auch gleichzeitig an die Gemeinde in Philippi übergeht. Daher ist des Paulus Liebe *mit ihnen allen in Jesus Christus* (1.Korinther, Kapitel 16, Vers 24). An dieser Stelle wird ersichtlich, dass Paulus menschliche, als auch religiöse Sehnsüchte *nicht* voneinander trennt, *sondern* diese gehören für ihn unzertrennlich zueinander. Daher will der Apostel der Gemeinde in Philippi ebenfalls prägende Worte der Liebe hinterlassen, die er bereits an die Thessalonicher wie folgt verfasste:

Und wir sehnten uns so sehr nach euch, dass wir willig waren, euch nicht nur das Evangelium Gottes mitzuteilen, sondern auch unser Leben, weil ihr uns lieb geworden seid (1.Thessalonicher, Kapitel 2, Vers 8).

So ist die *Liebe* eines jeden Gläubigen eine in Christus ruhende Gnadenerweisung, welche gekürt ist von wohlwollender und gnadenreicher Barmherzigkeit; denn sie ist ohne jeglichen Falsch beseelt, damit das / die Herz(en) des / der Nächsten ermuntert und aufgerichtet wird (bzw. werden). Diese von Verbundenheit geprägten Wesenszüge lassen das innige Verhältnis des Paulus zu den Philippern noch deutlicher zum Vorschein gelangen. Es ist ein von Verlangen geprägter Sehnsuchtsfaktor, der vom Geist der Wahrheit Jesu Christi aufgefordert wird, entgegenkommende Handlungen gegenüber den

Nächsten im Zeichen der *Liebe* voller lobpreisender Worte auszuüben.

Vers 9: Paulus geht nun zu der Festigung der Liebe über. Der Apostel bittet im Gebet, um dass *die Liebe mehr und mehr* in den Herzen der Philipper in Form *von Erkenntnis und allem Urteilsvermögen überströme*, ja – dass diese sich ersichtlich zeigen möge.

In die Liebe des Herrn Jesus Christus mehr und mehr hineinzuwachsen bedeutet, Seine Worte im Herzen immer tiefgründiger auszulegen, um möglichst ihren ganzen voluminösen Sinn – der die vollkommene Wahrheit beinhaltet – erfassen zu können, damit diese das Herz des Suchenden jeden erneuten Tag zur Freude veranlasst. Der Glaube gewährt *keinen* Stillstand, *sondern der Glaubende wird dazu aufgefordert, jeden erneuten Tag noch tiefer in die Herrlichkeit der Worte des Evangeliums einzutauchen, damit sich eine standhafte Fundamentgründung im Herzen der Beschenkten ausbreiten kann, um irdischen Anfechtungen mit ausharrender, nicht wankender Bereitschaft erfolgreich widerstehen zu können;* **damit er eure Herzen stärke und sie untadelig seien in Heiligkeit vor unserem Gott und Vater bei der Wiederkunft unseres Herrn Jesus Christus mit allen seinen Heiligen**, fügt der Apostel Paulus in seinem 1.Brief an die Thessalonicher in Kapitel 3, Vers 13 hinzu. Und der Herr Jesus fordert uns auf:

Bleibt in mir, und ich (bleibe) in euch! (Johannes, Kapitel 15, Vers 4a).

In dem Herrn Jesus Christus zu bleiben, bedeutet, Seine Worte im Herzen anzunehmen, ihnen vollends zu vertrauen – und nach diesen das eigene Leben auszurichten. So müssen wir Christus als *den* Mittelpunkt in unserem Leben in Augenschein nehmen, um Ihm vollkommen anzugehören.

Nur in einem ständigen Suchen nach Liebe wird auch die Erkenntnis zu überaus erfolgreichen Begünstigungen im Glauben heranwachsen – ja, dann wird das Urteilsvermögen ersichtlich. Denn:

Wenn es aber jemand unter euch an Weisheit mangelt, so erbitte er sie von Gott, der allen gern und ohne Vorwurf gibt, so wird sie ihm gegeben werden (Jakobus, Kapitel 1, Vers 5).

Stillstand jedoch bedeutet unwillkürlich, *mit Zweifel und einer daraus resultierenden, beschämenden Gleichgültigkeit* dem Wort Gottes zu begegnen. So bekennt Jakobus, der Halbbruder unseres Herrn Jesus Christus:

Denn wer zweifelt, gleicht einer Meereswoge, die vom Wind getrieben und hin – und hergeworfen wird. Ein solcher Mensch denke nicht, dass er etwas von dem Herrn empfangen wird, ein Mann mit geteiltem Herzen, unbeständig in allen seinen Wegen (Jakobus, Kapitel 1, Verse 6b – 8).

Erkenntnis und Urteilsvermögen (Philipper, Kapitel 1, Vers 9) können *nur dann* mit der unentbehrlichen Kraftauswirkung der *Liebe* des Christus in zusammengehörender Harmonie *ineinander verschmelzen, wenn* der Suchende von ganzem Herzen *gewillt ist,* seine Entscheidung des Glaubens im Geiste Jesu Christi *beständig auszubreiten.* Denn:

Die feste Speise (der tiefgründige Glaube!) *aber ist für die Gereiften,* (für die, welche den Herrn Jesus Christus dank ihres ausgereiften Glaubens beständig in ihren Herzen tragen!) *deren Sinne durch Übung* (durch gefestigten Glauben an Jesus Christus!) *geschult sind zur Unterscheidung des Guten und des Bösen* (Hebräer, Kapitel 5, Vers 14).

Wachstum ist folglich *nur dann* eine zuversichtliche Gewissheit für eine erkenntnisreiche, urteilvermögende Aussage, *wenn* sie von der Liebe des Herrn Jesus Christus einen immerwährenden, geförderten Beistand im Geist erhält. Diese zur Tat schreitenden, willigen Bemühungen der Glaubenden werden letztlich dazu gewinnfördernd beitragen, dass des Paulus` Gebet für die Philipper – als auch für einen jeden anderen Christen – rundum vom allmächtigen Gott einen gebührenden Einklang der Bestätigung finden. So ist es von allergrößter Bedeutung, *stets* nach einer immer weitreichenden und ausgeprägten Beziehung zu Gott und dem Herrn Jesus Christus *zu streben,* um jeden erneuten Tag tiefgründiger und gewissenhafter die unabdingbare Herrlichkeit Gottes und des Herrn Jesus Christus – unserem Heil – *zu erfahren und wahrnehmen zu können, damit ihr erfüllt werdet mit der Erkenntnis seines Willens in aller geistlichen Weisheit und Einsicht* – betont der Apostel Paulus in seinem Brief an die Kolosser in Kapitel 1, Vers 9b.

Die ermutigenden Aussagen und Gebete des Apostels Paulus werden erheblich dazu beitragen, dass es den Gläubigen gelingt, diese gewichtigen Kraftauswirkungen im Heiligen Geist unter Gottes fürsorglicher Regie erfolgreich bestehen zu können. Denn so heißt es im Buch des Propheten Jesaja:

Darum verlasst euch auf den HERRN immerdar; denn Gott der HERR ist ein Fels ewiglich (Jesaja, Kapitel 26, Vers 4 / Lutherbibel 1984).

Vers 10: Wenn sich nunmehr die gewichtigen Kraftauswirkungen im Heiligen Geist unter Gottes fürsorglicher Regie im Herzen der Beschenkten ersichtlich zeigen, dann sind diese Gläubigen fähig, *zu prüfen, worauf es ankommt, sodass* – so Paulus – *ihr lauter und ohne Anstoß seid bis auf den Tag des Christus.* So heißt es im Brief des Judas:

Dem allein weisen Gott, unserem Retter, gebührt Herrlichkeit und Majestät, Macht und Herrschaft, der mächtig genug ist, euch ohne Straucheln zu bewahren und euch unsträflich mit Freuden vor das Angesicht seiner Herrlichkeit zu stellen (der Brief des Judas, Verse 25a + 24).

Wenn fortan *die Erkenntnis* und *das Urteilsvermögen* (Philipper, Kapitel 1, Vers 9 – siehe Auslegung!) den Geist der Wahrheit mit verständnisvoller und bestimmender Eindeutigkeit im Glauben ergriffen hat, dann hat die über allem stehende Prägnanz Gottes und Jesu Christi die suchenden Herzen ergriffen. Ja, in der Tat – nun *sind Gnade und Wahrheit einander begegnet, Gerechtigkeit und Friede haben sich geküsst* (Psalm 85 - ein Psalm der Söhne Korach, Vers 11). Fortan wird sich der Mensch von humanitären Einflüssen *nicht* weiterhin *beirren* lassen, indem er *die breite Pforte und den breiten Weg erwählte, der ins Verderben führt,* (Matthäus, Kapitel 7, Vers 13b) sondern er hat den von Jesus Christus geebneten Weg der Wahrheit im Glauben an Ihn *eingeschlagen, denn die Pforte ist eng und der Weg ist schmal, der zum Leben führt* – spricht unser Herr Jesus im Evangelium des Matthäus in Kapitel 7, Vers 14a.

So sind diese Suchenden vielmehr dem gewichtigen Aufruf des Apostels Paulus gefolgt, indem er ihnen bekennt:

Prüft alles, das Gute behaltet! Haltet euch fern von den Bösen in jeglicher Gestalt! (1.Thessalonicher, Kapitel 5, Verse 21 + 22). *Damit er eure Herzen stärke und sie untadelig seien in Heiligkeit vor unserem Gott und Vater bei der Wiederkunft unseres Herrn Jesus Christus mit allen seinen Heiligen* (1.Thessalonicher, Kapitel 3, Vers 13).

Folglich sind fortan die im Glauben an Christus Gestärkten eine durch das Bad der Wiedergeburt gesegnete *Einheit Gottes in dem Herrn Jesus Christus,* **welche sich nicht diesem Weltlauf angepasst haben** (Römer, Kapitel 12, Vers 2a). Sie haben sich vielmehr *in ihrem Wesen verwandelt durch die Erneuerung ihres Sinnes, damit sie prüfen können, was der gute und wohlgefällige und vollkommene Wille Gottes ist* (Römer, Kapitel 12, Vers 2b).

Dieser zu Gott und Christus bezogene Wille ist das ersichtliche Indiz neutestamentlicher Verkündigung, nämlich – mit eigener Befugnis zu entscheiden – *was der gute und wohlgefällige und vollkommene Wille Gottes ist* (Römer, Kapitel 12, Vers 2b). Aber diese Entscheidungen sind sehr wohl hinterlegt von wohlummantelnden, neutestamentlichen Weisungen, ja – es sind jene zum Heil leitende über allen stehenden Hilfen – welche begangen und eingehalten werden *müssen* – um in die vollkommene Herrlichkeit Gottes und Jesu Christi vollends *einzutauchen* – um diese letztlich *rundum genießen zu können.*

So ist es die Liebe Gottes in dem Herrn Jesus Christus, welche die Menschen bewegt und im Herzen aufruft, aufgrund des Bekennens der Sünde durch den Glauben Teilnehmer im Reich der Herrlichkeit Gottes zu werden. Denn:

Wenn wir aber unsere Sünden bekennen, so ist er treu und gerecht, dass er uns die Sünden vergibt und uns reinigt von aller Ungerechtigkeit (1.Johannes, Kapitel 1, Vers 9).

Bedingt durch die Kraftauswirkung des Heiligen Geistes ist der Mensch nunmehr im Stande, *jegliche* situationsbedingte Handlungen anhand der stets ausgehenden Liebe des Christus *zu prüfen*, um mit Hilfe dieser unabdingbaren Entscheidungsgewalt *dem Willen Gottes zu entsprechen*, indem er *diesen Weg der unabänderlichen Wahrheit begeht*, der ihm von Jesus Christus voller Wohlwollen aufgrund Gottes Gnade geebnet wurde. Denn der Heiland spricht:

Ich bin der Weg und die Wahrheit und das Leben; niemand kommt zum Vater als nur durch mich! (Johannes, Kapitel 14, Vers 6).

Und so schreibt Johannes in seinem 1.Brief in Kapitel 3, Vers 3 folgende Worte *des guten, wohlgefälligen und vollkommenen Willens Gottes* (Römer, Kapitel 12, Vers 2b) nieder:

Und jeder, der diese Hoffnung auf ihn hat, reinigt sich, gleichwie auch Er rein ist.

Folglich ist es die eigene Einsicht, die durch den Geist der Wahrheit erkennt, dass die Liebe des Christus *und der Friede Gottes, der allen Verstand übersteigt, eure Herzen und eure Gedanken bewahren wird in Christus Jesus!* – so der Apostel Paulus in dem Brief an die Philipper in Kapitel 4, Vers 7 – Auslegung folgt! Es ist eine überaus wichtige Entscheidungsgewalt, welche somit auch das eigene, individuelle Pflichtbewusstsein in der Nachfolge des Evangeliums des Herrn Jesus Christus *prägend hervorhebt.*

Paulus lenkt zugleich seinen stets zum Himmel gerichteten Blick über auf die im Herzen der Angeschriebenen Worte seiner immerwährenden Blickrichtung des ewigen Heils – indem er sie betont darauf aufmerksam macht – *bis auf den Tag des Christus* mit ständigem Ausharren zu verbleiben (Philipper, Kapitel 1, Vers 10c). Der Glaube gewährt folglich *keinen* Stillstand, *sondern muss von Tag zu Tag gefördert* werden, ja – der Glaube *soll* sich, so Paulus – *lauter und ohne Anstoß* (Philipper, Kapitel 1, Vers 10c) in deren Herzen *ersichtlich zeigen,* um diesen *beständig* in der Zentrale des Glaubens (des Herzens!) beizubehalten, *bis auf den Tag des Christus.*

Sprich, bis dass das Gericht des Sohnes Gottes den gerechten Einzug hält. Paulus will den Philippern zu erkennen geben, dass dieses Weltgericht *noch vor* ihnen steht. Zwar sind sie dank ihres Glaubens an den Herrn Jesus Christus *gerettet* – aber die endgültigen Stellungsmaßnahmen Gottes und des Herrn Jesus Christus ihnen gegenüber *stehen noch aus.*

Vers 11: An dem Tag der Wiederkunft Jesu Christi sollen sich ihre Herzen *mit Früchten der Gerechtigkeit* ausweisen können. Sie – so der Apostel – sollen ihr irdisches Leben mit richtungsweisender Reinheit der Gerechtigkeit im Glauben an Jesus Christus begehen, *die durch Christus gewirkt werden zur Ehre und zum Lob Gottes.*

Wiederum sind *die Früchte der Gerechtigkeit keine* von den Christen selbst erarbeitete oder gar verdiente Kriterien des Heils, *sondern diese basieren einzig und allein auf der barmherzigen Gnade Gottes in dem Herrn Jesus Christus.* So spricht der Heiland:

Bleibt in mir, und ich (bleibe) in euch! Gleichwie die Rebe **(die Glaubenden!)** *nicht von sich selbst aus Frucht bringen kann, wenn sie nicht am Weinstock* **(Jesus Christus!)** *bleibt, so auch ihr nicht, wenn ihr nicht in mir bleibt. Ich bin der Weinstock, ihr seid die Reben. Wer in mir bleibt und ich in ihm, der bringt viel Frucht; denn getrennt von mir könnt ihr nichts tun* (Johannes, Kapitel 15, Verse 4 + 5).

Und der Herr Jesus Christus lässt uns weiterhin im Johannes-Evangelium in Kapitel 15, Vers 16 wissen:

Nicht ihr habt mich erwählt, sondern ich habe euch erwählt und euch dazu bestimmt, dass ihr hingeht und Frucht bringt und eure Frucht bleibt, damit der Vater euch gibt, was auch immer ihr ihn bitten werdet in meinem Namen.

Der Gerechte – *der ist wie ein Baum, gepflanzt an den Wasserbächen, der seine Frucht bringt zu seiner Zeit, und seine*

Blätter verwelken nicht. Und was er macht, das gerät wohl (Psalm 1, Vers 3 / Lutherbibel 1984).

Auch im Buch des Propheten Jeremia heißt es:

Gesegnet ist der Mann, der auf den HERRN vertraut und dessen Zuversicht der HERR geworden ist! Denn er wird sein wie ein Baum, der am Wasser gepflanzt ist und seine Wurzeln am Bach ausstreckt, der die Hitze nicht fürchtet, wenn sie kommt, sondern seine Blätter bleiben grün; auch in einem dürren Jahr braucht er sich nicht zu sorgen, und er hört nicht auf, Frucht zu bringen (Jeremia, Kapitel 17, Verse 7 + 8).

Ja, in der Tat – in dem Glaubenden entsteht durch das Bad der Wiedergeburt im Geist Gottes ein neues Denken, eine niemals versiegende Hoffnung – als auch eine immerwährende Liebe zu Jesus Christus, welche sich ihm in seinem Herzen ersichtlich zeigt. Folglich ist ein „neues Sein" entstanden, welches sich wie folgt an dem Glaubenden offenbart, so der Apostel Paulus:

Darum: Ist jemand in Christus, so ist er eine neue Schöpfung; das Alte ist vergangen; siehe, es ist alles neu geworden! (2.Korinther, Kapitel 5, Vers 17).

Nicht nur die immerwährende Liebe des Christus hat sich dem Glaubenden in seinem Herzen offenbart, sondern die Liebe *selbst* wird nunmehr *von* dem Beschenkten als ein Zeichen seiner Zugehörigkeit *zu* Jesus Christus gegenüber anderen als Zeichen und Beweis *der Nächstenliebe* wohlwollend ausgeübt. Folglich werden fortan die in dem Herzen des Gläubigen von Christus offenbarte *Früchte der Gerechtigkeit* (Philipper, Kapitel 1, Vers 10a) das von Licht erfüllte Herz mit den in Empfang genommenen Barmherzigkeitsgaben Christi *nicht* für sich selbst beibehalten, sondern diese werden die im Herzen entstandenen Liebesquellen Jesu mit Freude weitergegeben – als unverkennbare Anzeichen der stets von Christus geforderten *Nächstenliebe*.

So ist es, so Paulus, einzig und allein Jesus Christus, der diese *Früchte der Gerechtigkeit* bedingt durch die barmherzige Gnade Gottes – ja – *zur Ehre und zum Lob Gottes* (Philipper, Kapitel 1, Vers 11b) in den Herzen der Beschenkten durch ihren Glauben an Ihn fördert und gedeihen lässt. Daher kann der Apostel Paulus auch der Gemeinde der Philipper voller hingebungsvoller Gewissheit zu verstehen geben:

Und was immer ihr tut in Wort oder Werk, das tut alles im Namen des Herrn Jesus und dankt Gott, dem Vater, durch ihn (Kolosser, Kapitel 3, Vers 17).

Es ist abermals *nur der Glaube in Übereinstimmung mit der Gnadengabe Gottes im Heiligen Geist*, dass der Beschenkte sich in seinem Herzen der Liebe Gottes und Jesu Christi *rühmen kann*. Folglich ist es weiterhin *nur* die Liebe, welche die Erkenntnis der Gnade Gottes fortwährend dazu bewegt, in der Liebe Christi zu verbleiben, welche fortan immer beständiger ***heranwächst in allem Stücken zu ihm hin, der das Haupt ist, der Christus*** (Epheser, Kapitel 4, Vers 15b).

Anhand dieser zu Gott und dem Herrn Jesus Christus bezogenen Einstellung des Glaubens bewirkt der Beschenkte, dass restlos alles, was er macht und tut *zur Ehre und zum Lob* des allmächtigen *Gottes* (Philipper, Kapitel 1, Vers 11b) dient; denn der allmächtige Schöpfer des Himmels und der Erde hat des Gläubigen Heil *in* Seinem Sohn Jesus Christus offenbarend dargelegt. *Nur* in dem Herrn Jesus Christus wird dieser von Liebe umhüllte Glaubenseifer in eine zuversichtliche Gewissheit mit einem dazugehörenden, ewigen und unanfechtbaren Bestand gekürt werden, der direkt in das Reich der Herrlichkeit Gottes leitet.

So *gab* der Herr Jesus Christus *allen aber, die ihn aufnahmen das Anrecht, Kinder Gottes zu werden, denen, die an seinen Namen glauben; die nicht aus dem Blut, noch aus dem Willen des Fleisches, noch aus dem Willen des Mannes, sondern aus Gott geboren sind. Und das Wort wurde Fleisch und wohnte unter uns; und wir sahen seine Herrlichkeit, eine Herrlichkeit als des Eingeborenen vom Vater, voller Gnade und Wahrheit* (Johannes, Kapitel 1, Verse 12 – 14).

Verse 12 - 26
Die Zuversicht des Apostels in
Gefangenschaft und Leiden

[12]*Ich will aber, Brüder, dass ihr erkennt, wie das, was mit mir geschehen ist, sich vielmehr zur Förderung des Evangeliums*

ausgewirkt hat, [13]sodass in der ganzen kaiserlichen Kaserne und bei allen Übrigen bekannt geworden ist, dass ich um des Christus willen gefesselt bin, [14]und dass die meisten der Brüder im Herrn, durch meine Fesseln ermutigt, es desto kühner wagen, das Wort zu reden ohne Furcht. [15]Einige verkündigen zwar Christus auch aus Neid und Streitsucht, andere aber aus guter Gesinnung; [16]diese verkündigen Christus aus Selbstsucht, nicht lauter, indem sie beabsichtigen, meinen Fesseln noch Bedrängnis hinzuzufügen; [17]jene aber aus Liebe, weil sie wissen, dass ich zur Verteidigung des Evangeliums bestimmt bin. [18]Was tut es? Jedenfalls wird auf alle Weise, sei es zum Vorwand oder in Wahrheit, Christus verkündigt, und darüber freue ich mich, ja, ich werde mich auch weiterhin freuen! [19]Denn ich weiß, dass mir dies zur Rettung ausschlagen wird durch eure Fürbitte und den Beistand des Geistes Jesu Christi, [20]entsprechend meiner festen Erwartung und Hoffnung, dass ich in nichts zuschanden werde, sondern dass in aller Freimütigkeit, wie allezeit, so auch jetzt, Christus hochgepriesen wird an meinem Leib, es sei durch Leben oder durch Tod. [21]Denn für mich ist Christus das Leben, und das Sterben ein Gewinn. [22]Wenn aber das Leben im Fleisch mir Gelegenheit gibt zu fruchtbarer Wirksamkeit, so weiß ich nicht, was ich wählen soll. [23]Denn ich werde von beiden bedrängt: Mich verlangt danach, aufzubrechen und bei Christus zu sein, was auch viel besser wäre; [24]aber es ist nötiger, im Fleisch zu bleiben um euretwillen. [25]Und weil ich davon überzeugt bin, so weiß ich, dass ich bleiben und bei euch allen sein werde zu eurer Förderung und Freude im Glauben, [26]damit ihr umso mehr zu rühmen habt in Christus Jesus um meinetwillen, weil ich wieder zu euch komme.

Zwischenbemerkung:

Nach der Zuschrift und dem Gruß, sowie des Paulus` Gebet für die Gemeinde in Form der Danksagungen an Gott und den Herrn Jesus Christus folgt nun die Zuversicht des Apostels in seiner Gefangenschaft als auch in seinen Leiden, welche jedoch für ihn reine Freude bewirken, wie es uns der weitere Briefverlauf genauestens darlegen wird...

Auslegung:

Vers 12: Paulus detailliert der Gemeinde in Philippi die Lage, in der er sich zur Zeit der Briefabfassung befindet. Mit beruhigenden Worten will er der Gemeinde zu verstehen geben, dass das, was mit seiner Person geschehen ist – nämlich seine Gefangennahme – sich *zur Förderung des Evangeliums ausgewirkt hat*. Ja, des Paulus` Gefangenschaft diente ausschließlich dazu, das Evangelium des Herrn Jesus Christus *auszuweiten, anstelle es zu beeinträchtigen*.

Auffallend ist jedoch, dass der Apostel darauf verzichtet, die Philipper über sein persönliches Befinden, bzw. sie über sein Wohlbefinden zu unterrichten. Dies wiederum sagt aus, dass Paulus stets mit einem zum Himmel gerichteten Blick seiner von Christus offenbarten Zukunft mit einem unerschütterlichen, vom Heiligen Geist beseelten Glauben entgegensieht. Für ihn steht sein apostolisches Amt – vor allem aber die von Gott und Jesus Christus gegebene Befugnis zur willigen Ausführung der Verbreitung des Evangeliums – an allererster Stelle.

Dies erklärt allzu genau, *warum* er gewillt ist, den Philippern *nur* über seine apostolische Tätigkeit in seiner Gefangenschaft Auskunft zu erteilen. Paulus sieht seine Berufung als Gesandter des Herrn – und folglich den ihm von Christus offenbarten Lebensinhalt als das substanzielle Ziel seines irdischen Daseins an – die Verkündigung des Evangeliums – zur völligen Zufriedenheit Gottes und des Herrn Jesus Christus. Alles andere tritt für ihn vorläufig in einen unscheinbaren, nicht zu erwähnenden Hintergrund und bedarf diesbezüglich keiner weiteren Detaillierung.

Für Paulus *ist Christus das Leben* (Philipper, Kapitel 1, Vers 21a – siehe noch kommenden Auslegung!). In der Tat, die ganze Freude des Apostels Paulus ist *in* dem Herrn Jesus Christus begründet. Dem Herrn Jesus im Heiligen Geist zu dienen, *das* ist das oberste Ziel seines irdischen Daseins, ja – *dies* ist der über allem stehende Inhalt seines apostolischen Amtes. *Dazu* wurde er vom Heiland berufen – (siehe die Apostelgeschichte des Lukas, Kapitel 9!) – *diese* ist des Apostels obligatorische Mission – der ganze Inhalt seines Lebens, kurzum: seine ganze Freude. Ja, für diese Berufung wurde er *von Gott vom Mutterleib an ausgesondert und durch seine Gnade berufen* (Galater, Kapitel 1, Vers 15b). Daher bekennt Paulus in seinem Brief an die Römer:

Wir wissen aber, dass denen, die Gott lieben, alle Dinge zum Besten dienen, denen, die nach dem Vorsatz (der Absicht Gottes! – Quelle: Schlachter-Bibel 2000!) *berufen sind* (Römer, Kapitel 8, Vers 28).

Vers 13: Die Gefangenschaft des Apostels Paulus *um des Christus willen* hat dafür Sorge getragen, dass das Evangelium Jesu Christi *in der ganzen kaiserlichen Kaserne und bei allen übrigen bekannt geworden ist.*

So hat das Evangelium durch *die Fesseln* des Paulus *in* Jesus Christus, ja, *um des Christus willen* zur Förderung der Verbreitung beigetragen. Dies war der Wille Gottes, dass bedingt durch des Apostels Gefangenschaft die öffentliche Verkündigung des Evangeliums Seines Sohnes offen dargelegt wurde. Somit kann man den Apostel Paulus als das „Werkzeug im Dienste Gottes im Herrn Jesus Christus" betrachten – und somit seine Gefangenschaft *um des Christus willen* erklären.

Folglich wurde Paulus *nicht* aus eigenem Verschulden in Gewahrsam genommen, *sondern um des Christus willen* – einzig und allein aufgrund der Bekanntmachung des Evangeliums. Diese Verkündigung wurde sowohl *in der kaiserlichen Kaserne, als auch bei allen übrigen* bekannt. Dies sagt aus, dass die kaiserliche Kaserne in Rom, wo Paulus diesen Brief verfasste, als auch des Paulus` Mitgefangene, sowie andere Personen im Umkreis von dem Evangelium des Herrn Jesus Christus hörten, um die Frohe Botschaft in ihren Herzen mit Glauben aufzunehmen; siehe den Brief des Paulus an Philemon in Vers 10 – wenn der Apostel an Philemon schreibt:

Ich bitte dich für mein Kind, das ich in meinen Fesseln gezeugt habe, Onesimus... / Sprich: Paulus hatte Onesimus als Gefangener zum Glauben geführt / Quelle: Schlachter-Bibel 2000!).

So nutzt der allmächtige Gott selbst aus irdischer Betrachtungsweise ausweglos zu erachtende Situationen, um anhand dieser die Wahrheit Seiner selbst in Jesus Christus zu bekunden. In der Tat, Gott beschämt das Unrecht mit dem gnadenreichen Licht des ewigen Heils in Christus durch den Sieg der unantastbaren Wahrheit Seiner unverkennbaren Herrlichkeit:

Denn meine Gedanken sind nicht eure Gedanken, und eure Wege sind nicht meine Wege, spricht der HERR; sondern so hoch der Himmel über der Erde ist, so viel höher sind meine Wege als eure Wege und meine Gedanken als eure Gedanken. Denn gleichwie der Regen und der Schnee vom Himmel fällt und nicht wieder dahin zurückkehrt, bis er die Erde getränkt und befruchtet und zum Grünen gebracht hat und dem Sämann Samen gegeben hat und Brot dem, der isst – genauso soll auch mein Wort sein, das aus meinem Mund hervorgeht: Es wird nicht leer zu mir zurückkehren, sondern es wird ausrichten, was mir gefällt, und durchführen, wozu ich es gesandt habe! (Jesaja, Kapitel 55, Verse 8 – 11).

Dies ist der Wille Gottes zum Wohl aller Menschen, dass die Worte Seiner unwiderruflichen Wahrheit Ihn als das Licht der niemals versiegenden Hoffnung erkennen. Denn nur *im* Ewigen wird das Heil vollkommen im Glauben *an* Ihn auffindbar. Der Wille und die Vorhaben Gottes, inclusive Seiner Willensoffenbarungen stellen die menschlichen Handlungen in den Schatten Seiner selbst; denn Er ist allmächtig, allwissend und unüberbietbar *in allen Seinen Handlungen.* So heißt es ebenfalls im Buch des Propheten Jesaja in Kapitel 14 in Vers 27:

*Denn der **HERR** der Heerscharen hat es beschlossen – wer will es vereiteln? Seine Hand ist ausgestreckt – wer will sie abwenden?*

Doch dies geschieht alles aus reinster, gnadenreicher Barmherzigkeit gegenüber der Menschheit; denn Gott *will,* dass *alle* Menschen auf Seine unantastbaren Worte *hören:*

*Oder habe ich etwa Gefallen am Tod des Gottlosen, spricht **GOTT**, der **HERR**, und nicht vielmehr daran, dass er sich von seinen Wegen bekehrt und lebt?* (Hesekiel, Kapitel 18, Vers 23).

Ein anderes Beispiel aus dem Alten Testament schenkt uns eine weitere Aufklärung. Dort heißt es, als der Ewige zum Pharao spricht:

Aber ich habe dich eben dazu bestehen lassen, dass ich an dir meine Macht erweise und dass mein Name verkündigt werde auf der ganzen Erde (2.Mose, Kapitel 9, Vers 16).

Wie wir ersehen konnten, sind Gottes unwiderrufliche Gedanken *stets* auf das Heil der Menschheit ausgerichtet, sodass diese durch Seine Selbstoffenbarung in Jesus Christus zum Ewigen Leben in deren beider Gemeinsamkeit dank ihres Glaubens an Sie gelangen kann.

Dies ist dem Apostel Paulus – um erneut zur Auslegung des 13.Verses zurückzukehren – wohl bekannt. Deshalb erachtet es Paulus als reinste Freude, *um des Christus willen gefesselt zu sein* (Philipper, Kapitel 1, Vers 13) und folglich den Philippern über dieses Heilgeschehen einen detaillierten Bericht zu hinterlassen. So, wie der Herr Jesus Christus für ihn als auch für einen jeden anderen Gläubigen am Kreuz gelitten hat, so erachtet es der Apostel Paulus als reinste Freude, auch für seinen Erlöser, den Herrn Jesus Christus zu leiden.

Nun kann der sich zu Gott bekennende Gläubige von ganzem Herzen die gnadenreichen Wohltaten Gottes wie folgt aussprechen:

Das ist meines Herzens Freude und Wonne, wenn ich dich mit fröhlichem Munde loben kann; wenn ich mich zu Bette lege, so denke ich an dich, wenn ich wach liege, sinne ich über dich nach (Psalm 63 – ein Psalm Davids, Verse 6 + 7 / Lutherbibel 1984).

Persönliche Randnotiz:

An dieser Stelle möchte ich Ihnen – liebe Leser – ein Gedicht eines in Stalingrad gefallenen Soldaten nicht vorenthalten, denn dieses Gedicht ist umhüllt von einem wunderbaren, niemals verzagendem Glaubens*ver*ständnisses, bzw. von einem tiefgründigem *Be*kenntnis des im Herzen ruhenden Glaubens, welche selbst in nahezu aussichtslosen Lagen die stets anwesende Hilfe des allmächtigen Gottes wohlwollend wie folgt offenbaren:

VERTRAUEN

*Erscheinen meine Gottes Wege
mir seltsam, rätselhaft und schwer,
und gehen die Wünsche, die ich hege,
still unter in dem Sorgenheer;
will trüb und schwer der Tag verrinnen,
der mir nur Qual und Schmerz gebracht,
dann will ich mich auf eins besinnen,
dass Gott nie einen Fehler macht.*

*Wenn über ungelösten Fragen
mein Herz verzweiflungsvoll erbebt,
an Gottes Liebe will verzagen,
weil sich der Unverstand erhebt,
dann darf ich all mein müdes Sehnen
in Gottes Rechte legen sacht
und alsdann sprechen unter Tränen,
dass Gott nie einen Fehler macht.*

*Drum still, mein Herz, und lass vergehen,
was irdisch und vergänglich heißt!
Im Lichte droben wirst du sehen,
dass gut die Wege, die er weist.
Und müsstest du dein Liebstes missen,
ja ging`s durch kalte, finstre Nacht,
halt fest an diesem starken Wissen,
dass Gott nie einen Fehler macht.*

Vers 14: Die aufgrund zur Unterweisung des Evangeliums dienende Gefangenschaft des Apostels Paulus hat im Auftrag Gottes im Herrn Jesus Christus dafür Sorge getragen, dass das Evangelium Jesu Christi eine gewinnfördernde Aufmerksamkeit erhielt. Infolge dessen lässt Paulus die Gemeinde der Philipper voller Freude wissen, *dass die meisten der Brüder im Herrn* durch des Apostels *Fesseln ermutigt* wurden. So kann er auch der Gemeinde der Philipper voller Zuneigung mitteilen:

Darum bitte ich, dass ihr nicht mutlos werdet wegen meiner Bedrängnisse um euretwillen, die euch eine Ehre sind (Epheser, Kapitel 3, Vers 13).

Auch sollen sie sich *nicht aufgrund des Zeugnisses von dem Herrn Jesus Christus schämen*, (2.Timotheus, Kapitel 1, Vers 8a) *denn es ist Gottes Kraft zur Errettung für jeden, der glaubt* (Römer, Kapitel 1, Vers 16b).

Der Gefängnisaufenthalt des Paulus hat nunmehr im Auftrag des allmächtigen Gottes dafür Sorge getragen, dass sein für Jesus Christus dienender Strafvollzug *die meisten Brüder im Herrn* (Philipper, Kapitel 1, Vers 14a) – sprich: der Großteil der gläubigen Christen in der Umgebung des Strafvollzugs des Paulus – sind daher im Geist Gottes dazu bewegt, bzw. dazu aufgerufen worden, *die Worte* des Evangeliums *ohne Furcht zu reden*, bzw. zu predigen.

Für den Apostel deutet dies einerseits auf eine weitere von Gott und Christus gewirkte Bestätigung seines apostolischen Amtes hin; andererseits bestätigt die Mehrzahl *der Brüder im Herrn*, dass diese vollends glauben, dass *Paulus um des*

Christus willen gefesselt ist (siehe Auslegung zu Philipper, Kapitel 1, Vers 13!).

Bei des Apostels Aussage ist jedoch zu beachten, dass der Großteil der Glaubenden zwar dem Paulus in seiner aus menschlicher Betrachtungsweise „diffizilen Lage" anhand der gebundenen Fesseln, die er für Christus trägt, vertraut. Sie *be*trachten und *er*achten das Leiden des Apostels Paulus als einen persönlichen für den Herrn Jesus Christus sich herauskristallisierenden Leidensweg des Paulus. Ungeachtet dessen schlagen sie die Evangeliums-Verkündigung als des Paulus „Nachfolger" mit einem unerschütterlichen Glauben im Heiligen Geist ein, der das Herz des Apostels Paulus zu einem freudvollen Anlass bewegt.

Jedoch ist es letztlich das beharrliche Vertrauen *auf den* Herrn Jesus Christus, der die alles entscheidende Basis hinterlegt, *das Wort* des Evangeliums *ohne Furcht zu reden*. Denn gerade in Bedrängnis und Ohnmacht ist die Hilfe Gottes und des Herrn Jesus Christus am nächsten. Darauf vertraut die Mehrzahl *der Brüder im Herrn*, sodass ihnen der Heilige Geist die über alles prägende, niemals wankende Unterstützung darbietet, das Evangelium Jesu Christi *ohne Sorgen* von irdischen Fremdeinwirkungen predigen und verbreiten zu können. So offensichtlich und erkenntlich offenbart sich Christus auch dem Gefangenen Paulus, sodass dieser sich in seiner Bedrängnis *auf die stetige Hilfe des Herrn Jesus Christus vollends verlassen kann.*

Die Verbreitung des Evangeliums erhält durch die Gefangenschaft des Paulus daher *keinen Stillstand*, sondern diese wird fortwährend mit dem über allem stehenden Willen und der dazugehörenden Unterstützung des wunderbaren Gottes und des Herrn Jesus Christus *rundum gewährleistet.*

Diese den Menschen zum Heil dienende Offenbarung Gottes dank der fortwährenden, innigen Verbreitung des Evangeliums bestätigt den unverzagten Glauben des Apostel Paulus, dass *der HERR, dein Gott mit dir ist, überall wo du hingehst* (Josua, Kapitel 1, Vers 9c).

Es ist jene zuversichtliche Gewissheit des Paulus, die ihn *stets* dazu im Glauben veranlasst, trotz aller ihn betreffenden Umstände zu einer *konstant beharrlichen Freude im Herrn* zu verharren. So verweist ihn sein beharrlicher Glaube an folgenden Zuspruch Gottes:

Fürchte dich nicht, denn ich bin mit dir; sei nicht ängstlich, denn ich bin dein Gott; ich stärke dich, ich helfe dir auch, ja, ich erhalte dich durch die rechte Hand meiner Gerechtigkeit! (Jesaja, Kapitel 41, Vers 10).

Vers 15: Paulus geht nun zu einer detaillierten Erklärung über, welche die Philipper darauf hinweist, dass sich durchaus differenzierte, sprich: sich unterscheidende Gruppierungen der Evangeliums-Verkündigung bei seiner Gefangenschaft herauskristallisierten.

Einerseits spricht der Apostel diejenigen Personen an, welche *Christus aus Neid und Streitsucht verkündigen.* Diese jedoch unterscheiden sich erheblich von den in Vers 14 (siehe Auslegung!) benannten *meisten Brüdern, welche es desto kühner wagen, das Wort zu reden ohne Furcht.* Diese sind es, welche aufgrund der Gefangenschaft des Paulus im Glauben *an und durch* Jesus Christus im Heiligen Geist gestärkt wurden, um das Evangelium *ohne Furcht zu reden* (Vers 14) bzw. zu predigen.

Diejenigen Personen aber, welche Paulus als *einige* (Philipper, Kapitel 1, Vers 15) unter ihnen betitelt, drückt aus, dass diese sich von der Mehrzahl der *meisten Brüder im Herrn* (Vers 14) *insofern* unterscheiden, weil diese Personen *eine andere Zielsetzung* in der Evangeliums-Verkündigung beabsichtigen. Sie verkündigen *Christus aus Neid und Streitsucht* (Vers 15).

Wenn wir die Bedeutung von *Neid und Streitsucht* hinterfrage, so werden wir bei der Definierung der Worte folgende gewollte, kränkende Beabsichtigungen der gegenüber dem Apostel Paulus feindselig zu betrachtenden Personen – sprich – diejenigen Individuen, welche sich aufgrund *differenzierter Zielsetzungen* gegenüber den vom Heiligen Geist geleiteten *Brüdern im Herrn* (siehe Auslegung unter Philipper, Kapitel 1, Vers 14!) erheblich unterscheiden, in Erfahrung bringen:

Neid: beabsichtigtes Missgönnen; ein neidisches, absichtsvoll zu betrachtendes Vorhaben, um mit diesen niederträchtigen Handhabungen eine andere Person *bewusst zu kränken* (hier auf die Person des Apostels Paulus bezogen – siehe weitere Auslegung unter Philipper, Kapitel 1, Vers 16!).

Streitsucht: eine beschlossene, militant zu erachtende Aggressivität, welche völlig bewusst einen Kollisionskurs aufgrund falscher Handlungsweisen einschlägt, um mit diesen argwilligen Beabsichtigungen eine andere Person *mit vollster Absichten willentlich zu provozieren* (ebenfalls auf die Person des Paulus bezogen – siehe weitere Auslegung unter Philipper, Kapitel 1, Vers 16!).

Es sind diejenigen Personen, welche sich in Bezug auf die von Christus erwählten, vom Heiligen Geist geleiteten Predigern erheblich unterscheiden. Diese gehören den *geringen Gruppierungen* (*einige* von ihnen / Vers 15!) an, welche sich wiederum mit vollster Absicht vorgenommen haben, Paulus *in der Bedrängnis seiner Fesseln* (Philipper, Kapitel 1, Vers 16b – siehe noch kommende Auslegung!) noch weitere, kränkende Beabsichtigungen hinzuzufügen, um das „Leid des Apostels" zusätzlich zu erschweren (siehe abermals noch kommende Auslegung unter Philipper, Kapitel 1, Vers 16!).

So treten nun zwei sehr differenziert zu betrachtende Gruppierungen gegenüber:

Einerseits die *meisten der Brüder im Herrn* (Philipper, Kapitel 1, Vers 14 – siehe Auslegung!), welche vom Geist der Wahrheit geleitet werden, um mit dieser rundum gewichtigen Unterstützung *aus guter Gesinnung* (Philipper, Kapitel 1, Vers 15) – sprich *in guter Absicht* das Evangelium des Herrn Jesus Christus zu verkündigen. Diese jedoch wissen allzu genau, dass Paulus zur Verteidigung des Evangeliums *um des Christus Willen in Fesseln* (Philipper, Kapitel 1, Vers 13 – siehe Auslegung!) liegt. Diese verfügen über folgenden Kenntnisstand: des Apostels „Leid" bedeutet ihm aber *Freude im Herrn* (siehe noch kommende Auslegung unter Philipper, Kapitel 1, Vers 17!).

Andererseits die Gruppierung der anderen (*einigen* / Philipper, Kapitel 1, Vers 15), ein jedoch sich *falsch* erweisender Zielsetzungskreis der Evangeliums-Botschaft, welche mit ihren kränkenden Äußerungen zwingend beabsichtigen, das „Leid" des Paulus mit ihren missgönnenden Absichten zusätzlich zu steigern. Diese Individuen betrachten den Apostel als einen „von Leid geplagten Gefangenen in Christus"; *kennen* jedoch des Paulus` tiefgründige, stets zu Christus bezogene Erkenntnis *nicht*, welche für den Apostel jedoch *Freude im Herrn* bedeutet. Sie *irren* mittels ihrer verruchten Absichten, dem Apostel anhand weiterer Bedrängnisse in Form von zusätzlichen Provokationen sein „Leid" zu erschweren (siehe noch kommende Auslegung unter Philipper, Kapitel 1, Vers 18).

Aufgrund ihrer abtrünnigen Vorhaben *weigern* sich diese Personen vehement, die wahre Bedeutung des Apostels Fesseln anzuerkennen.

In Bezug auf die bewusst vollbrachte Absicht dieser argwilligen Täuschungen lässt Paulus die Philipper mahnend wissen:

Ich ermahne euch aber, ihr Brüder: Gebt acht auf die, welche Trennungen und Ärgernisse bewirken im Widerspruch zu der Lehre, die ihr gelernt habt, und meidet sie! (Römer, Kapitel 16, Vers 17).

Vers 16: Diese dem Paulus feindselig gegenüber gestellten Personen – so der Apostel – *verkündigen Christus aus Selbstsucht*. Diese Vorhaben tätigen sie *nicht lauter*, sprich – ihre

Verkündigungen *sind weder ehrenhaft, noch standhaft, noch achtbar.* Ihre Beabsichtigungen zielen einzig und allein daraufhin, *ihm noch weitere* **Bedrängnis hinzuzufügen** (siehe abermals genauere Detaillierung unter Philipper, Kapitel 1, Vers 16b!). Doch ihre verruchten Beabsichtigungen *schlagen fehl,* wie es uns der weitere Briefverlauf noch ersichtlich zeigen wird...

Die wahre Botschaft der Evangeliums-Verkündigung des Herrn Jesus Christus aber besteht aus folgenden, unumstößlichen Kriterien, so Paulus:

Denn unsere Verkündigung entspringt nicht dem Irrtum, noch unlauteren Absichten, noch geschieht sie in listigem Betrug; sondern so wie wir von Gott für tauglich befunden wurden, mit dem Evangelium betraut zu werden, so reden wir auch – nicht als solche, die den Menschen gefallen wollen, sondern Gott, der unsere Herzen prüft (1.Thessolonicher, Kapitel 2, Verse 3 + 4).

An dieser Stelle wird allzu deutlich ersichtlich, dass die Verkündigung des Evangeliums Jesu Christi *keinerlei Abweichungen von der unabdingbaren Wahrheit dulden kann. Nur* eine charakterfeste, nicht verfälschende, gewissenhafte und folglich aufrichtige Evangeliums-Verkündigung prägt rundum den Willen Gottes. **Gott, der die Herzen** erkennt und **ansieht** (1.Samuel, Kapitel 16, Vers 7d) prüft jegliche Absichten und Vorhaben der Menschen durch den Einblick *in ihre Herzen. Dort* unterscheidet der Höchste allzu genau die Spreu vom Weizen – und erkennt exakt, die im Herzen sich erkenntlich erweisenden Absichten, welche sich bei der Evangeliums-Verkündigung Seines Sohnes ersichtlich zeigen. *Nur* gut gewollte und unverfälschte Äußerungen, die das Evangelium *in keiner Weise beeinträchtigen*, sind Gott ein Wohlgefallen.

Vers 17: Nun geht der Apostel über zu den Gott wohlgefälligen Absichten *der meisten Brüder im Herrn* (siehe Auslegung zu Philipper, Kapitel 1, Verse 14 + 15b!). Diese vom Heiligen Geist beseelten Prediger verkündigen in der *konstant* von Gott gewollten Absicht das Evangelium mit der stets hervorzuhebenden *Liebe* (Philipper, Kapitel 1, Vers 17). Diese sind – wie es uns die bisherige Auslegung bereits nahelegte – diejenigen Personen, welche allzu genau wissen, dass des Apostels Paulus „Leid" jedoch für ihn *Freude im Herrn* bewirkt (siehe Auslegung unter Philipper, Kapitel 1, Verse 14 + 15b).

Sie erachten die Gefangennahme des Apostels als eine von Christus beabsichtigte Maßnahme zu des Paulus` *Verteidigung des Evangeliums* (Philipper, Kapitel 1, Vers 17), um dass die Evangeliums-Verkündigung *keinen Stillstand* erfährt, *sondern bedingt durch die meisten Brüder im Herrn einen fortwährenden Beitrag im Geist Gottes erhält,* der die Herzen der Zuhörer zu neuen Christen formt; ganz im wohlwollenden Sinne des allmächtigen Gottes in dem Herrn Jesus Christus.

So verfasst Paulus über *die Bestimmung seiner Verteidigung des Evangeliums* (Philipper, Kapitel 1, Vers 17) in seinem 1.Timotheusbrief in Kapitel 2, Verse 6b + 7 folgende Worte, die er auch den Philippern wie folgt wahrheitsgemäß mitteilen will:

(Das ist) das Zeugnis zur rechten Zeit, für das ich eingesetzt wurde als Verkündiger und Apostel – ich sage die Wahrheit in Christus und lüge nicht –, als Lehrer der Heiden im Glauben und in der Wahrheit.

Vers 18: Auf die missgönnenden Absichten, welche die Individuen dem Apostel Paulus zu erkennen bzw. zu spüren geben wollten, reagiert Paulus mit einer beeindruckenden Ausgeglichenheit. Der Apostel jedoch betrachtet die ihm von seinen Verfechtern zukommenden Beeinträchtigungen *nicht als solche*. Vielmehr sieht er ihre Handlungen zwar als einen Vorwand Christus zu verkündigen, deklariert diese jedoch *nicht gänzlich* als Beleidigung des Evangeliums.

Der Autor ist der Meinung, dass Paulus sehr wohl die persönliche Verachtung dieser Personen zu ihm verspürt. Jedoch ist diese dem Paulus gebührende Missachtung *für ihn mehr als nur bedeutungslos*. Er steht stets im Dienste Gottes und Jesu Christi als deren persönlicher Gesandter mit reinem Gewissen in einem seinem Herzen ruhenden, überaus resistenten Glauben an Gott und Jesus Christus gegenüber.

Sprich: er trägt mit seinem stets zum Himmel gerichteten Blick den unerschütterlichen Glauben in seinem Herzen, der unbeirrbar gegenüber jeglicher humanitärer Umstände in seinem Herzen ruht. Beleidigungen sämtlicher Fremdeinwirkungen können ihn *weder* erschüttern, *noch* entmutigen und bedürfen in seinen Äußerungen *keiner* weiteren Erwähnung.

An dieser Stelle wird ersichtlich, dass zwar diese Personen des Paulus` Ehre als Apostel Jesu Christi verletzen, jedoch gebührt *nur ihm* diese Schmach ihrer abwertenden Geringschätzung. So werden die eher sanftmütigen Äußerungen des Apostels in Vers 18 verständlicher:

Sie beleidigen und schmähen des Apostels Ehre, und predigen folglich das Wort Gottes mit „gespaltener Herkunft". Sie verwerfen des Paulus` apostolischen Dienst – und lassen somit das Evangelium *variierend für sich sprechen;* sprich – diese Personen *wanken zwischen Wahrheit und Lüge.* Sie predigen das Evangelium einerseits *ohne* der Frohen Botschaft Schaden zuzufügen – verwerfen aber zugleich des Paulus` apostolische Befugnis, welche jedoch aus reiner Wahrheit vom Wort Gottes von Paulus im Heiligen Geist gepredigt wird. Folglich befinden sich diese Individuen in einem *Zwiespalt zwischen Wahrheit und Anschuldigung, zwischen dem Willen Gottes und der Lüge in Bezug auf die Person des Apostels Paulus.*

Daher ist das Gesamtkonzept ihrer Evangeliums-Verkündigung *variierend*, ja – *unausgeglichen und infolge dessen nicht vollkommen dem Willen Gottes entsprechend.*

In ähnlichen Beispielen des Neuen Testaments möchte ich an dieser Stelle zwei nahezu identische Bibelstellen des Markus-, sowie des Lukas-Evangeliums zu meiner soeben verfassten Meinung vergleichend ohne weiteren Kommentar zum näheren Verständnis hinzufügen:

Das Markus-Evangelium lässt uns in Kapitel 9 in den Versen 38 – 40 wissen:

Johannes aber antwortete ihm (Jesus!) und sprach: Meister, wir sahen einen, der uns nicht nachfolgt, in deinem Namen Dämonen austreiben, und wir wehrten es ihm, weil er uns nicht nachfolgt. Jesus aber sprach: Wehrt es ihm nicht! Denn niemand, der in meinem Namen ein Wunder tut, wird mich bald darauf schmähen können. Denn wer nicht gegen uns ist, der ist für uns.

Das Lukas-Evangelium lässt uns in Kapitel 9 in den Versen 49 + 50 wissen:

Johannes aber antwortete und sprach: Meister, wir sahen jemand, der in deinem Namen Dämonen austrieb, und wir wehrten es ihm, weil er (dir) nicht mit uns nachfolgt. Und Jesus sprach zu ihm: Wehrt ihm nicht! Denn wer nicht gegen uns ist, der ist für uns.

Paulus sieht – um erneut zur Auslegung des 18.Verses des 1. Kapitels des Philipperbriefes zurückzukehren – *keine* das Evangelium gefährdende Bedrohung. Denn, so Paulus:

Jedenfalls wird auf alle Weise, sei es zum Vorwand (im Falle der den Apostel Paulus gebührenden missgönnenden Absichten / *einige!*) *oder in Wahrheit,* (im Falle der im Heiligen Geist wandelnden, wahren Predigern – sprich: *der meisten der Brüder* / siehe vorherige Auslegung unter Philipper, Kapitel 1, Verse 14, 15, 16 + 17!) *Christus verkündigt, und darüber freue ich mich, ja, ich werde mich auch weiterhin freuen.*

Für den Apostel sind seine an ihm begangenen Schmähungen ad acta gelegt worden. Er blickt hingegen auf die Evangeliums-Verkündigungen beider von ihm erwähnten Gruppierungen (*zum Vorwand oder in Wahrheit!*) und freut sich über die Tatsache, dass der Name des Herrn Jesus Christus verkündigt wird. Paulus sieht den unverkennbaren Sieg *in* dem Herrn Jesus Christus, an welchem seine Freude überschwänglich wird. Er preist und lobt diesen sich mehr und mehr präsentierenden, gefestigten Stand des Glaubens *in* dem Herrn Jesus Christus. Es ist jene über allem stehende Wichtigkeit, die sein Herz vor Freude strahlen lässt.

Dieser sich nunmehr durch die Evangeliums-Verkündigung gefestigte Glaube an den Herrn Jesus Christus hat bereits im Hier und Jetzt, sprich – in der Gegenwart eine stabile Grundlage des christlichen Bestehens erhalten. In der Tat, diese von größter Bedeutung festgelegte Basis des Christentums trägt eine grundsolide Fundamentierung, welche sich auch in weiterer Zukunft darüber hinaus fortwährend stabilisieren wird, so Paulus. Ja, der Apostel sieht der zukünftigen Entwicklung der Christenheit mit freudvollen Blicken dank seines unerschütterlichen Glaubens entgegen.

So ist Paulus voller zuversichtlicher Gewissheit, *dass der, welcher in euch ein gutes Werk angefangen hat, es auch vollenden wird bis auf den Tag Jesu Christi* (Philipper, Kapitel 1, Vers 6 – siehe Auslegung!).

Darüber schenken uns die nachfolgenden Verse nähere Einblicke…

Vers 19: Alle bisherigen Aussagen, die dieser Kapitelabschnitt (Philipper, Kapitel 1, Verse 12 – 18 – siehe Auslegung!) aufweist, fasst der Apostel nun als ein „Resümee" wie folgt zusammen: *Ich weiß, dass mir dies zur Rettung ausschlagen wird.*

Auch in diesem zu Gott und dem Herrn Jesus Christus bezogenen Bekenntnis wird allzu deutlich ersichtlich, dass Paulus *nicht* aus eigener Kraft seine Glaubensintensivität erhält, *sondern* er bezieht sich einzig und allein auf die stets vorhandene **Fürbitte** der Gemeinde in Philippi *und den Beistand des Geistes Jesu Christi.*

Daher bekennt Paulus den Philippern erneut, *dass denen, die Gott lieben, alle Dinge zum Besten dienen, denen, die nach seinem Vorsatz berufen wurden* (Römer, Kapitel 8, Vers 28b), *wobei auch ihr mitwirkt durch eure Fürbitte für uns, damit wegen der von vielen Personen für uns (erbetenen) Gnadengabe auch von vielen gedankt werde um unsretwillen* (2.Korinther, Kapitel 1, Vers 11).

So bekräftigt auch der Heiland Jesus Christus den standfesten Glauben an Ihn und Seinen Vater, indem Er Seinen himmlischen Vater bittet, den Gläubigen *den immerdar unterstützenden Geist der Wahrheit*, ja, den Tröster (den Heiligen Geist!) zukommen zu lassen:

Und ich will den Vater bitten, und er wird euch einen anderen Beistand **(Tröster / Fürsprecher / den Heiligen Geist!)** *geben, dass er bei euch bleibt in Ewigkeit, den Geist der Wahrheit, den die Welt nicht empfangen kann, denn sie beachtet ihn nicht und erkennt ihn nicht; ihr aber erkennt ihn,* *denn er bleibt bei euch und wird in euch sein. Ich lasse euch nicht als Waisen zurück; ich komme zu euch* (Johannes, Kapitel 14, Verse 16 – 18).

Daher enthüllt der Apostel Paulus die unantastbare, gewichtige Stellung des Heiligen Geistes wie folgt:

Wer aber den Geist des Christus nicht hat, der ist nicht sein (Römer, Kapitel 8, Vers 9b).

Folglich ist in der durch den Glauben gewirkten *Fürbitte* (Philipper, Kapitel 1, Vers 19) der Gläubigen der alles entscheidende und ausschlaggebende Standpunkt *darin* enthalten, dass dieses inständige Bitten im Gebet sich wiederum einzig und allein *auf die unentbehrliche Hilfe des Heiligen Geistes* (*des Beistandes des Geistes*! / Philipper, Kapitel 1, Vers 19) *bezieht*. Denn *nur* ein fest im Glauben stehender Christ kann dieses Geschenk Gottes in Jesu Namen sein eigen nennen. Der Christ ist somit auf den Geist des Herrn Jesus Christus *angewiesen*, dass dieser ihm *hilft, stets zur Seite steht, ihn bewahrt, aufrichtet, aufmerksam macht* und ihn daraufhin durch das irdische Leben in die Herrlichkeit des allmächtigen Gottes und des Heilands *leitet*.

Der Heilige Geist stützt, fördert und prägt die unverzagte Gewissheit des Glaubens. So ist die situationsgebundene Lage des Apostels Paulus in der Gefangenschaft aus fleischlicher (menschlicher!) Betrachtungsweise aussichtslos, denn Jesus Christus spricht über die Gottlosen: – *den Geist der Wahrheit, den die Welt nicht empfangen kann, denn sie beachtet ihn nicht und kennt ihn nicht* (Johannes, Kapitel 14, Vers 17b!).

Für Paulus aber bedeutet dieser Gefängnisaufenthalt *keineswegs*, dass er von Gott und dem Herrn Jesus Christus *verlassen ist, sondern* der Geist der Wahrheit leitet ihn zur der niemals wankenden Loyalität, sich *vollends* auf die Hilfe dessen *verlassen* zu können, der das Erdreich gegründet, der Himmel und Erde gemacht hat, der Tote zum Leben erweckt – und Ewiges Leben in Seiner unantastbaren Herrlichkeit durch den unerschütterlichen Glauben an Ihn in Jesus Christus rundum gewährleistet. In der Tat, es ist eine durch den Heiligen Geist von Gott in Christus offenbarte, feststehende Gewissheit gegenüber den Glaubenden. Gott und Jesus Christus formen diesen Glauben anhand der Kraftauswirkung des Heiligen Geistes zu einem standhaften Fundament, der humanitäre Leiden jeglicher Art *überwindet* – ja – Schwächen nutzt, um anhand dieser Gnadengaben die Gläubigen im Geist der Wahrheit *zu stärken und zu kräftigten.*

Diese niemals versiegende Hoffnung drückt der Verfasser des Hebräerbriefes wie folgt aus:

Es ist aber der Glaube eine feste Zuversicht auf das, was man hofft, eine Überzeugung von Tatsachen, die man nicht sieht (Hebräer, Kapitel 11, Vers 1).

Folglich kann man den stets zuversichtlichen Glauben des Apostels Paulus – bezogen auf das von Gnade umwobene Zitat des soeben erwähnten Hebräerbriefes – wie folgt erklären:

Der unbeirrbare Glaube des Paulus ist eine in seinem Herzen ruhende, maßstabgerechte, von Gott in Jesus Christus geleitete Richtlinie, welche sich auf das noch nicht Gegenwärtige, ja – noch zu Erwartende bezieht – und richtet. Sein Glaube erfasst das noch zukünftig Geschehende exakt so, wie das bereits im Glauben angenommene Vergangene als eine feststehende, bereits verwirklichte Substanz. Somit bewirkt der Glaube, dass der Apostel überaus eifrig und zugleich mit ausharrender Tätigkeit mit einem unentwegt zum Himmel gerichteten Blick nach oben und daher nach vorne schaut.

Die Devise seines Glaubens blickt mit zuversichtlicher Hoffnung auf das noch nicht Verwirklichte, als sei dieses Geschehen bereits in Erfüllung gegangen. So wird des Paulus` Glaube zu einer Verwirklichung dessen, was man hofft, jedoch nicht sieht. Es ist daher eine noch nicht geschehene und folglich noch nicht vollbrachte Vergegenwärtigung, welche aber dank des im Herzen des Apostels ruhenden Glaubens unter der Verheißung mit voller Zuversicht geschehen und demzufolge auch eintreffen wird. Diese unverkennbare Loyalität ist rundum ummantelt von der relevanten Leitung des Heiligen Geistes.

Der König, Psalmist und Prophet David bekennt (in Bezug zu Hebräer, Kapitel 11, Vers 1!):

Führe ich gen Himmel, so bist du (Gott!) *da; bettete ich mich bei den Toten, siehe, so bist du auch da. Nähme ich Flügel der Morgenröte und bliebe am äußersten Meer, so würde auch dort deine Hand mich führen und deine Rechte mich halten* (Psalm 139 – ein Psalm Davids, Verse 8 – 10 / Lutherbibel 1984).

Anhand dieser Bibelzitate wird allzu deutlich erkennbar, dass der Glaube *stets mehr bewirkt* als das ersichtliche Betrachten. Somit entfacht der Glaube, dass die sich verwirklichende Hilfe Gottes und des Herrn Jesus Christus dem Glaubenden in seiner

Schwachheit anhand der unerlässlichen Hilfe des Heiligen Geistes *stets am nächsten ist.*

Vers 20: Des Paulus` Glaube ist umgeben von der Gewissheit, *der festen Erwartung und der Hoffnung.* Diese unentbehrlichen Kriterien schenken ihm im Heiligen Geist die Zuversichtlichkeit, *dass er nicht zuschanden wird.*

Denn – so Paulus in seinem Brief an die Römer in Kapitel 5, Vers 5b – *die Liebe ist ausgegossen in unsere* (der Gläubigen!) *Herzen durch den Heiligen Geist, der uns gegeben worden ist.*

Diese vom Glauben ernährte Erwartungshaltung zitiert der Apostel im Hinblick auf seinen Prozess, denn er rechnet durchaus mit einem ihn betreffenden Todesurteil. Jedoch weist uns der fortlaufende Satzteil darauf hin, dass weder *Leben oder Tod* (Philipper, Kapitel 1, Vers 20c) ihn daran hindern werden, *wie allezeit, so auch jetzt, Christus hochgepriesen wird am meinem Leib,* so Paulus in Philipper, Kapitel 1, Vers 20b. Er kann daher *niemals zuschanden werden,* weil Christus *an seinem Leib* verherrlicht wird. Da wird weder das *Leben* – noch der *Tod* – für Paulus eine unüberwindbare Barriere darstellen – dessen ist sich der Apostel absolut gewiss. So bekennt der Gesandte Jesu Christi:

Wir tragen allezeit das Sterben des Herrn Jesus am Leib umher, damit auch das Leben Jesu an unserem Leib offenbar wird (2.Korinther, Kapitel 4, Vers 10). *Wenn wir aber mit*

Christus gestorben sind, so glauben wir, dass wir auch mit ihm leben werden. Denn leben wir, so leben wir dem Herrn, und sterben wir, so sterben wir dem Herrn; ob wir nun leben oder sterben, wir gehören dem Herrn (Römer, Kapitel 6, Vers 8 + Römer, Kapitel 14, Vers 8).

Paulus hält an seiner Glaubensstärke fest, welche ihm im Geist Jesu Christi die Gewissheit hinterlegt, dass er von der Macht des Heilands *rundum beschützend bewahrt wird.* So schreibt er daher in seinem Brief an die Römer:

Denn ich bin gewiss, dass weder Tod noch Leben, weder Engel noch Fürstentümer noch Gewalten, weder Gegenwärtiges noch Zukünftiges, weder Hohes noch Tiefes, noch irgendein anderes Geschöpf uns zu scheiden vermag von der Liebe Gottes, die in Christus Jesus ist, unserem Herrn (Römer, Kapitel 8, Verse 38 + 39).

Es ist jener Triumphzug Jesu Christi, an welchem der Apostel Paulus als ein ausgesondertes Kind Gottes teilnimmt. Wiederum ist es jene Gewissheit, welche ihn im Heiligen Geist dazu auffordert, folgendes Bekenntnis zu zitieren:

Von nun an liegt für mich die Krone der Gerechtigkeit bereit, die mir der Herr, der gerechte Richter, an jenem Tag (dem Tag der Wiederkunft Jesu Christi!) *zuerkennen wird, nicht aber mir allein, sondern auch allen, sie seine Erscheinung lieb gewonnen haben!* (2.Timotheus, Kapitel 4, Vers 8).

Folglich wäre daher für den 20. Vers des 1.Kapitels dieses Philipperbriefs folgendes Kurzresümee zu erwähnen:

Für den Apostel Paulus ist es von allergrößter Bedeutung, was Gott bei Seiner Selbstverwirklichung in Jesus Christus für die gläubige Menschheit vollbracht hat. Nämlich:

Ewiges Leben zu schaffen in deren beider Gemeinsamkeit – sowohl im Hier und Jetzt – als auch in der Zukunft, wenn uns *die Krone der Gerechtigkeit* (2.Timotheus, Kapitel 4, Vers 8a) vom Heiland übergeben wird – *im neuen Jerusalem – welches von Gott aus dem Himmel herabsteigt, zubereitet wie eine für ihren Mann geschmückte Braut* (die Offenbarung des Johannes, Kapitel 21, Vers 2b).

Es ist die unverkennbare Macht Gottes, so Paulus, die den Glaubenden diese Wohltat als des Höchsten und Jesu Christi Begleiter rundum ermöglicht. In diesem Glaubensbekenntnis sieht der Apostel den ganzen inhaltlichen Bestand der leiblichen Liebe Gottes *in* dem Herrn Jesus Christus. Denn dieser Glaube entsteht in der Glaubenszentrale unseres Herzens, sodass sich das im Herzen verwirklichte Geschehen Gottes in Jesus Christus nunmehr mit überschwänglicher und vor allem fruchtbarer Freude nach außen hin voller Dankbarkeit repräsentieren kann.

Vers 21: Diese sich in des Apostels Paulus` Herzen ersichtlich zeigende Freude ist ummantelt von der grundsoliden Erlösungsbasis Gottes in dem Herrn Jesus Christus.

Nach der Meinung des Autors drückt die Zürcher-Bibel diesen 21. Vers des 1. Kapitels des Philipperbriefes am prägnantesten aus. Dort heißt es:

Denn für mich gilt: Leben heißt Christus, und Sterben ist für mich Gewinn.

Es ist geradezu beeindruckend, wie der Apostel seine persönliche Beziehung im Glauben an Jesus Christus bekundet. So präsentiert sich *der Inhalt seines* **Lebens** *allein in und durch den Herrn Jesus Christus.*

So schreibt Paulus in seinem Brief an die Galater in Kapitel 2, Vers 20:

Ich bin mit Christus gekreuzigt; und nun lebe ich, aber nicht mehr ich (selbst), sondern Christus lebt in mir. Was ich aber jetzt im Fleisch lebe, das lebe ich im Glauben an den Sohn Gottes, der mich geliebt und sich selbst für mich hingegeben hat.

Diesbezüglich ist für Paulus auch *das* **Sterben**, *welches er stets in und mit Christus in Verbindung stellt*, *sein persönlicher* **Gewinn**.

Dies ist die vollkommene Wahrheit, die seine innigen Gedanken von seinem Herzen aus in vollem Glauben an den Sohn Gottes freigeben. Sie sind umgeben von Hoffnung, Sehnsucht und einem niemals vergehenden Gefühl seiner tiefgründigen Christusliebe. Des Paulus` Lebensgesinnung hat *nur Bestand in und für und durch Jesus Christus.* Ihn – den Heiland allein – will der Apostel im Leben als auch im Tod ehren, lieben und lobpreisen. Dies ist des Paulus` persönliches Liebesbekenntnis an den Erretter der Welt, ja – Jesus Christus ist des Apostels

„Ein und Alles" – in der Tat – das *Alpha und das Omega* (die Offenbarung des Johannes, Kapitel 1, Vers 8a).

Jesus Christus prägt für Paulus den ganzen Sinn aller erdenklichen Ausmaße – und die über allem stehende von Gott auserkorene, in des Höchsten Vollkommenheit geschaffener, vollendeter Prägung der menschlichen Errettung, ja, im Heiland ist die vollkommene Autorität des irdischen und des himmlischen Daseins von Gott erschaffen worden. Alle diese zum Heil leitenden, überaus gewichtigen Kriterien sind allein *in* dem Herrn Jesus Christus dank der barmherzigen Gnade Gottes der Menschheit gegenüber im Glauben *an* den Herrn Jesus Christus auffindbar. Daher schreibt Johannes in seinem Evangelium:

Denn so (sehr) hat Gott die Welt geliebt, dass er seinen eingeborenen Sohn gab, damit jeder, der an ihn glaubt, nicht verloren geht, sondern ewiges Leben hat (Johannes, Kapitel 3, Vers 16).

Alles ist durch ihn und für ihn geschaffen; und er ist vor allem, und alles hat seinen Bestand in ihm – betont Paulus in seinem Brief an die Kolosser in Kapitel 1, in den Versen 16b + 17.

Folglich besteht für den Apostel *das Leben* (Philipper, Kapitel 1, Vers 21) *aus und für* Jesus Christus, welches auch im *Sterben* (Philipper, Kapitel 1, Vers 21) den „nahezu identischen" Bestand beibehält, doch noch – im irdischen Dasein – ist es für den Apostel *nicht* vollkommen. Jedoch bedeutet *das Sterben*, welches Paulus als *einen Gewinn* betitelt, mit der

gewichtigen Bedeutung, *für immer Jesus Christus gleich – und bei Ihm zu sein.* Dieser inständige Wunsch des Paulus aber impliziert *kein Fliehen vor dem Weltgeschehen,* sondern dieser drückt vielmehr einen aus seinem Herzen kommenden, *sehnsüchtigen Wunsch aus, auf welchen er aber noch warten muss.*
Ein Zitat des Paulus aus seinem 1.Korintherbrief verdeutlicht uns diese seine soeben zitierte Meinung wie folgt:

Denn wir sehen jetzt **(in der jetzigen Gegenwart!)** *mittels eines Spiegels wie im Rätsel, dann aber* **(im Reich der Himmel!)** *von Angesicht zu Angesicht; jetzt erkenne ich stückweise, dann aber werde ich erkennen, gleichwie ich erkannt bin* (1.Korinther, Kapitel 13, Vers 12).

Dort – in der direkten Nähe des Heilands existiert *keine* lasterhafte Abweichung mehr, welche aber das menschliche Dasein durch des Menschen Sünden prägt. *Dort* – im Lichtglanz der Herrlichkeit Gottes hat der finale Übergang der an Christus Glaubenden stattgefunden, der auf Ewigkeit beim Heiland einen bleibenden, niemals vergehenden Bestand erhält.

So können wir in der Offenbarung des Johannes über das Sterben Folgendes in Erfahrung bringen, dessen Gewissheit auch der Apostel Paulus in seinem Herzen trägt:

Glückselig sind die Toten, die im Herrn sterben, von nun an! Ja, spricht der Geist, sie sollen ruhen von ihren Mühen; ihre Werke aber folgen ihnen nach (die Offenbarung des Johannes, Kapitel 14, Vers 13b).

Vers 22: Paulus erklärt nun den Philippern die momentane, situationsbedingte Sachlage seiner Gefangenschaft. Er geht davon aus, dass bald ein ihn betreffender Gerichtsprozess anstehen wird. Dieser bedeutet *entweder* seine Freilassung *oder* seinen Tod. Wenn dieses Verfahren jedoch seine Entlassung bedeuten sollte, so wird dieser Weg – *das Leben im Fleisch* ihm dank der gnadenreichen Unterstützung Gottes zu weiterer *fruchtbarer Wirksamkeit* dienen, sprich: zu missionierenden Tätigkeiten führen; dessen ist sich Paulus gewiss.

Der Apostel betrachtet diesen Gnadenweg Gottes – *falls* es zu dieser Entscheidung des Höchsten kommen *sollte* – als eine weitere aufbauende Maßnahme, das Evangelium im standhaften Glauben fortsetzend verkünden zu können. Diese Resonanz würde für ihn eine weitere, von Gott und Christus geleitete Gelegenheit bedeuten, sodass seine ihm von Jesus Christus offenbarte, apostolische Tätigkeit weiterhin mit erfolgsversprechenden Aussichten bestehen bleibt, *damit ich* – wie er sich in seinem 1.Korintherbrief in Kapitel 9, Vers 22d ausdrückt – *auf alle Weise etliche rette.*

Jedoch befindet sich Paulus aufgrund des noch ausstehenden Gerichtsurteils in einer „zwiespältigen Situation". Kann er nun sein von großer Bedeutung gekürtes Apostelamt weiterhin durchführen – oder wird das Todesurteil über ihn vollstreckt werden?

Da der Apostel auf diese Entscheidung noch warten muss, *weiß er nicht, was er wählen soll...* (Philipper, Kapitel 1, Vers 22b). Dennoch ist sich der Apostel stets bewusst, *dass Gott allein* die richtige Entscheidung für seine Zukunft erwählen wird. Er verlässt sich vollkommen auf *die Entscheidung Gottes.*

Denn so heißt es in den Sprüchen Salomos:

Das Herz des Menschen denkt sich seinen Weg aus, aber der HERR lenkt seine Schritte (die Sprüche Salomos, Kapitel 16, Vers 9).

Vers 23: Paulus wird aufgrund dieser seiner ihn betreffenden unschlüssigen Lage *von beiden Seiten* (Leben oder Tod) *bedrängt*. Einerseits verlangt seine Sehnsucht, *aufzubrechen und bei Christus zu sein*.

Mit dieser seiner Aussage bekennt er wiederum die bereits von ihm zitierten Worte aus dem 21. Vers des 1.Kapitels des Philipperbriefes (siehe Auslegung!). Dann würde er *für immer bei Jesus sein – und Ihm gleich sein*. Diesen von ganzer Sehnsucht ummantelnden Wunsch bestätigt der Apostel mit einem zusätzlichem Bekennen: *was auch viel besser wäre*.

Da Jesus Christus für Paulus den Sinn *aller Ausmaße*, ja, der Heiland *die vollkommene Autorität des irdischen, vor allem aber* – und dies ist Paulus *überaus wichtig* – *des himmlischen Daseins* prägt, wäre nach Meinung des Apostels diese Entscheidung Gottes *für ihn persönlich die viel bessere Wahl*. Im Himmelreich würde Paulus vollkommen unbefleckt der Reinheit Jesu Christi gegenüberstehen. In der Tat, dort würde er mit dem Herrn Jesus *vollends vereint sein*.

Dort – im Reich der Himmel – *könnte* der Apostel fortan die von David gewählten Worte mit vollstem sehnsüchtigem Dank von ganzem Herzen aussprechen:

Du (Gott!) tust mir kund den Weg zum Leben: Vor dir ist Freude die Fülle und Wonne zu deiner Rechten ewiglich (Psalm 16 – ein Psalm Davids, Vers 11 / Lutherbibel 1984).

Vers 24: Andererseits aber ist sich Paulus bewusst, dass die für *ihn persönliche Entscheidung*, die zwar voller Sehnsucht und vollkommenen Wohlbehagen bei Christus *auf Ewigkeit gegeben ist*, seinen immerwährenden Sehnsuchtswunsch erfüllen würde; denn dann wäre ihm die vollendete Gemeinschaft mit dem Herrn Jesus Christus vollends gegeben worden, ja – bereits in seiner Todesstunde gänzlich zuteil geworden. Diese Erfüllung des sehnlichen Wunsches des Apostels Paulus bleibt jedoch in der momentanen Gegenwart *noch* aus.

Aber letztlich obliegt es einzig und allein an der unantastbaren Entscheidung des allmächtigen Gottes, inwiefern des Apostels Zukunft vom Ewigen vorgesehen wird. *Des Paulus` Sehnsuchtswünsche sind daher nur von zweitrangiger Bedeutung.*

Dieser gewichtigen, über allem stehenden Entscheidung Gottes ist sich Paulus wohl bewusst – und bekennt daher, **aber es ist nötiger im Fleisch zu bleiben um euretwillen.**

In der Tat, des Paulus` sehnsüchtige Erwartung, bei Christus zu sein, wird letztlich einzig und allein *von der Entscheidung Gottes abhängen*. Zwar „überrennt der Apostel sich förmlich selbst" mit inbrünstigen Weitblicken, ja – Vorstellungen, die im Falle seiner Person nicht unbegründet[*1] im Herzen des Apostels immer wieder ersichtlich werden – jedoch muss er sich bewusst sein, dass sein apostolisches Amt von Gott den bedeutenden Vorzug zur weiteren Missionstätigkeit erhalten *könnte,* um dass das Evangelium des Herrn Jesus Christus in den Herzen der zu Missionierenden *weiterhin ausgebreitet und nach dem Willen Gottes in Christus gemäß erfüllt* wird.

Letztlich kommt Paulus mit Einsicht auf die stets wohl überlegten und niemals anzuzweifelnden Absichten Gottes zurück, indem er bekennt: *es ist nötiger im Fleisch* **(am Leben!**) *zu bleiben um euretwillen,* ja aufgrund der fortführenden Missionierung des Evangeliums, um den Missionsbefehl des Herrn Jesus rundum zu erfüllen - der da lautet:

Geht hin in alle Welt und verkündigt das Evangelium der ganzen Schöpfung! (Markus, Kapitel 16, Vers 15b).

[1] Die sehnsüchtigen Erwartungen des Apostels Paulus *erweisen sich für ihn keinesfalls als unbegründete Indizien,* wie es uns der 2. Korintherbrief erklärend darlegen wird. Dort beschreibt Paulus sein Erlebnis wie folgt:

Ich weiß von einem Menschen (Paulus spricht hier in der dritten Person – meint sich aber selbst!) *in Christus, der vor 14 Jahren (ob im Leib oder außerhalb des Leibes, ich weiß es nicht; Gott weiß es) bis in den dritten Himmel entrückt wurde. Und ich weiß von dem betreffenden Menschen* **(Paulus meint sich wiederum selbst!)** *(ob im Leib oder außerhalb des Leibes, weiß ich nicht; Gott weiß es), dass er in das Paradies entrückt wurde und unaussprechliche Worte hörte, die ein Mensch nicht sagen darf* (2.Korinther, Kapitel 12, Verse 2 – 4).

Vers 25: Aufgrund der Wichtigkeit, bzw. Notwendigkeit der Evangeliums-Verkündigung ist Paulus *überzeugt*, ja, er *weiß es, dass er bei ihnen bleiben und bei ihnen sein wird.*

Seine irdische Anwesenheit ist von einem überaus wichtigen, sehr bedeutsamen Erfüllungskonzept umgeben, nämlich: *zu eurer Förderung und Freude im Glauben.*

Es ist an dieser Stelle *nicht nur* über des Apostels Paulus' Lebenserhaltung nachzudenken, *sondern vor allem* über die *Freude*, welche *in und durch* den Glauben aus den Herzen der Zuhörer durch das Missionieren aufgrund seiner *fortführenden Amtsbefugnis* hervortritt.

Die Wirkung der Freude zeigt sich in den Herzen der Beschenkten erkenntlich – und wird aufgrund der von Paulus gepredigten *Gnadengaben* zugleich als eine geistliche *Stärkung* in Form der Nächstenliebe von ihnen wohlwollend aufgenommen (Römer, Kapitel 1, Vers 11).

In der Tat, die Herzen der Beschenkten haben nunmehr *die Frucht* (Römer, Kapitel 15, Vers 28b) der Erkenntnis dank ihres Glaubens in ihren Herzen gesichert. Folglich *aber hat der Gott der Hoffnung sie mit aller Freude und mit Frieden im Glauben erfüllt, dass ihr überströmt in der Hoffnung durch die Kraft des Heiligen Geistes!* (Römer, Kapitel 15, Vers 13).

Fortan stehen die Bekehrten *fest im Glauben*, weil sie von *dem Gehilfen* Gottes, dem Apostel Paulus *weiterhin* erfolgreich missioniert wurden (2.Korinther, Kapitel 1, Vers 24).

Somit ist es die Kraftauswirkung des Heiligen Geistes, welche die Erkenntnis bei den Beschenkten aufgrund ihres angenommenen Glaubens – bedingt durch des Paulus` Predigt – hervorgerufen hat, ja – dies ist *die Frucht des Geistes* der *Liebe*, (Galater, Kapitel 5, Vers 22a) die sich nunmehr ersichtlich zeigt.

Aufgrund dieser erwähnenswerten, eindeutigen Hilfsmaßnahmen, welche die von Paulus fortwährende Wirkung zur Verbreitung des Evangeliums des Herrn Jesus Christus in Zukunft fördern *würden* – ist der Apostel davon *überzeugt*, (Philipper, Kapitel 1, Vers 25) dass ihn Gott und der Heiland noch für seinen apostolischen Dienst gebrauchen werden. Daher ist seine Haltung von einer geradezu positiven, ja, einer *voraussichtlichen*, von Zuversicht umgebenen Gewissheit geprägt, dass Gott ihm sein Leben *nicht* entnehmen wird.

Vers 26: Weitere Begründungen aus dem bereits ausgelegten 25.Vers folgen:

So betont der Apostel nun, dass folglich auch *die Ehre und Würde* – und somit zugleich *die Stellung* (bzw. das Ansehen der Gemeinde in Philippi vor Gott!) der Philipper *in* dem Herrn *Christus Jesus* – bedingt durch ihren unnachgiebigen Glauben an den Heiland in ihren Herzen vertieft werden soll. Ihre an Jesus Christus sich zuneigenden Herzen sollen das Vertrauen ihres sich mehr und mehr wirksamen Glaubens unterstreichend hervorheben, sodass dieser Glaubenswachstum sich in einem fortgeschrittenen Stadium der vom Heiligen Geist unterstützten Erkenntnis *erkenntlich zeigen wird,* **wenn er wieder zu ihnen kommen wird.**

Auch betont Paulus an dieser Stelle die Worte: *um meinetwillen*. Doch rühmt sich Paulus *keinesfalls* seiner „eigenen" an sie gerichteten Worte, *sondern* es ist die Kraft des ihm zuteilwerdenden Heiligen Geistes – also die gnadenumwobene Kraft des Höchsten *in* dem Herrn Jesus Christus, die in dem Apostel aufgrund seines unerschütterlichen Glaubens *wirksam* wird.

Dem Apostel Paulus wird „nur" die barmherzige Gnadengabe Gottes *in* Jesus Christus im Heiligen Geist als deren Gesandter übermittelt, daher sind einzig und allein *nur* Gott und Jesus Christus *die über allen stehenden* – und daher *die einzigen hervorzuhebenden Übermittler* des Paulus` an sie ausgerichteten Evangeliums-Botschaft. Dessen kann sich der Apostel durchaus rühmen.

Es ist ein Rühmen, ja, eine rein zu Gott und dem Herrn Jesus Christus zu erachtende, huldigende Lobpreisung, welche von großer Dankbarkeit, vor allem aber von der Gnade Gottes an die Person des Apostels Paulus, als auch an die Gemeinde in Philippi die Ausmaße der Barmherzigkeit Seiner selbst und des Herrn Jesus Christus fortwährend aufweist.

Verse 27 – 30
Ermahnung zu Standhaftigkeit und Eintracht

^{27}*Nur führt euer Leben würdig des Evangeliums von Christus, damit ich, ob ich komme und euch sehe oder abwesend bin, von euch höre, dass ihr fest steht in einem Geist und einmütig miteinander kämpft für den Glauben des Evangeliums* ^{28}*und euch in keiner Weise einschüchtern lasst von den Widersachern, was für sie ein Anzeichen des Verderbens, für euch aber der Errettung ist, und zwar von Gott.* ^{29}*Denn euch wurde, was Christus betrifft, die Gnade verliehen, nicht nur an ihn zu glauben, sondern auch um seinetwillen zu leiden,* ^{30}*sodass ihr denselben Kampf habt, den ihr an mir gesehen habt und jetzt von mir hört.*

Zwischenbemerkung:

Ein mahnender Teil des Briefes folgt anhand des nun nachfolgenden Briefabschnittes. Stets beabsichtigt der Apostel Paulus mittels seiner von Mahnungen umrahmten Worte jedoch für die angeschriebenen Gemeinden nur das Beste in Bezug auf ihre Glaubensentfaltung, sodass sie nicht vom Weg ihres bereits gefestigten Glaubens durch Fremdeinwirkungen, z.B. von

Widersachern oder durch Unstimmigkeiten innerhalb der Gemeinde (siehe noch kommende Auslegung unter Philipper, Kapitel 2, Vers 2) abweichen. Dies will er den Philippern besänftigen, jedoch mit eindeutig zu verstehenden Worten verdeutlichen.

Die Gemeinde in Philippi bildet bereits eine feststehende Glaubensgemeinschaft, die bestrebt ist, ihre von Gott empfangenen Gnadengaben mittels ihres Glaubens im Heiligen Geist gemäß ihrer Offenbarungsgaben Gottes zu leben und folglich im Herrn Jesus Christus vollends zu genießen. Dies begründet, warum Paulus mit sanften Worten diesen Brief verfasst, denn er weiß allzu genau, dass die Gemeinde in Philippi ihr bisheriges Festhalten am Glauben unter Beweis gestellt hat. Diesbezüglich braucht er sich als „ihr Ziehvater im Glauben" keine weiteren Gedanken zu machen.

Paulus aber hält es für seine apostolische Pflicht, ihnen seine sachlich formulierten Mahnungen mit bestem Wissen und Gewissen nicht vorzuenthalten, sodass die Gemeindemitglieder der Philipper weiterhin noch intensiver und darüber hinaus noch eindeutiger die gnadenumwobenen Vorzüge ihres Glaubens in dem Herrn Jesus Christus vollends ausleben können.

Auslegung:

Vers 27: Den letzten Kapitelabschnitt des 1.Kapitels beginnt der Apostel Paulus gegenüber der Gemeinde in Philippi mit einer stets wohl zu erachtenden, jedoch überaus mit Bedacht zu betrachtenden Mahnung. Völlig bewusst eröffnet der Apostel seinen mahnenden Satz mit dem Wort *Nur*. Dies drückt aus, dass er den Philippern *zwingend zu erkennen geben will*, dass diese Mahnung *von unerlässlicher Wichtigkeit beseelt ist:* die Gemeinde soll des ***Evangeliums würdig wandeln*** und nach *diesem ihr Leben ausrichten*. Sprich:

Ihr Leben, Handeln und Tun soll dem Evangelium von dem Herrn Jesus Christus *entsprechen* – und zwar völlig unabhängig, ob Paulus die Gemeinde persönlich *sieht oder von ihr abwesend* ist. Diese gewichtige Aufforderung wiederum sagt aus, dass die Philipper dank ihres tiefgründigen Glaubens dem Evangelium von Jesus Christus *jederzeit anerkennend, achtbar und somit würdevoll gegenübertreten sollen*. Denn, so Paulus in seinem 1.Brief an die Korinther:

Ob ihr nun esst oder trinkt oder sonst etwas tut – tut alles zur Ehre Gottes! (1.Korinther, Kapitel 10, Vers 31).

Exakt diese überaus bedeutungsvolle Botschaft will Paulus auch den Philippern mahnend mit seinen stets wohl gemeinten – jedoch immerzu ernstzunehmenden Worten in Gottes Namen als dessen Gesandter hinterlegen. Sprich:

Folglich ist ihnen auferlegt worden, *aufgrund ihrer Berufung würdig zu wandeln, zu welcher sie berufen worden sind* (Epheser, Kapitel 4, Vers 1b), *ihm* **(Gott in dem Herrn Jesus Christus!)** *in allen wohlgefällig seid, in jedem guten Werk fruchtbar und in der Erkenntnis Gottes wachsend* (Kolosser, Kapitel 1, Vers 10b).

Somit sollen die Philipper ihre *geistliche* **Rettung**, welche sie *durch* Gottes barmherziger Gnade *in* dem Herrn Jesus Christus vom Höchsten in Empfang genommen – und durch ihren Glauben an Ihn bestätigt haben – *mit Furcht und Zittern* (Philipper, Kapitel 2, Vers 12 – Auslegung folgt!) *stets gewissenhaft ausüben.*

Ihr vom Allmächtigen offenbartes Leben *in* dem Herrn Jesus Christus ist ein von der Gnade Gottes umwobenes Dasein, wie es dem Herrn Jesus *entspricht – es ist und soll unentwegt gekennzeichnet sein* von <u>einem</u> zu Gott und Christus bezogenen *Leben der Liebe,* so wie es ein jeder der Philipper dank der barmherzigen Gnadengabe des Höchsten in Empfang genommen hat. Paulus lässt die Gemeinde wissen:

Wenn wir im Geist leben, so lasst uns auch im Geist wandeln (Galater, Kapitel 5, Vers 25).

Diese Aussage bewirkt nunmehr <u>eine</u> *ineinander verschmelzende Einheit der Beschenkten im Herrn.* Den Geist erhalten zu haben, sagt aus, *nun auch fortwährend* in der Kraft des Heiligen Geistes *zu handeln und zu leben.*

Damit fordert sie der Apostel weiterhin dazu auf, dass die Philipper *einmütig im Geist für den Glauben des Evangeliums miteinander kämpfen* (Philipper, Kapitel 1, Vers 27b). Die bedeutungsvolle *Einmütigkeit im Glauben* wiederum bedeutet, dass die Philipper *zusammen als eine Gemeinde mit einem Sinn* (Philipper, Kapitel 2, Vers 2 – siehe noch kommende Auslegung!) dazu *bestrebt sind, die gleiche Liebe auszuüben.* In dieser gemeindegeprägten Einheit existiert *keine Entzweiung*, sondern *eine feststehende Einheit des Glaubens im Geist.*

Folglich sollen die Philipper anhand der ihnen zuteilgewordenen Gnadengabe Gottes ihr Leben somit auch *gemeinsam im Glauben* (gegen Fremdeinwirkungen jeglicher Art – siehe noch folgende Auslegung unter Philipper, Kapitel 1, Vers 28 ff.) *bewältigen.* Es ist eine ihnen vom Heiland geschenkte Liebe, welche *in* Christus sichtbar und *im* Heiligen Geist in den Herzen der Beschenkten *durch den Heiland* gefestigt wurde – *zu einer gemeinsamen Bestätigung und der daraus resultierenden gemeinsamen Ausübung* – sodass man von der Gemeinde behaupten kann, dass sie *ein Herz und eine Seele* darstellt, ja – *alle Dinge waren ihnen gemeinsam,* heißt es in der Apostelgeschichte des Lukas in Kapitel 4, Vers 32a + b.

Das ist der Gemeinde der Philipper Bestimmung des Lebens, das „Jawort" des Apostels Aufforderung Folge zu leisten, weil es ihnen der Heilige Geist, den sie in ihren Herzen tragen, *vermittelt, in Gemeinsamkeit für den Glauben des Evangeliums zu kämpfen* (Philipper, Kapitel 1, Vers 27b).

Diese verpflichtende Anordnung im Heiligen Geist *vereint* des Herrn Jesus` Gebot der Liebe; denn Christus spricht:

Das ist mein Gebot, dass ihr einander liebt, gleichwie ich euch geliebt habe (Johannes, Kapitel 15, Vers 12).

Dieses *Feststehen*, ja, jenes *zueinander halten in einem Geist* umfasst hiermit das grundsolide Prinzip, dem Evangelium des Herrn Jesus Christus *zu entsprechen*. Es ist ein daraufhin zu erachtendes Feststehen, ja – *ein gewissenhaft, acht – und ehrbares Verbleiben im Herrn*. Die beschenkten Gläubigen üben in ihrem Dasein *das* aus, *was* sie im Geist empfangen haben. Diese gewichtige Botschaft fordert Paulus von den Beschenkten – auf dass sie *eine gemeinsame Lebensbasis* führen – welche sich stets auf die Barmherzigkeit Gottes in ihrem Handeln und Tun bezieht, nämlich auf die Botschaft des Evangeliums von dem Herrn Jesus Christus.

Dieses von Gott und Christus der Gemeinde der Philipper zugutekommende, wohlgefällige Barmherzigkeitshandeln bestätigt Ihnen, dass die Beschenkten *in der Erkenntnis des ihnen zuteilwerdenden Heiligen Geistes vollends angekommen sind*, sodass sich die in der Gemeinde geoffenbarte Liebe des Höchsten *in gegenseitiger Harmonie rundum ersichtlich und erkenntlich zeigt* – ganz der Aufforderung des Apostels Paulus und des Herrn Jesus Christus entsprechend:

Dem gleichgesinnten, einstimmigen Kämpfen für den Glauben am Evangelium Jesu Christi, wie es uns der nun folgende Vers wie folgt aufweist:

Vers 28: Dieses soeben erwähnte *gleichgesinnte, einstimmige Kämpfen für den Glauben* bedeutet, so Paulus, **sich in keiner Weise von den Widersachern einschüchtern zu lassen.**

Aufgrund dieser von dem Apostel geforderten „Einer für Alle – Strategie *in und durch* den Glauben" verweist folglich die Gemeinde die **Widersacher** bezüglich der in den Herzen der Philipper ruhenden, vom Geist der Wahrheit getränkten, zuversichtlichen Gewissheit, dass die **Widersacher** sich mittels der unerschütterlichen *Einigkeit* innerhalb der Philipper – Gemeinde *ins Abseits, ja – in Niedergeschlagenheit von dieser unentwegt zusammenhaltenden Gemeinde ver*drängt sehen. Es sind jene der Gemeinde in Philippi Sorgen bringende Menschen, *welche jedoch aufgrund der gemeinsamen, zusammenhaltenden Harmonie aller Gemeindemitglieder in Philippi* keinerlei *Chancen erhalten, ihre verruchten Absichten mit Erfolg durchzusetzen.*

Daher heißt es im Brief an die Hebräer:

So können wir nun zuversichtlich sagen: „Derr Herr ist mein Helfer, und deshalb fürchte ich mich nicht vor dem, was ein Mensch mir antun könnte" (Hebräer, Kapitel 13, Vers 6 – in Bezug auf Psalm 118, Vers 6).

Folglich handelt es sich bei **den Widersachern** (Philipper, Kapitel 1, Vers 28a) um Menschen, welche *Verderben in Form von verruchten Fremdeinwirkungen* in die Gemeinde *einbringen wollen,* um diese mit lasterhaften Handlungen vom Evangelium Jesu Christi *mutwillig auseinander zu reißen.* Dies ist für die **Widersacher**, so Paulus, ***ein Anzeichen des Verderbens, für euch aber*** (der Gemeinde in Philippi – aufgrund

ihres stetigen Zusammenhaltens im Glauben!) *Errettung, und zwar von Gott.*

An dieser Stelle wird *eindeutig* ersichtlich, dass *allein* Gott in dem Herrn Jesus Christus dieses Erkennen der niederträchtigen Hinterlist der **Widersacher** aufgrund der Gabe des in den Herzen ruhenden Heiligen Geistes *der ineinander verschmelzenden Einheit der Philipper fördert, bewirkt und letztlich ausausübt*, sodass die Vernichtung jeglicher, böswilliger Absichten *von Gott allein* vollbracht wird. Denn *so* spricht der allmächtige Gott:

Fürchte dich nicht, denn ich bin mit dir; sei nicht ängstlich, denn ich bin dein Gott; ich stärke dich, ich helfe dir auch, ja, ich erhalte dich durch die rechte Hand meiner Gerechtigkeit! (Jesaja, Kapitel 41, Vers 10).

Folglich weist uns der 1.Thessalonicherbrief des Apostels Paulus auf Folgendes hin:

...wie es denn gerecht ist vor Gott, dass er denen, die euch bedrängen, mit Bedrängnis vergilt, euch aber, die ihr bedrängt werdet, mit Ruhe gemeinsam mit uns, bei der Offenbarung des Herrn Jesus vom Himmel her mit den Engeln seiner Macht, in flammenden Feuer, wenn er Vergeltung üben wird an denen, die Gott nicht anerkennen, und an denen, die dem Evangelium unseres Herrn Jesus Christus nicht gehorsam sind. Diese werden Strafe erleiden, ewiges Verderben, vom Angesicht des Herrn und von der Herrlichkeit seiner Kraft (2.Thessalonicher, Kapitel 1, Verse 6 – 9).

Daher kann nunmehr der fest im Glauben Stehende unentwegt aus ganzem Herzen mit Sicherheit behaupten:

Denn er (der Glaubende!) *wird ewiglich nicht wanken; an den Gerechten wird ewiglich gedacht* (Psalm 112, Vers 6).

Vers 29: Folglich beschreibt Paulus die sich erkenntlich zeigende Gnadengabe der Philipper als eine Gnadengabe Gottes *in* dem Herrn *Jesus Christus*. Diese aber zeigt sich *weiterhin* darin erkenntlich, dass sich dieses zum Heil dienende Zuneigungsgeschenk *nicht nur auf den Glauben an Christus* bezieht, sondern auch darin, *um seinetwillen zu leiden.*

Denn, so Paulus in seinem 2.Brief an Timotheus, in Kapitel 1, Vers 8, als auch in Kapitel 3, Vers 12:

So schäme dich nun nicht des Zeugnisses von unserem Herrn, (Jesus!) *auch nicht meinetwegen, der ich sein Gefangener bin; sondern leide mit (uns) für das Evangelium in der Kraft Gottes. Und alle, die gottesfürchtig leben wollen in Christus Jesus, werden Verfolgung erleiden.*

Und folgende frohe Botschaft schenkt uns der 1.Brief des Petrus in Kapitel 4, Vers 14 bezüglich der Gläubigen Leiden im Namen des Herrn Jesus Christus:

Glückselig seid ihr, wenn ihr geschmäht werdet um des Namens des Christus willen! Denn der Geist der Herrlichkeit, (der Geist) Gottes ruht auf euch; bei ihnen (den Widersachern Gottes!) *ist er verlästert, bei euch* (den Glaubenden!) *aber verherrlicht.*

Daher, so Paulus, liebe Philipper müsst ihr *für* Christus leiden, gleichwie der Herr Jesus Christus *für alle* Gläubigen am Holz auf Golgatha *für uns alle* gelitten hat, als uns der Heiland in Seiner völlig schuldlosen Hülle unsere Sünden vergab.

Wiederum zeigt sich anhand der zusammenhaltenden, *in einer Einheit* stehenden Gemeinde *die Bedingung des Sieges* gewiss, dessen unentbehrliche Leiter *immerdar Gott und Jesus Christus darstellen*. Diese vom Heiligen Geist geleitete Siegesgewissheit ist das Anzeichen wahrer Christen, welche nunmehr *willig* sind, des Apostels Paulus von Gott offenbarte Anforderungen dank der Hilfe des Allmächtigen in Christus Jesus erfüllen zu können.

Vers 30: In der Tat, es ist jene „Kampfbereitschaft" des Apostel Paulus *für* den Herrn Jesus Christus, die er durch *den* besteht, *der ihn stark macht, Christus*, (Philipper, Kapitel 4, Vers 13 – siehe noch kommende Auslegung!) welche die Philipper anhand des Paulus` *bisheriger*[*1] *und jetziger*[*2] *Bedrängnisse* in Erfahrung bringen konnten. Paulus bezeichnet diese seine Bedrängnisse (bzw. die geistlichen Kämpfe um des Christus willen!) als *denselben Kampf*, (Philipper, Kapitel 1, Vers 30) den die Philipper ebenfalls dank ihres tiefgründigen Glaubens an den Herrn Jesus Christus *zu bestehen haben.*

Aufgrund dieser Behauptung betitelt, bzw. definiert Paulus die Gemeinde in Philippi bereits in Philipper, Kapitel 1, Vers 7 (siehe Auslegung!) wie folgt:

Es ist ja nur recht, dass ich so von euch allen denke, weil ich euch im Herzen trage, die ihr alle sowohl in meinen Fesseln als auch bei der Verteidigung und Bekräftigung des Evangeliums mit mir Anteil habt an der Gnade.

Die in der Vergangenheit geschehenen, *bisherigen*[*1] *Bedrängnisse* des Paulus können wir anhand seines 1. Aufenthaltes (der zur Gründung der Gemeinde in Philippi beitrug!) des Apostels bei der Gemeinde in Philippi in seinem 1.Thessalonicherbrief in Erfahrung bringen:

Denn ihr wisst selbst, Brüder, dass unser Eingang bei euch nicht vergeblich war; sondern, obwohl wir zuvor gelitten hatten und misshandelt worden waren in Philippi, wie ihr wisst, gewannen wir dennoch Freudigkeit in unserem Gott, euch das Evangelium Gottes zu verkünden unter viel Kampf (1.Thessalonicher, Kapitel 2, Verse 1 + 2).

So will Paulus auch den Philippern die gleiche Botschaft zukommen lassen wie Timotheus, *seinem (meinem!) echten Kind im Glauben* (1.Timotheus, Kapitel 1, Vers 2a):

Kämpfe den guten Kampf des Glaubens; ergreife das ewige Leben, zu dem du auch berufen bist und worüber du das gute Bekenntnis vor vielen Zeugen (in Bezug auf die Philipper in der Erkenntnis der zusammenhaltenden Einheit im Glauben an Christus innerhalb ihrer eigenen, fest im Glauben stehenden Gemeinde!) *abgelegt hast* (1.Timotheus, Kapitel 6, Vers 12).

Die *jetzigen*[*2] Bedrängnisse des Apostels Paulus konnten die Philipper bereits aus dem 1.Kapitel des Philipperbriefes anhand *der Zuversicht des Apostels in Gefangenschaft und Leiden*, (Kapitel 1, Verse 12 – 26 / siehe Auslegung!) als auch in der *Ermahnung zu Standhaftigkeit und Eintracht* aus den Versen 27 – 30 jenes 1. Kapitels (siehe Auslegung!) durch des Apostels Worte in detaillierte Erfahrung bringen.

Folglich hat auch die Gemeinde in Philippi Verfolgungen im Namen Jesu Christi zu erleiden, die sie aufgrund ihres gefestigten, vom Heiligen Geist unterstützten Glaubens bestehen kann, gleichwie sie Paulus dank seines tiefgründigen, stets zu Gott und Christus bezogenen Glaubens *bestanden hat, bzw. noch bestehen wird.*

Daher kann der Apostel Paulus nunmehr seine *bisherigen und jetzigen Bedrängnisse*[*1 + *2] – als auch den noch vor ihm liegenden „Gattungen" der sich in Zukunft an ihm offenbarenden Bedrängungen um des Herrn Jesus Christus willen – wie folgt umschreiben – und diese der Gemeinde der Philipper daraufhin zu deren Nachahmung offen darlegen:

Ich habe den guten Kampf gekämpft, den Lauf vollendet, den Glauben bewahrt (2.Timotheus, Kapitel 4, Vers 7).

So könnten nun die Schlussworte dieses lehrreichen 1. Kapitels des Philipperbriefes des Paulus wie folgt an die Gemeindemitglieder in Philippi gerichtet sein:

Lasst euch *nicht* von **Widersachern** (Philipper, Kapitel 1, Vers 28a) *beirren, steht fest* in dem euch von Gott in Christus offenbarten Heiligen Geist – und vertraut *immerdar* auf die barmherzige Liebe des allmächtigen Gottes, der euch als Seine Kinder in die Obhut Seiner unantastbaren Herrlichkeit in dem Herrn Jesus Christus wohlwollend aufgenommen hat – im Hier und Jetzt – als auch bei der Wiederkunft des Herrn Jesus Christus.

Denn Christus Jesus **lässt euch nicht als Waisen zurück, denn Er kommt zu euch**, (Johannes, Kapitel 14, Vers 18) sodass ihr auch in der Zukunft Seiner himmlischen Herrlichkeit voller Gewissheit und Zuversichtlichkeit dank eures Glaubens an Ihn mit zum Himmel gerichteten Blicken mit voller geisteserfüllter Hoffnung entgegenblicken könnt.

Daraufhin *gilt auch dann für euch* – ihr Philipper, **dass die für mich bereitliegende Krone der Gerechtigkeit, die mir der Herr, der gerechte Richter, an jenem Tag** (bei der **Wiederkunft des Herrn Jesus Christus!**) *zuerkennen wird, nicht nur mir allein übergeben wird, sondern auch allen* und so *auch euch, die seine Erscheinung lieb gewonnen haben* (2.Timotheus, Kapitel 4, Vers 8), so Paulus.

Kapitel 2

Verse 1 – 11
Die Gesinnung des Christus als Vorbild für die Gläubigen

¹Gibt es nun (bei euch) Ermahnung in Christus, gibt es Zuspruch der Liebe, gibt es Gemeinschaft des Geistes, gibt es Herzlichkeit und Erbarmen, ²so macht meine Freude völlig, indem ihr eines Sinnes seid, gleiche Liebe habt, einmütig und auf das andere bedacht seid. ³Tut nichts aus Selbstsucht oder nichtigem Ehrgeiz, sondern in Demut achte einer den anderen höher als sich selbst. ⁴Jeder schaue nicht auf das Seine, sondern jeder auf das des anderen. ⁵Denn ihr sollt so gesinnt sein, wie es Christus Jesus auch war, ⁶der, als er in der Gestalt Gottes war, es nicht wie ein Raub festhielt, Gott gleich zu sein; ⁷sondern er entäußerte sich selbst, nahm die Gestalt eines Knechtes an und wurde wie die Menschen; ⁸und in seiner äußeren Erscheinung als ein Mensch erfunden, erniedrigte er sich selbst und wurde gehorsam bis zum Tod, ja bis zum Tod am Kreuz. ⁹Darum hat ihn Gott auch über alle Maßen erhöht und ihm einen Namen verliehen, der über allen Namen ist, ¹⁰damit in dem Namen Jesu sich alle Knie derer beugen, die im Himmel und auf Erden und unter der Erde sind, ¹¹und alle Zungen bekennen, dass Jesus Christus der Herr ist, zur Ehre Gottes, des Vaters.

Zwischenbemerkung:

Das 2.Kapitel des Philipperbriefes beginnt mit seinem 1.Kapitelabschnitt mit bittenden Worten des Apostels Paulus für die vor allem stehende Lehre des Herrn Jesus Christus, sodass die Gemeinde in Philippi diese in ihren Herzen aufnimmt, um mit dieser Botschaft ihr Leben auszurichten. Der Heiland prägt den zentralen – und somit *den* vollkommenen Mittelpunkt der gesamten Heiligen Schrift. So folgen nunmehr des Apostels Paulus auf den Herrn Jesus Christus bezogene Bitten gegenüber der Gemeinde in Philippi, welche von einmütigen und bedachten, ja, von der vor allem stehenden Nächstenliebe geprägt sind, welche von den Philippern durch ihren Glauben anzunehmen und auszuleben sind, um in den Fußstapfen des Heilands Jesus Christus wandeln zu können. Denn einzig und allein *in* dem Herrn Jesus Christus ist *das* Heil auffindbar, welches zum Ewigen Leben im Reich der Himmel führt.

Auslegung:

Vers 1: Der Apostel Paulus beginnt nun mit inständigen Befürwortungen, welche an die Gemeinde der Philipper gerichtet sind. Es sind jene Worte, welche die Präsenz christlichen Lebens *im* Herrn Jesus Christus hervorrufen. So will ihnen Paulus verdeutlichen, dass, wenn sie die heilbringenden Belehrungen des Herrn Jesus Christus in ihren Herzen tragen – und ausleben, folgende gewichtige christliche Eigenschaften zum Vorschein gelangen, die da wären:

Zuspruch der Liebe: es ist eine demütige Bestätigung, die Lehre und die Worte des Herrn Jesus Christus im Herzen zu tragen, sodass diese mit *bejahender Zustimmung in Form von bewundernder Wertschätzung durch den Glauben an Ihn* ausgeübt werden. Somit bildet der ***Zuspruch der Liebe*** anhand *achtender Demut die stärkende Ausübung der in den Gläubigen Herzen ruhenden Christusliebe* – ***als eine Tröstung des Glaubens*** (1.Thessalonicher, Kapitel 3, Vers 7b).

Gemeinschaft des Geistes: es ist *eine innere Verbundenheit,* ja – *eine vom Herzen kommende Gemeinsamkeit, welche* den Christen *bestätigt,* in *einer gemeinsamen Obhut im Herrn* durch die Kraftauswirkung des Heiligen Geistes *angelangt zu sein.* Daher prägt der Heilige Geist die von Gott gewollte, *gleichgeordnete* Struktur christlicher Wesensmerkmale, welche bedingt durch den Glauben, ja – ***in der Einheit des Geistes durch das Band des Friedens bewahrt wird*** (Epheser, Kapitel 4, Vers 3b).

Herzlichkeit und Erbarmen: diese bewirken einen *durch Christus geförderten, von Gefälligkeit sich auswirkenden, unterstützenden Liebesdienst, der entgegenkommende Herzensgüte voller milder Warmherzigkeit ausstrahlt,* um mit Hilfe dieser im Vordergrund stehenden Auswirkungen die von Gott gefor-

derte Nächstenliebe in und durch den Herrn Jesus Christus ertragreich ausüben zu können.

Es sind jene zum Heil leitenden Forderungen, welche der allmächtige Gott in Seinem Sohn auf Ewigkeit gegründet hat; denn Gott spricht:

Dieser ist mein auserwählter Sohn; den sollt ihr hören! (Lukas, Kapitel 9, Vers 35b / Lutherbibel 1984).

Vers 2: Anhand der soeben ausgelegten, zum Vorschein gelangenden, christlichen Eigenschaften sollen die Philipper daher die **Freude** des Paulus *völlig machen*, indem die ganze Gemeinde *fest im Herrn steht* (Philipper, Kapitel 4, Vers 1c) Es ist eine **Freude**, welche im Glauben an den Herrn Jesus Christus entfacht wird und zu einem stetigem Wachstum gedeiht, in dem die an den Heiland Glaubenden:

Eines Sinnes seid, gleiche Liebe habt: dass die Gemeinde die Lehre des Herrn Jesus Christus in Gemeinsamkeit verkörpert, in dieser lebt – und diese dazu fördert, in *einem Sinn* diese Früchte des Heils nach außen zu tragen. Ihre Denkarten, Meinungen und Lebenswandlungen *sollen sich in Christus anhand gegenseitigen Entgegenkommens gemeinsam ineinander in Form der Christusliebe verschmelzen* – und folglich in der durch den Heiligen Geist geoffenbarten, von Christus geförderten Sympathie zueinander in und mit der Liebe des Heilands *in gegenseitiger Übereinstimmung auswirken.*

Einmütig auf das eine bedacht seid: in zusammenhaltender Gemeinsamkeit – ja – in harmonisierender, vom Heiligen Geist geleiteter, linientreuer und folglich aufrichtiger Gleichberechtigung die Worte des Christus untereinander mit aus den Herzen kommenden Bestätigungen ausüben zu können, um diese daraufhin gewinnfördernd zu bewahren.

Alle diese zu dem Herrn Jesus Christus führenden Eigenschaften, so Paulus, beinhalten:

keine gegenseitigen Betrachtungen nach hohen Dingen, (Römer, Kapitel 12, Vers 16a) –

lassen untereinander **keine Spaltungen zu,** *sondern sind* **vollkommen zusammengefügt in derselben Gesinnung,** *als auch* **in derselben Überzeugung** (1.Korinther, Kapitel 1, Vers 10b).

Es ist eine **gleich gesinnte, mitfühlende Eigenschaft voller barmherziger, gütiger und brüderlicher Liebe** (1.Petrus, Kapitel 3, Vers 8) –

sie beinhaltet **das Feststehen in einem Geist** (Philipper, Kapitel 1, Vers 27d (siehe Auslegung!) –

um das Wort des Lebens *in Christus* Jesus **darbieten zu können** (Philipper, Kapitel 2, Vers 16a – Auslegung folgt!).

Vers 3: Paulus geht nun über zu mahnenden Detaillierungen weiterer *Zuwiderhandlungen,* die *erheblich* die Ausführung eines zu Christus bezogenen Lebens beeinträchtigen – und daher *zwingend unterbunden werden müssen;* sie lauten:

Selbstsucht: hervorgehoben durch *Rigorosität, Rücksichtslosigkeit, selbstbezogener Eigenwilligkeit, beruhend auf einer egozentrischen, eigenwilligen „Ich – Bezogenheit".*

Daher bekennt der Halbbruder unseres Herrn Jesus Christus, Jakobus, gegenüber selbstsüchtigen Handlungen:

Wenn ihr aber bitteren Neid und Selbstsucht in eurem Herzen habt, so rühmt euch nicht und lügt nicht gegen die Wahrheit! (Jakobus, Kapitel 3, Vers 14).

Nichtigem Ehrgeiz: akzentuiert von *belanglosem Eifer, einer unbedeutenden Bereitwilligkeit, einem entbehrlichen Bedürfnis, einem gleichgültigen Verlangen, bedingt durch einen hinfälligen, spröden Herrschaftsanspruch.*

Hingegen dieser vom Herrn Jesus Christus abkehrenden, beschämenden Maßnahmen fordert der Apostel die Philipper nunmehr dazu auf, dass sie sich in ***Demut*** – sprich: dass die Gemeinde sich in *gegenseitiger Ehrfurcht, Respekt und Achtung gegenübersteht,* um das somit ***einer den anderen höher achtet als sich selbst*** – als unverkennbares Anzeichen der von Gott und dem Herrn Jesus Christus geforderten *Nächstenliebe.*

Aus dieser entfalten sich folgende gewinnfördernde, stets zu Gott und Christus bezogene Charaktere:

Nächstenliebe: sie ist umwoben von wohlwollender Barmherzigkeit gegenüber dem anderen, ein von Menschenliebe umgebenes Indiz der Gotteslehre in Vollendung – gänzlich und absolut beruhend in der Person des Herrn und Erlösers Jesus Christus – ihre Eigenschaften sind stets auf das Wohl des anderen gerichtet – und prägen somit das höchste und größte Gebot, welches lautet:

Du sollst deinen Nächsten lieben wie dich selbst! (Markus, Kapitel 12, Vers 31b).

Daher, so Paulus, ist die Nächstenliebe dadurch gekennzeichnet, dass:

die gläubige Menschheit **nicht nach hohen Dingen trachtet, sondern sich herunterhält zu den Niedrigen** – *und sich folglich* **nicht für klug hält** (Römer, Kapitel 12, Vers 16b) –

daher sollen die Glaubenden **nicht nach leerem Ruhm streben, einander nicht herausfordern noch einander beneiden** (Galater, Kapitel 5, Vers 26).

Vers 4: Einen weiteren, gewichtigen Wesenszug der Nächstenliebe schenkt der Apostel den Philippern mit den nun folgenden Worten:

Jeder schaue nicht auf das Seine, sondern jeder auf das des anderen: Es ist jene Selbstlosigkeit – ja – es ist diese selbstaufopfernde Hilfsbereitschaft, welche das Heil Gottes in dem Herrn Jesus Christus würdevoll umgibt, ein Verwirklichen der Lehre Jesu Christi, welche dazu veranlasst, die vom Herrn ausgeübte Kennzeichnung der Nächstenliebe mit des Beschenkten Kraft des Heiligen Geistes zum Vorbild zu nehmen.

In der Tat, es ist jene von der Auswirkung des Heiligen Geistes zusammengefügte und vollbrachte Gemeinschaft im Glauben, welche *in gegenseitiger Harmonie* das permanent hervorzuhebende Wesen der Nächstenliebe des Heilands prägend herauskristallisiert.

So fasst Paulus die gewinnfördernden Eigenschaften der Nächstenliebe wie folgt in seinem 1.Korintherbrief zusammen:

Die Liebe ist langmütig und gütig, die Liebe beneidet nicht, die Liebe prahlt nicht, sie bläht sich nicht auf; sie ist nicht unanständig, sie sucht nicht das Ihre, sie lässt sich nicht erbittern, sie rechnet das Böse nicht zu (1.Korinther, Kapitel 13, Verse 4 + 5).

Wenn wir diese Worte gemeinsam definieren, so werden wir folgende zum Glauben leitende Prinzipien des Herrn Jesus Christus in Erfahrung bringen (diese fasste ich bereits in meinem Buch: „Die Korintherbriefe" auf den Seiten 275 + 276 wie folgt zusammen):

Die Liebe (ist):

Langmütig und gütig: *Die Liebe ist beharrlich, von großer Geduld beseelt, tolerant, gnädig, mitfühlend, nachgiebig und anteilnehmend, beruhigend, rücksichtsvoll, wohlwollend, aufopfernd, verständnisvoll, menschengerecht, besorgt und nachgiebig.*

Beneidet nicht: *die Liebe missgönnt nicht, sie ist nicht neidvoll, sie verachtet niemanden, sie ist nicht eifersüchtig, noch auf sich selbst bezogen.*

Prahlt nicht: *die Liebe rühmt sich nicht, sie gibt nicht an, sie brüstet sich nicht auf – und sie bildet sich nichts ein.*

Bläht sich nicht auf: *die Liebe stolziert nicht, sie bauscht sich nicht auf, sie kennt keine Überheblichkeit, sie ist nicht von sich eingenommen, sie gibt freudig – anstelle zu nehmen und sie erhöht sich nicht.*

Nicht unanständig: *die Liebe ist nicht lasterhaft, sie ist nicht sündhaft, sie ist nicht sittenlos, sie ist nicht ausschweifend, sie ist nicht zweideutig, ist nicht vulgär, sie ist nicht wankelmütig, sie ist nicht dreist, sie ist nicht zweifelhaft, sie ist nicht nachlässig, sie ist nicht genusssüchtig und die Liebe ist nicht primitiv.*

Sie sucht nicht das Ihre: die Liebe ist nicht anmaßend, sie ist nicht bizarr, sie ist nicht selbstgefällig, sie ist nicht herablassend, sie ist nicht frech und nicht falsch.

Sie lässt sich nicht erbittern: die Liebe erbost nicht, sie verwundert nicht, sie greift nicht an, sie kränkt weder sich selbst – noch andere, sie brüskiert sich nicht, sie provoziert nicht und die Liebe bedrückt nicht.

Rechnet das Böse nicht zu: die Liebe ist nicht aggressiv, sie ist nicht frevelhaft, sie ist nicht zornig, sie ist nicht übellaunig, sie ist nicht angriffslustig, sie ist nicht verderbend, sie ist nicht hinterhältig, sie ist nicht unbarmherzig, sie ist nicht abfällig, sie ist nicht mürrisch und sie ist nicht launisch.

Diese prägnanten, überaus von großer Bedeutung gekürten Anschauungspunkte der von dem Apostel Paulus beschriebenen Eigenschaften der Liebe / Nächstenliebe prägen die *hervorgerufenen Bestätigungseigenschaften der von der Quelle Gottes ausströmenden Liebe in dem Herrn und Erlöser Jesus Christus.*

Vers 5: Mit einem weiteren Aufruf verweist der Apostel Paulus die Gemeinde der Philipper auf jenen gewichtigen Appell, der ihnen dank ihres Glaubens im Heiligen Geist darlegen soll, dass sie *in gleicher Weise gesinnt sein sollen, wie es Jesus Christus auch war.*

Denn *in* dem Herrn Jesus Christus ist das von Gott erschaffene *Vorbild* auffindbar, damit durch Ihn die Gläubigen *in gleicher Weise handeln, wie der Heiland an ihnen gehandelt hat* (Johannes, Kapitel 13, Vers 15). Folglich, so Paulus, sollen die Gläubigen *in der Liebe wandeln, gleichwie auch Christus uns geliebt hat* (Epheser, Kapitel 5, Vers 2a).

So weist uns weiterhin der Brief des Petrus auf folgende, nachzuahmende Richtlinien des Herrn Jesus Christus hin:

Denn dazu seid ihr berufen, weil auch Christus für uns gelitten und uns ein Vorbild hinterlassen hat, damit ihr seinen Fußstapfen nachfolgt (1.Petrus, Kapitel 2, Vers 21).

Daher, so der Apostel Johannes in seinem 1.Brief in Kapitel in Kapitel 2, Vers 6:

Wer sagt, dass er in ihm (Jesus Christus!) *bleibt, der ist verpflichtet, auch selbst so zu wandeln, wie jener* (Jesus Christus!) *gewandelt ist.*

Es sind jene sich aus dem Weltgeschehen entzweiende Handlungen, die Christus auf sich nahm, um uns Gläubigen anhand dieser Maßnahmen eine aus menschlicher Betrachtungsweise erniedrigende Darbietung der Nächstenliebe zu offenbaren, welche jedoch *aus geistlicher Sicht des Gläubigen ewige Errettung bedeutet.*

Denn Jesus Christus ist *nicht* zu uns gekommen, *um sich dienen zu lassen,* **sondern um zu dienen und sein Leben zu** *geben als Lösegeld (zur Vergebung der Sünden!) für viele (die an Ihn Glaubenden!)* / Matthäus, Kapitel 20, Vers 28b.

Folglich beinhaltet der Herr Jesus Christus den ins Himmelreich führenden, von Gott in Auftrag gegebenen „Heil – Bereich zur Vergebung der Sünden", *durch den wir gerettet werden.* Denn Jesus Christus *ist der Weg, die Wahrheit und das Leben*, durch den *niemand außer durch Ihn* in das Reich der Herrlichkeit Seines himmlischen Vaters gelangen kann (Johannes, Kapitel 14, Vers 6).

Die von Gott in dem Herrn Jesus Christus vollbrachte Verwirklichung hat fortan den Glaubenden die barmherzige Freiheit hinterlegt, dass sie sich selbst ohne im Hinblick auf das fleischliche, von Sünden belastete Weltgeschehen – dem anderen Hinwendung leisten kann, als auch soll, um diesem dienen zu können. Dies ist das sich von der übrigen, vergänglichen Welt *unterscheidende Prinzip christlicher Wirksamkeit, indem Jesus Christus selbst das über allem stehende Richtmaß der Nächstenliebe rundum verkörpert.*

In und durch den Herrn Jesus Christus hat das Denken und Handeln der an Ihn Glaubenden *eine erlösende Lebensstruktur* erhalten, *welche dazu aufruft, in des Heilands Fußstapfen zu treten, um unserem Gegenüber Wohlwollen ausüben zu können.*

Daher findet sich *in* dem Herrn Jesus Christus der von Gott *erhöhte Erlöser* der an Ihn glaubenden Menschheit wieder, als auch der *sich selbst Erniedrigende,* ja, der bis zum Tod leidende, *unentwegt gehorsame Erretter* durch Seine Sündenvergebung am Kreuz – der dadurch aber wiederum von Gott erhöht wurde, weil Er sich *stets als des Höchsten allezeit gehorsamer Diener für die zu errettende, sündige Menschheit hingab, um diese letztlich mit der Aufopferung Seines völlig schuldlosen, sündenfreien Lebens in das Reich Seiner Herrlichkeit zu erhöhen* – ganz im stets beabsichtigten und gewollten Sinne des allmächtigen Gottes, so Paulus.

Vers 6: Der Apostel geht nun zu einer detaillierten Erklärung über, welche *die göttliche Wesensgleichheit des Herrn Jesus Christus* definiert. Diese Beschreibung drückt aus, *dass der Herr Jesus Christus Gott gleich ist*. Jene erklärende Schilderung des Heilands findet in diesem Vers den Anfang – und wird bis zu dem 11.Vers des gleichnamigen Kapitels (siehe noch kommende Auslegung!) mehr und mehr von dem Gesandten Gottes und Jesus Christus äußerst besonnen dargelegt.

So beginnt Paulus mit des Heilands` Existenzschilderung als denjenigen Gott-Gleichen, *als er noch* **in der Gestalt Gottes war.**

Der Evangelist Johannes beschreibt jenes Dasein Jesu Christi bevor der Heiland Seine menschliche Hülle annahm, als Gott sich in Ihm verwirklichte – und Christus, der in Gestalt eines Menschen von Gott zu uns auf die Erde gesandt wurde:

Im Anfang war das Wort, und das Wort war bei Gott, und das Wort war Gott. Dieses war im Anfang bei Gott. In ihm (Jesus Christus!) war das Leben, und das Leben war das Licht der Menschen (Johannes, Kapitel 1, Verse 1,2 + 4).

Das göttliche Wesen des Herrn Jesus Christus aber hinderte den Heiland *keinesfalls* daran – *er hielt es nicht wie einen Raub fest, Gott gleich zu sein* (Philipper, Kapitel 2, Vers 6b) – sprich: Christus hat sich an dieser Seiner Gott-Gleichheit *nicht begierig, bzw. emsig „festgehalten"*, ja – diese über allem stehende, *als eine Einheit zu deklarierende Machtposition in der Herrlichkeit Gottes* hat Ihn *nicht* dazu bewogen, in jener Herrlichkeit Gottes *weiterhin zu verweilen...*

Denn der Herr Jesus spricht:

... mit der Herrlichkeit, die ich (Jesus Christus!) *bei dir* (Gott!) *hatte, ehe die Welt war* (Johannes, Kapitel 17, Vers 5b).

Anhand dieser bedeutenden Feststellung basieren die nun nachfolgenden Verse wie folgt:

Vers 7: *... sondern er entäußerte sich selbst, nahm die Gestalt eines Knechtes an und wurde wie die Menschen*, so Paulus.

Johannes hinterlegt dieses Geschehen in seinem Evangelium mit folgenden Worten:

Das wahre Licht, (Jesus Christus!) *welches jeden Menschen erleuchtet, sollte in die Welt kommen. Und das Wort wurde Fleisch und wohnte unter uns; und wir sahen seine*

Herrlichkeit, eine Herrlichkeit als des Eingeborenen vom Vater, voller Gnade und Wahrheit (Johannes, Kapitel 1,Verse 9 + 14).

Der Apostel Paulus deklariert diese Beschreibung des Heilands wie folgt:

Denn ihr kennt ja die Gnade unseres Herrn Jesus Christus, dass er, obwohl er reich war, (...in der Gestalt Gottes war / siehe Auslegung zu Philipper, Kapitel 2, Vers 6a!) *um euretwillen arm wurde,* (... *nahm die Gestalt eines Knechtes an und wurde wie die Menschen* / Philipper, Kapitel 2, Vers 7b!) *damit ihr durch seine Armut reich würdet* (**aufgrund der Sündenvergebung der an Ihn Glaubenden durch des Heilands` Kreuzestod!**) / 2.Korinther, Kapitel 8, Vers 9.

Im Buch des Propheten Jesaja heißt es daher in Kapitel 42 in Vers 1:

Siehe, das ist mein (Gottes!) *Knecht,* (Jesus Christus! / bezogen auf Philipper, Kapitel 2, Vers 7b!)) *den ich erhalte, mein Auserwählter, an dem meine Seele Wohlgefallen hat. Ich habe meinem Geist auf ihn gelegt; er wird das Recht zu den Heiden bringen.*

Paulus, Johannes, als auch der Prophet Jesaja beschreiben den Heiland Jesus Christus als *die* gewichtige Bezugsperson, um anhand des von Herzen kommenden Glaubens an Christus *durch* den Erlöser Gottes *zur Errettung* gelangen zu können.

An dieser Stelle *offenbart sich mehr als nur deutlich das Heilgeschehen Gottes in dem Herrn Jesus Christus.*

Paulus jedoch steigert mit seinen gewählten Worten (in Philipper, Kapitel 2, Vers 7!) die Erläuterung dieses allumfassenden Geschehens: Christus *entäußerte sich... nahm die Gestalt eines Knechtes an... und wurde wie die Menschen.*

Um dieses von Bedeutung gekürte, aufeinanderfolgende Handlungsschema näher durchleuchten zu können, müssen wir des Apostels „Aufbaustufen" von nun an bis in den 11. Vers hinein wie folgt definieren:

Er entäußerte sich selbst: Jesus Christus hat Seine göttliche Wesensgleichheit *verlassen,* ja – der Heiland hat Sein immerwährendes Daseinsrecht in den himmlischen Regionen Seines himmlischen Vaters *freiwillig abgelegt...*

nahm die Gestalt eines Knechtes an und wurde wie die Menschen: indem Christus *selbst* die erniedrigende Gestalt *eines Knechtes annahm,* in der Tat – der Heiland gab Seine göttliche Daseinsberechtigung in den himmlischen Regionen *freiwillig auf – nicht um sich dienen zu lassen, sondern um zu dienen und sein Leben zu geben als Lösegeld für viele* (Markus, Kapitel 10, Vers 45b).

Jedoch wurde Christus *von niemandem* erniedrigt, denn *Er erniedrigte sich* bei dieser Seiner Entscheidung *selbst,* um uns – den Gläubigen – Ewiges Leben im Reich Seiner Herrlichkeit offenbaren zu können.

Vers 8: *...und in seiner äußeren Erscheinung als ein Mensch erfunden, erniedrigte er sich selbst und wurde gehorsam bis zum Tod, ja bis zum Tod am Kreuz:*

Folglich ist des Herrn Jesus Christus' selbst erwählte, den Glaubenden zur Errettung dienenden Entscheidung in der Annahme der *menschlichen Gestalt eines Knechtes* (Philipper, Kapitel 2, Vers 7b) *kein* „wirkliches Verlassen der göttlichen Daseinsberechtigung", sondern ein „Hingehen in Menschengestalt im Auftrag Gottes – *in fortbestehender Beibehaltung* der göttlichen Wesensgleichheit" (siehe noch kommende Auslegung unter Philipper, Kapitel 2, Vers 9!). Denn so spricht der Heiland:

Niemand nimmt es (**Sein eigenes Leben!**) *von mir, sondern ich lasse es von mir aus* (Johannes, Kapitel 10, Vers 18a).

Obwohl er *freiwillig in den Abgrund des Todes hinabstieg, ja – unser menschliches durch den Tod der Sünde verachtendes Dasein auf sich nahm, um unsere ewige Existenz in das Himmelreich aufgrund seiner vollkommen schuldlosen Menschenhülle mit der Vergebung unserer Sünden am Kreuz von Golgatha bahnen zu können* (Johannes, Kapitel 14, Vers 6).

Daher ist des Christus' Hingabe aus den himmlischen Regionen *eine freiwillige, von Ihm selbst erwählte Entscheidung – welche Seine über allem stehende Liebe zu der gläubigen Menschheit mehr als nur deutlich herauskristallisiert* (Johannes, Kapitel 14, Vers 6). Denn:

GOTT, der Herr, hat mir das Ohr geöffnet; und ich habe mich nicht widersetzt und bin nicht zurückgewichen (Jesaja, Kapitel 50, Vers 5).

Dieser uns Gläubige erlösende und zum Reich der Herrlichkeit Gottes leitende Entschluss des Heilands` *prägt Seinen stetigen Gehorsam gegenüber dem himmlischen Vater* und noch mehr:

Des Christus` gewählte Aufopferung ist somit *die von größter Beachtung ummantelnde und gleichzeitig zu erachtende Hervorbringung der uns zu Gute dienenden Sündervergebung am Kreuz von Golgatha – als ein weiteres, eindeutiges Indiz Seines unerschütterlichen Gehorsams.* Folglich ist das Kreuz des Herrn und Erlösers Jesus Christus *eine* **Gotteskraft** (1.Korinther, Kapitel 1, Vers 18b).

Denn Jesus Christus spricht:

Darum liebt mich der Vater, weil ich mein Leben lasse (Johannes, Kapitel 10, Vers 17a).

So heißt es weiterhin in Psalm 40 – ein Psalm Davids, Verse 8 + 9 / Lutherbibel 1984:

Siehe, ich komme; im Buch ist von mir geschrieben: Deinen Willen, mein Gott, tue ich gern, und dein Gesetz habe ich in meinem Herzen.

Vers 9: *Darum* – führt der Apostel den 9. Vers fort – *hat ihn Gott auch über alle Maßen erhöht und ihm einen Namen verliehen, der über allen Namen ist:*

Nun wird der Herr Jesus Christus von Paulus – den der Apostel als einen sich selbst erniedrigenden *Knecht in Menschengestalt* benannte, (siehe Auslegung unter Philipper, Kapitel 2, Vers 7b!) fortan *als ein von Gott über allen Erhöhter dargestellt, der von Seinem himmlischen Vater einen Namen verliehen bekommt, der über allen Namen ist* (Philipper, Kapitel 2, Vers 9).

Folglich bezieht der Apostel Paulus den *einst* sich selbst erniedrigenden Christus auf den *fortan* von Gott erhöhten Christus. So wird nun der einst sich selbst erniedrigende Christus von Gott selbst erhöht, *weil der Heiland dem himmlischen Vater unentwegt gehorsam war bis zum Tod am Kreuz* (Philipper, Kapitel 2, Vers 8 – siehe Auslegung!). Diesbezüglich antwortet der Allmächtige Seinem stets dienstwilligen Sohn mit der auszeichnenden Benennung *eines Namens, der über allen Namen steht* (Philipper, Kapitel 2, Vers 9).

So hat nun Gott, so der Apostel weiter, *seine Kraftwirkung wirksam werden lassen in dem Christus, hoch über jedes Fürstentum und jede Gewalt, Macht und Herrschaft und jeden Namen, der genannt wird, nicht allein in dieser Weltzeit, sondern auch in der zukünftigen. Der hinabgestiegen ist, ist derselbe, der auch hinaufgestiegen ist über alle Himmel, damit er alles erfülle.* (Epheser, Kapitel 1, Verse 19a, 20a + 21, sowie Epheser, Kapitel 4, Vers 10).

An dieser Stelle kann daraufhin des Herrn Jesus Christus` Selbsterniedrigung – und folglich Sein „wirkliches Verlassen Seiner göttlichen Daseinsberechtigung" *nicht* als solche verstanden werden; *denn der allmächtige Gott erhöht Seinen Sohn über den Herrschaftsbereich der ganzen kosmischen Größe.*

Daher kann man, so Paulus, den sich selbst erniedrigenden Christus *als den Retter und Erlöser der an Ihn Glaubenden, nunmehr von Gott Erhöhten im Hier und Jetzt betiteln.* So schenkt Ihm der himmlische Vater *einen Herrschaftsbereich von einem weltelementaren, nicht zu überbietendem Ausmaß – nämlich: zum Herrscher des ganzen Kosmos.*

Vers 10: Dieses unmissverständliche Bekennen Gottes gegenüber Seinem Sohn Jesus Christus aber sagt unwillkürlich aus, **dass in dem Namen Jesu sich alle Knie derer beugen, die im Himmel und auf Erden und unter der Erde sind:**

Denn so spricht Gott:

Ich habe bei mir selbst geschworen, aus meinem Mund ist Gerechtigkeit hervorgegangen, ein Wort, das nicht zurückgenommen wird: ja, mir soll sich jedes Knie beugen und jede Zunge schwören! (Jesaja, Kapitel 45, Vers 23 – der Ausspruch Gottes ist in dem übertragenden Sinn auf den Herrn Jesus Christus zu verstehen!).

Daher bekennt Paulus:

Denn dazu ist Christus auch gestorben und auferstanden und wieder lebendig geworden, dass er sowohl über Tote als auch über Lebende Herr sei (Römer, Kapitel 14, Vers 9).

Folglich werden sich durch des Christus` gebührende Erhöhung Gottes *alle Knie derer beugen, die im Himmel und auf Erden und unter der Erde sind* (Philipper, Kapitel 2, Vers 10!) – sprich: *alle Namen und alle Knie, welche sowohl in der Gegenwart, als auch in der Zukunft existierten, bzw. welche bereits existieren und noch existieren werden, ja – selbst die himmlischen Heerscharen huldigen dem Herrscher der Welt – dem Herrn Jesus Christus – ihre Ihm gebührende, dienstbeflissene Anerkennung, wenn die Wiederkunft Christi von Gott eingeleitet wurde.*

Daher werden sich *alle Knie derer beugen, die im Himmel und auf Erden und unter der Erde sind*, um den Herrn Jesus Christus als *ihren Herrn untertänig anzuerkennen, ja – Ihn als ihren ewigen Herrscher rundum zu beglaubigen.* Somit sind *im Heiland alle Machtbereiche von Gott voll und ganz inkludiert worden.*

Vers 11: Unwillkürlich werden somit *alle Zungen bekennen, dass Jesus Christus der Herr ist, zur Ehre Gottes, des Vaters – damit alle den Sohn ehren, wie sie den Vater ehren –* vervollständigt unser Herr Jesus Christus den 11. Vers des 2.Kapitel des Philipperbriefs im Evangelium des Johannes in Kapitel 5, Vers 23a.

Somit bekennt der Apostel Petrus in der Apostelgeschichte des Lukas in Kapitel 4 in Vers 12 den Heiland wie folgt:

Und es ist in keinem anderen **(Jesus Christus!)** *das Heil; denn es ist kein anderer Name unter dem Himmel den Menschen gegeben, in dem wir gerettet werden sollen!*

Gott, der Jesus Christus den *ganzen* Herrschaftsbereich unter dessen Füße legte, *veranlasst* somit *allen Zungen* auszusprechen, *dass Jesus Christus der Herr ist* (Philipper, Kapitel 2, Vers 11b). Dieses von größter Bedeutung gekürte Bekenntnis Gottes aber wiederum sagt aus, dass:

Wenn es aber heißt, dass ihm **(Jesus Christus!)** *alles unterworfen ist, so ist offenbar, dass derjenige* **(Gott!)** *ausgenommen ist, der ihm* **(Jesus Christus!)** *alles unterworfen hat. Wenn ihm* **(Jesus Christus!)** *aber alles unterworfen sein wird, dann wir auch der Sohn* **(Jesus Christus!)** *sich dem* **(Gott!)** *unterwerfen, der ihm* **(Jesus Christus!)** *alles unterworfen hat, damit Gott alles in allem sei*, so Paulus in seinem 1.Korintherbrief in Kapitel 15, Verse 27b + 28.

An dieser Stelle wird erkennbar, dass die *der Welt sich offenbarende Zeit der Erlösung durch des Herrn Jesus Christus` Auferstehung bereits verwirklicht hat. Darum,* weil Ihn Gott als den sich selbst erniedrigenden Jesus Christus zum Herrscher der Welt benannte, ist es ja wiederum *Gott selbst,* der folglich den Ausgangspunkt – und die über allem stehende, mehr als nur hervorzuhebende Hierarchieeinstufung der Trinität / Dreifaltigkeit Seiner unantastbaren Herrlichkeit selbst (Gott – / Vater, Sohn – / Jesus Christus und der Heilige Geist!) bewirkt

– nämlich: *zur Ehre Gottes, des Vaters* (Philipper, Kapitel 2, Vers 11b).

Daher beenden wir den überaus instruktiv geprägten 1.Kapitelabschnitt des 2. Kapitels des Philipperbriefes mit den dankenden Worten des Apostel Paulus, die da lauten:

Gott aber sei Dank, der uns den Sieg gibt durch unseren Herrn Jesus Christus! (1.Korinther, Kapitel 15, Vers 57).

Verse 12 – 18
Ermahnung zu einem heiligen Wandel

[12] Darum, meine Geliebten, wie ihr allezeit gehorsam gewesen seid, nicht allein in meiner Gegenwart, sondern jetzt noch viel mehr in meiner Abwesenheit, verwirklicht eure Rettung mit Furcht und Zittern; [13] denn Gott ist es, der in euch sowohl das Wollen als auch das Vollbringen wirkt nach seinem Wohlgefallen. [14] Tut alles ohne Murren und Bedenken, [15] damit ihr unsträflich und lauter seid, untadelige Kinder Gottes inmitten eines verdrehten und verkehrten Geschlechts, unter welchem ihr leuchtet als Lichter in der Welt, [16] indem ihr das Wort des Lebens darbietet, mir zum Ruhm am Tag des Christus, dass ich nicht vergeblich gelaufen bin, noch vergeblich gearbeitet habe. [17] Wenn ich aber auch wie ein Trankopfer ausgegossen werden sollte über dem Opfer und dem pries-

terlichen Dienst eures Glaubens, so bin ich doch froh und freue mich mit euch allen; ^{18}gleicherweise sollt auch ihr froh sein und euch mit mir freuen!

Zwischenbemerkung:

Es folgen nun anhand dieses mittleren Kapitelabschnittes des 2. Kapitels des Philipperbriefes die letzten Mahnungen des Apostels Paulus an die Gemeinde in Philippi, welche der Apostel stets mit wohlwollenden, jedoch jeder Zeit ernstzunehmenden, zum Glauben beitragenden Worten an die Gemeinde verfasst, sodass sich der Glaube der Philipper noch tiefgründiger zum bedeutenden Mittelpunkt der gesamten Heiligen Schrift beziehen kann: zu Gott und dem vom Allmächtigen gesandten Erlöser, dem Herrn Jesus Christus.

Auslegung:

Vers 12: Der Apostel beginnt den 12.Vers mit zusammenfassenden, inhaltlichen Informationen aus den von ihm bisher verfassten Worten der *Ermahnungen zu Standhaftigkeit und*

Eintracht (Philipper, Kapitel 1, Verse 27 – 30 / siehe Auslegung!) – als auch mit jenen verbindenden Worten, welche *die Gesinnung des Christus* (Philipper, Kapitel 2, Verse 1 – 11 / siehe Auslegung!) betreffen.

Das Wort „*Darum*" am Anfang dieses 12. Verses bekräftigt die nochmalige, von immenser Bedeutung gekürte Wiederholung der inhaltlichen Angaben der bisherigen Ermahnungen. So soll sich der Glaube der Philipper *stets auf die Unbeirrbarkeit und unerschütterliche Standhaftigkeit beziehen, dessen Eckstein der Herr Jesus Christus selbst bildet.* Denn die Gemeinde ist von dem Apostel Paulus *auf der Grundlage der Apostel und Propheten auferbaut worden, während Jesus Christus selbst der Eckstein ist* (Epheser, Kapitel 2, Vers 20).

In Ihm – dem Herrn und Heiland *Jesus Christus – ist das Heil zu den Gläubigen in die Welt gekommen,* der sich für sie erniedrigte, um ihnen Ewiges Lebens dank Seines vollkommen unschuldigen, jedoch allezeit gewinnfördernden, sündenerlassenden Todes am Kreuz zu offenbaren. Folglich hat des Paulus' den Philippern zu Gute dienende Evangeliums-Botschaft als der Gesandte Christi mit der gewinnfördernden Aufnahme in ihren Herzen dafür Sorge getragen, dass sich das Heil des Christus in ihren Herzen dank ihres Glaubens an den Heiland *verwirklichte.* Daher benennt Paulus die Philipper als *seine Geliebten* (Philipper, Kapitel 2, Vers 12a) *im Herrn.*

In der Tat, die von Gott geforderte *Unverzagtheit im Glauben* (Josua, Kapitel 1, Vers 9b) *hat sich in ihren Herzen tatkräftig dank der Kraftwirkung des Ewigen im Heiligen Geist verwirklicht.*

So lässt uns der Brief an die Hebräer Folgendes in Erfahrung bringen:

Durch Glauben baute Noah, als er eine göttliche Weisung empfangen hatte über die Dinge, die man noch nicht sah, von Gottesfurcht bewegt eine Arche zur Rettung seines Hauses; durch ihn verurteilte er die Welt und wurde ein Erbe der Gerechtigkeit aufgrund des Glaubens (Hebräer, Kapitel 11, Vers 7).

Der Apostel würdigt die Gemeinde in Philippi weiterhin mit lobpreisenden Worten der Erkenntnis, welche sich dank ihres Glaubens erkenntlich als auch ersichtlich zeigte, nämlich: *dass die Philipper **allezeit gehorsam gewesen sind, nicht nur bei seiner Gegenwart,** als der Apostel bei ihnen verweilte, **sondern auch bei des Paulus` Abwesenheit*** (Philipper, Kapitel 2, Vers 12b).

So bildet die in Gott und Christus durch den Apostel Paulus gegründete Gemeinde fortan eine innige Gemeinschaft Gottes *in* dem Herrn Jesus Christus. Aufgrund dieses eindeutigen, festgegründeten und folglich heilbringenden Geschehens sollen sie *i**hre Rettung mit Furcht und Zittern verwirklichen*** (Philipper, Kapitel 2, Vers 12c).

Dies wiederum sagt aus, dass die Philipper – als auch ein jeder anderer Gläubige – *vollkommen auf die Hilfe des allgegenwärtigen Gottes angewiesen sind bzw. ist.*

Denn Gott spricht:

Und wem ich gnädig bin, dem bin ich gnädig, und über wen ich mich erbarme, über den erbarme ich mich (2.Mose, Kapitel 33, Vers 19b).

Paulus will ihnen mit dieser seiner Aussage verdeutlichen, dass sie sich *mit aller erdenklichen Glaubensstärke zu Gott und Jesus Christus anhand danksagender Gebete wenden sollen.* Aufgrund ihrer (Er-)Rettung durch den ihnen zu Gute kommenden Heilsplan Gottes in Jesus Christus *sollen* sich die Philipper fernerhin *bewusst werden, dass sie unentwegt den Teil ihres Glaubens bekräftigen müssen, um in der Herrlichkeit Gottes und des Herrn Jesus Christus fortwährend verweilen zu können.*

Der Apostel Petrus bekennt daher:

Und wenn ihr den Vater (**Gott!**) *anruft, der ohne Ansehen der Person richtet nach dem Werk jedes Einzelnen, so führt euren Wandel in Furcht. Darum, Brüder, seid umso eifriger bestrebt, eure Berufung und Auserwählung* (**durch Gott in dem Herrn Jesus Christus!**) *festzumachen; denn wenn ihr diese Dinge tut, werdet ihr niemals zu Fall kommen; denn auf diese Weise wird euch der Eingang in das ewige Reich unseres Herrn und Retters Jesus Christus reichlich gewährt werden* (1.Petrus, Kapitel 1, Vers 17a + 2.Petrus, Kapitel 1, Verse 10 + 11).

Folglich, so Paulus – sind *restlos alle heilbringenden Maßnahmen Gottes als ein barmherziges Geschenk Seiner gnadenreichen Güte anzuerkennen.* Denn erst aufgrund des allgegenwärtigen Wirkens des Höchsten sind fortan die Beschenkten dazu vom Allmächtigen *befähigt* worden, jene barmherzigen, an ihnen durch den Geist der Wahrheit verwirklichten Gnadengaben Gottes *zu erkennen, sodass diese sie daraufhin verstanden, als auch in ihren Herzen als solche aufnahmen.* Einzig und allein diese bedeutenden Kriterien sind es letztlich, welche die wohlgefälligen Anforderungen Gottes im Herrn Jesus Christus *im Wollen, sowie im Vollbringen rundum gewährleisten.*

Vers 13: So hat zwar der Apostel Paulus die Worte der gnadenumwobenen Evangeliums-Botschaft des Christus *gepflanzt,* jedoch hat einzig und allein *Gott* dafür Sorge getragen, dass diese über allem stehende Frohe Botschaft *im* Herrn und Erlöser Jesus Christus auch in den Herzen der Gemeindemitglieder *mit den Früchten des Heils im Glauben durch die Kraftausgießung des Heiligen Geistes ertragreich gedeiht* (1.Korinther, Kapitel 3, Vers 6).

Ja, in der Tat – *Gott ist es, der in euch sowohl das Wollen als auch das Vollbringen wirkt nach seinem Wohlgefallen*, so Paulus. (Philipper, Kapitel 2, Vers 13).

Daher bekennen der Prophet Jesaja als auch der Verfasser des Hebräerbriefes:

Alle unsere Werke hast du **(Gott!)** *für uns vollbracht* (Jesaja, Kapitel 26, Vers 12b). *Er* **(Gott!)** *rüste euch völlig aus zu jedem guten Werk, damit ihr seinen Willen tut, indem er in euch das wirkt, was vor ihm wohlgefällig ist, durch Jesus Christus* (Hebräer, Kapitel 13, Vers 21a).

Der Apostel Paulus will den Philippern anhand seiner erklärenden Worte *noch einmal die Wichtigkeit des Handelns Gottes im Herrn Jesus Christus ihnen gegenüber verdeutlichen.* Dies sagt aus, dass *Gott allein* mit behagender Zufriedenheit, ja, mit stets wohlwollenden Absichten das Herz der Beschenkten mit der Kraft des Heiligen Geistes *zu Ihm und Christus hin bewegt, aufruft und sich folglich bedingt durch diese Seine gnadenumwobene Handhabung ersichtlich und erkenntlich zeigt.*

Anhand dieser Seiner Gnadenmaßnahmen *gewährleistet* Gott aufgrund der sich im Herzen der Glaubenden befindlichen Erkenntnis, dass der Allmächtige sich ihnen voller Barmherzigkeit offenbart hat. Daher wirkt *ganz allein Gott das Wollen als auch das Vollbringen nach seinem Wohlgefallen* (Philipper, Kapitel 2, Vers 12b) – sprich: *nach Seinem großmütigen Entgegenkommen.*

Denn *alle* Gnadengaben haben sich, so Paulus – ihr Philipper – in euren Herzen dank der Barmherzigkeit Gottes im Herrn Jesus Christus *erkenntlich gezeigt.* Daher dankt dem Höchsten mit ernsthaftem und ausharrendem Eifer im Gebet. *Denn Gott ist es, der euch rundum alles darreicht, sodass Er wiederum euren von Ihm geförderten Willensentschluss im Heiligen Geist dazu bewegend auffordert, nach Seinen Richtlinien zu wandeln.*

Paulus verfasst folgende Worte in seinem Brief an die Epheser:

Er (Gott!) *hat uns vorherbestimmt (seit Grundlegung der Welt* / Matthäus, Kapitel 25, Vers 34d) *zur Sohnschaft für sich selbst durch Jesus Christus, nach dem Wohlgefallen seines Willens* (Epheser, Kapitel 1, Vers 5).

Vers 14: Aufgrund der soeben benannten Gnadengaben Gottes, welche die Herzen der Philipper mit der Kraftausgießung des Heiligen Geistes dazu aufforderten, dem großmütigen Entgegenkommen Gottes Folge zu leisten, verwarnt der Apostel nunmehr die Gemeinde, *alles ohne Murren und Bedenken zu vollbringen.*

Paulus will ihnen mit dieser seiner gewichtigen Warnung zu erkennen geben, dass der Mensch aufgrund seines sündigen Wesens *schnell auf Abwege gerät,* welche ihn dazu bewegen, sich von der an ihm vollbrachten Wohltat Gottes *zu entfernen.* Dies bedeutet, dass der Mensch plötzlich einer von Gott abirrenden „Unschlüssigkeit" in seinem Glauben gegenübersteht.

Daher die Warnungen:

Seufzt nicht gegeneinander, Brüder, damit ihr nicht verurteilt werdet; siehe, der Richter steht vor der Tür! **(Gott erkennt jedes sündige Handeln!)** – bekennt der Halbbruder unseres Herrn Jesus Christus, Jakobus – in seinem Brief in Kapitel 5, Vers 9.

Seid gegeneinander gastfreundlich ohne Murren! – schreibt Petrus in seinem 1.Brief in Kapitel 4, Vers 9.

Folglich ist das *Murren* ein Zeichen, die von Gott geforderte Gnadengabe *zwar zögerlich auszuüben, jedoch wird sie nur mit murrenden, ja, einer beklagenden und somit mit einer zu Gott empörenden Resonanz zaghaft und daher nur sehr widerwillig ausgeübt.*

Auch das **Bedenken** ist ein Indiz *des mehr als nur unschlüssigen Zwiespaltes.* Diese von Zweifel und Hader beeinflussbare Ungewissheit weist ebenfalls erhebliche Schwankungen im Glauben auf, *die durch die Sünde einen mehr als nur faden Beigeschmack erhält.* Einzig mit spärlicher Willensschwachheit muss sich der Mensch *überwinden, mit mangelnder, ja, nahezu ungenügender Wirksamkeit die ihm von Gott offenbarten Wohltaten zu bedenken, um diese letztlich mit von Sünde geprägter, lustloser Beklommenheit energielos ausüben zu können.*

Diese sich gegen Gott richtenden, rundum beschämenden, von Sünde belasteten Anzeichen des **Murrens**, als auch des **Bedenkens** *müssen jedoch sorgfältig in dem vom Heiligen Geist beschenkten Herzen prüfen, was letztlich dem Willen Gottes und dem Herrn Jesus Christus entspricht. Der Glaube und das Handeln müssen ineinander verschmelzen – und dazu beitragen, dass diese beiden gewichtigen Anforderungen zusammengehören,* ja, *diese Eigenschaften sind die Garanten für ein zu Gott und dem Herrn Jesus Christus bezogenes, Ihnen wohlgefälliges Handeln.*

Dazu ruft Paulus die Gemeinde der Philipper mahnend auf:

Alles aber, was nicht aus Glauben geschieht, ist Sünde!
(Römer, Kapitel 14, Vers 23b).
Und der Apostel Petrus verfasst in seinem 1.Brief im Kapitel 4, Vers 10 folgenden, zu Gott und dem Herrn Jesus Christus bezogenen Aufruf im standhaften Glauben mit der gewichtigen Unterstützung des Heiligen Geistes:

Dient einander, jeder mit der Gnadengabe, die er empfangen hat, als gute Haushalter der mannigfaltigen Gnade Gottes.

Vers 15: Aus diesem bisherigen Kapitelabschnitten, der die von Paulus verfassten Worte der Ermahnungen preisgaben, (siehe Auslegung!) folgen nun die Begründungen – ähnlich, wie wir sie bereits aus dem 1. Kapitel dieses Philipperbriefes in Vers 10 (siehe Auslegung!) in Erfahrung bringen konnten.

Diese seine an die Gemeinde in Philippi erteilten Mahnungen sollen dazu beitragen, *dass sie **unsträflich und lauter sind** – um sich folglich von dem **verdrehten und verkehrten Geschlecht** ersichtlich zu zeigen – als **untadelige Kinder**, unter welchen sie **leuchten** werden als **Lichter in der Welt.***

Der Apostel will der Gemeinde verdeutlichen, dass sich ihr Glaube an den Schöpfer der Welt und an den Herrn Jesus Christus sie förmlich „abhebt" *von der übrigen, ungläubigen Welt, welche Paulus als die des **verkehrten und verdrehten Geschlechts** betitelt.* Seine von ihm erwählten Worte: **Unsträflich und lauter** zu sein, sagen daher Folgendes aus:

Die Philipper sollen sich als jene von Gott auserkorenen Kinder – sprich: *als die auserwählten Kinder des Allmächtigen in dem Herrn Jesus Christus aufgrund ihrer göttlichen Bestimmung **seit Grundlegung der Welt*** (Matthäus, Kapitel 25, Vers 34d) *erkenntlich und ersichtlich zeigen – und somit einen erheblich differenzierenden Unterschied zu den von Gott und den Herrn Jesus Christus fernen,* **verdrehten und verkehrten Ge-**

*schlecht aufgrund ihrer **unsträflichen und lauteren** Mentalität prägend unterscheiden.* Sprich:

Ihre *durch die barmherzige Gnade Gottes* aufgrund ihrer *durch ihren Glauben im Geist des Höchsten geprägte* „Verhaltensstruktur" ist *das alles entscheidende Erkennungsmerkmal, welches sie erheblich von der übrigen, von Gott entfernten und daher **verdrehten und verkehrten** „*Welt" *differenziert.* Jener der Gemeinde in Philippi von Gott offenbarte Heilige Geist prägt fortan ihr zu Gott und dem Herrn Jesus Christus bezogenes Handeln *im Geist Gottes,* sprich:

Die Philipper sind folglich *aufgrund ihrer zu Gott und Christus bezogenen Lebensart durch die Kraftauswirkung des ihnen von Gott gegebenen Heiligen Geistes in ihrer Glaubensmentalität als **unsträflich und lauter** zu charakterisieren,* sprich:

Ihr Tun und Handeln *durch* den *stets hervorzuhebenden Segen des Allmächtigen in Jesus Christus* erweist sich folglich als **unsträflich und lauter** und somit als:

Unsträflich: den Anforderung Gottes und des Herrn Jesus Christus *zugeordnete und erfüllende Teilhaber, welche bedacht der Evangeliums-Botschaft des Heilands durch die Kraftwirkung des Heiligen Geistes aufgrund ihres unverzagten Glaubens Folge leisten. Sie handeln <u>nicht</u> eigenmächtig, sondern haben Gott und dem Herrn Jesus Christus ihr Leben übergeben, damit diese sie fortan im Heiligen Geist leiten.* Daher sind sie *die adoptierten,* **untadeligen Kinder Gottes** *in dem Herrn Jesus Christus.*

Somit werden sie durch *ihr eifriges Bemühen* (2.Petrus, Kapitel 3, Vers 14a) wie folgt empfunden:

...als unbefleckt (folgsam, standhaft, sittsam, ehrlich und rein!) *und tadellos* (lobenswert, korrekt und musterhaft!) *vor ihm* (Gott!) *erfunden werden in Frieden* (2.Petrus, Kapitel 3, Vers 14b).

Und der Brief des Judas bekennt:

Dem (Gott!) *aber, der mächtig genug ist, euch ohne Straucheln* (ohne entgleisendes, von Gott und Christus entferntes Benehmen!) *zu bewahren und euch unsträflich mit Freuden vor das Angesicht seiner Herrlichkeit zu stellen* (der Brief des Judas, Vers 24).

Aufgrund der Gemeinde in Philippi *erwiesenen Gnadengabe Gottes in Jesus Christus sind sie von nun an als lauter zu betiteln,* sprich:

Sie sind: *standhaft, gewissenhaft, ehrlich, unbescholten grundanständig und somit fern von bösen, von Gott und Christus sich entfernenden Absichten,* kurzum: die Gemeinde erweist sich als die, der *untadeligen Kinder Gottes* (Philipper, Kapitel 2, Vers 15b):

Daher sind sie: *Friedfertig.* Denn unser Herr Jesus Christus spricht:

Glückselig sind die Friedfertigen, denn sie werden Söhne Gottes heißen! (Matthäus, Kapitel 5, Vers 9).

Im gleichnamigen Matthäus-Evangelium spricht der Herr Jesus weiterhin *über die im Heiligen Geist genährte, einprägende Gesinnung der* **untadeligen Kinder Gottes**:

Ich aber sage euch: Liebt eure Feinde, segnet, die euch fluchen, tut wohl denen, die euch hassen, und bittet für die, welche euch beleidigen und verfolgen, damit ihr ihr Söhne eures Vaters im Himmel seid (Matthäus, Kapitel 5, Verse 44 + 45a).

Und Paulus fasst folgende Worte in seinem Epheserbrief zusammen:

Werdet nun Gottes Nachahmer als geliebte Kinder (Epheser, Kapitel 5, Vers 1).

Aufgrund dieser eindeutigen, zu Gott und Christus bezogenen Indizien kann nunmehr Paulus behaupten, dass die Philipper **untadelige Kinder Gottes inmitten eines verdrehten und verkehrten Geschlechts** (Philipper, Kapitel 2, Vers 15b) sind. *Ja, in der Tat – sie sind die sich von Gott in Christus von* **dem verdrehten und verkehrten Geschlecht** *sich Abweisenden,* sprich:

Die Gemeinde der Philipper ist es, die sich **als untadelige Kinder Gottes** *von der Masse der ungläubigen Welt, ja – der ungläubigen Gottesgegner offenbaren.* Folglich bilden sie *die ausgesonderten, sich* **zu und in** *Gott und Christus erkenntlich zeigenden Auserkorenen* **seit Grundlegung der Welt** (Matthäus, Kapitel 25, Vers 34d).

Die sich markant herauskristallisierenden Unterscheidungsmerkmale der christliche Gene tragen ausschließlich dazu bei, dass die Philipper *leuchten als Lichter in der Welt* (Philipper, Kapitel 2, Vers 15c). *Diese sich in jeder Hinsicht unterscheidenden Kriterien der Christen gegenüber den Ungläubigen* werden *somit zum Nachweis und gleichzeitig zum Beweis, dass die durch den Geist Gottes getränkten Herzen die Frohe Botschaft des Evangelium Jesu Christi* **mit leuchtenden Lichtern in der Welt** *vereinnahmt haben.*

Denn Gott hat ihnen ihr ehemaliges, durch ihren Glauben bestätigtes, *steinernes* (**undurchdringbares!**) *Herz entnommen,* um ihnen *ein fleischernes* (**eindringendes!**) *Herz* (Hesekiel, Kapitel 36, Vers 26) *zu offenbaren.*

So schreibt Paulus:

Denn ihr wart einst Finsternis; jetzt aber seid ihr Licht in dem Herrn. Wandelt als Kinder des Lichts! (Epheser, Kapitel 5, Vers 8).

Und daher spricht Gott:

Ja, ich will meinen Geist in euer Inneres legen und werde bewirken, dass ihr in meinen Satzungen wandelt und meine Rechtsbestimmungen befolgt und tut (Hesekiel, Kapitel 36, Vers 27).

Bedingt durch dieses *einzig und allein von Gott in Christus entfachte Handeln* (siehe erneut Auslegung zu Philipper, Kapitel 2, Vers 13!) *unterscheiden sich die Christen von den Un-*

*gläubigen – und **leuchten** folglich **als Lichter der Welt*** (Philipper, Kapitel 2, Vers 15c).

Dazu lässt uns der Apostel Paulus fernerhin Folgendes wissen:

Denn Gott, der dem Licht gebot, aus der Finsternis hervorzuleuchten, er hat es auch in unserem Herzen licht werden lassen, damit wir erleuchtet werden mit der Erkenntnis der Herrlichkeit Gottes im Angesicht Jesu Christi (2.Korinther, Kapitel 4, Vers 6).

Auch der Apostel Petrus bekennt jenes aus dem Herzen kommende, ersichtliche Licht der barmherzigen Gnade Gottes wie folgt:

…und führt einen guten Wandel unter den Heiden, damit sie da, wo sie euch als Übeltäter verleumden, doch aufgrund der guten Werke, die sie gesehen haben, Gott preisen am Tag der Untersuchung (1.Petrus, Kapitel 2, Vers 12).

So hat nun Gott *in* dem Herrn Jesus Christus Seinen Beschenkten *das Licht der Herrlichkeit Seines Sohnes in deren Herzen aufleuchten lassen, als jenem unmissverständlichen, zum Heil dienenden und zur Erlösung leitenden Erkennungsmerkmal:*

Allen aber, die ihn (Jesus Christus!) ***aufnahmen, denen gab er das Anrecht, Kinder Gottes zu werden, denen, die an seinen Namen glauben*** (Johannes, Kapitel 1, Vers 12).

Und daher bekennt der Herr Jesus Christus allen an Ihn Glaubenden:

Ihr seid das Licht der Welt. So soll euer Licht leuchten vor den Leuten, dass sie eure guten Werke sehen und euren Vater (Gott!) *im Himmel preisen* (Matthäus, Kapitel 5, Verse 14a + 16).

Vers 16: Paulus unterbreitet der Gemeinde nun, dass sie *das Wort des Lebens* (Vers 16) als *die Kinder Gottes* (Philipper, Kapitel 2, Vers 15b – siehe Auslegung!) *darbieten*, sprich – dieses *anbieten und vorzeigen sollen, um an diesem stets unverzagt durch den Glauben im Heiligen Geist festzuhalten.*

In diesem *Wort des Lebens* – so der Apostel – ist einzig und allein das Heil auffindbar, *welches die Gläubigen zum Ewigen Leben geleitet.* In diesem vor allem, ja, von großer Bedeutung stehendem Wort *ist das Licht der Menschen* (Johannes, Kapitel 1, Vers 4b), *ja* – *die Quelle des Lebens* (Psalm 36 – ein Psalm Davids, Vers 10a), *das Brot des Lebens* (Johannes, Kapitel 6, Vers 35b), *als auch das Wasser des Lebens* (die Offenbarung des Johannes, Kapitel 22, Vers 17d) *auffindbar.*

Dieses gewichtige *Wort des Lebens* gilt es, *inständig im Herzen zu bewahren,* so der Apostel zu den Philippern. Dies bedeutet wiederum, *dass das Leben als ein würdiges, dem Evangelium Jesu Christi* (Philipper, Kapitel 1, Vers 27a / siehe Auslegung!) *entsprechendes Dasein gelebt und ausgeübt wird.* Daher ist dieses *in und durch Gottes Leitung geführte Dasein* *in Christus **ein Leben in der Freiheit, zu der uns Christus befreit hat*** (Galater, Kapitel 5, Vers 1).

Folglich lässt uns Gott *in* dem Herrn Jesus Christus folgende bedeutende Botschaft erkennen:

Wenn euch nun der Sohn frei machen wird, so seid ihr wirklich frei (Johannes, Kapitel 8, Vers 36).

*Das **Wort des Lebens** ist in der Freiheit des Sohnes Jesus Christus von Gott offenbar gemacht worden.* Nur wenn die Gemeinde in Philippi dieses **Wort des Lebens** (Philipper, Kapitel 2, Vers 16a) inständig und daher entschlossen, intensiv und vor allem demütig in ihren Herzen bewahrt, so kann der Apostel Paulus *mit Sicherheit behaupten,* dass er sein apostolisches Amt *nicht vergeblich* absolviert hat, sprich: ***dass ich nicht vergeblich gelaufen bin, noch vergeblich gearbeitet habe***, (Philipper, Kapitel 2, Vers 16c) so Paulus.

Wenn dieses immerdar anwesende **Wort des Lebens** in den Herzen der Philipper vollends auffindbar ist, so kann Paulus am Tag der Wiederkunft des Herrn Jesus Christus *sein durch des Heilands geoffenbartes, apostolisches Amt voller Ehrerbietung **zum Ruhm seiner selbst*** (Philipper, Kapitel 2, Vers 16b) dem Herrn Jesus Christus voller des Apostels gebührenden Wertgefühls aufweisen.

Wiederum ist dieses **„Rühmen"** nicht des Paulus` eigener, ja – nicht der von ihm abstammende, selbsterwirkte **Ruhm**, (siehe hierzu erneut Auslegung zu Philipper, Kapitel 1, Vers 26!) sondern dieser ist einzig und allein auf die gnadenreiche Barmherzigkeit Gottes in dem Herrn Jesus Christus zurückzu-

führen, der dem Apostel seine apostolische Amtsbefugnis bei des Paulus` Durchreise nach Damaskus *erstmals ermöglichte* (siehe die Apostelgeschichte des Lukas, Kapitel 9!).

Diese erhabene Kraftquelle des **Ruhmes** (Philipper, Kapitel 2, Vers 16b) *entspringt ausschließlich aus der Gnadenwahl Gottes durch den Herrn Jesus Christus im Heiligen Geist*, so Paulus.

Vers 17: Erneut kehrt der Apostel auf seine durchaus noch offen liegende Gerichtsverhandlung zurück, an welche er unentwegt denkt. Denn so schreibt er in seinem 2.Brief an Timotheus:

Denn ich werde schon geopfert, und die Zeit meines Aufbruchs (um bei dem Herrn Jesus Christus zu sein!) *ist nahe* (2.Timotheus, Kapitel 4, Vers 6).

Falls dieses ihn betreffende Gerichtsverfahren sein Todesurteil bedeuten *sollte,* so kann Paulus, auch wenn er *wie ein* **Trankopfer ausgegossen werden sollte über dem Opfer und dem priesterlichen Dienst eures Glaubens dennoch froh sein und sich mit euch allen freuen** (Philipper, Kapitel 2, Vers 17).

Denn, so der Apostel Paulus:

Jetzt freue ich mich in meinen Leiden, (die ich) um euretwillen (erleide), und ich erfülle meinerseits in meinem Fleisch, was noch an Bedrängnissen des Christus aussteht,

um seines Leibes willen, welcher die Gemeinde ist (Kolosser, Kapitel 1, Vers 24).

Eindeutig will der Apostel Paulus der Gemeinde in Philippi zu verstehen geben: *so bin ich doch froh...*, (Philipper, Kapitel 2, Vers 17c) sprich: dass er *bereit ist, für das Evangelium des Herrn Jesus Christus sein Leben zu lassen.* Auch in diesem 17.Vers des 2. Kapitels zeigen sich *seine stets zum Himmel gerichteten Blicke erkenntlich* – und erinnern uns an die von ihm bereits verfassten Worte aus Philipper, Kapitel 1, Verse 21 – 24 (siehe Auslegung!).

Die *Freude* (Philipper, Kapitel 2, Vers 17b) in des Apostels Herzen *breitet sich aus – unabhängig*, in welcher Situation *er sich befindet.* Es ist eine *Freude*, *die unentwegt ihm selbst, als auch der Gemeinde gilt.*

Ihm – aufgrund seines tiefgründigen, unverzagten Glaubens; *der Gemeinde* – aufgrund ihrer **Gemeinschaft am Evangelium vom ersten Tag bis jetzt** (Philipper, Kapitel 1, Vers 5 / siehe Auslegung!). Daher ruft Paulus sie zur *Freude* im Herrn auf.

Folglich ist es eine *Freude*, die in einem jeden christlichen Herzen besteht, welche einen *niemals versiegenden Bestand hat, weil diese eine unerschütterliche, vom Heiligen Geist genährte Gewissheit im Herzen trägt, welche dem Beschenkten die unverzagte Zuversichtlichkeit hinterlegt, am Tag der Wiederkunft Jesu Christi des Heilands` Jawort zu erhalten.* Diese zuversichtliche Gewissheit bedeutet daher unwillkürlich, *in das Reich Seiner Herrlichkeit in der Gemeinschaft Gottes und aller Heiligen einziehen zu können.*

Diese vom Herzen kommende *Freude* erleidet <u>keinen</u> *Abbruch, selbst wenn Paulus* seine missionierende Tätigkeit und folglich seinen apostolischen Dienst für den Glauben der Gemeinde *mit seinem Leben bezahlen müsste.* Es ist jener sich erweisende **priesterliche Opferdienst, der wie ein Trankopfer ausgegossen werden sollte**, (Philipper, Kapitel 2, Vers 17) welchen er in seinem Brief an die Römer wie folgt kommentiert:

...*dass ich ein Diener Jesu Christi für die Heiden sein soll, der priesterlich dient am Evangelium Gottes, damit das Opfer der Heiden wohlannehmbar werde, geheiligt durch den Heiligen Geist* (Römer, Kapitel 15, Vers 16).

So will der Apostel den Philippern folgende, ihn betreffende Mitteilungen zu verstehen geben:

Falls er sein Leben für den Herrn Jesus Christus *verlieren würde,* so wäre sein für das Evangelium Christi vollbrachtes Sterben *ein für Gott wohlgefälliges Opfer.*

Vers 18: Diese aus dem 17.Vers resultierende *Freude* ummantelt abermals die im Herzen der Beschenkten zuversichtliche, vom Heiligen Geist getränkte Gewissheit: **gleicherweise sollt ihr auch froh sein und euch mit mir freuen** (Philipper, Kapitel 2, Vers 18).

Der Halbbruder unseres Herrn Jesus Christus, Jakobus, bekennt diese von der Gewissheit des Glaubens umgebene Freude in seinem Brief wie folgt:

Meine Brüder, (Glaubensgeschwister!) achtet es für lauter Freude, wenn ihr in mancherlei Anfechtung geratet, da ihr ja wisst, dass die Bewährung eures Glaubens standhaftes Ausharren bewirkt. Das standhafte Ausharren aber soll ein vollkommenes Werk haben, damit ihr vollkommen und vollständig seid und es euch an nichts mangelt (Jakobus, Kapitel 1, Verse 2 – 4).

Es ist jenes *kooperativ zu erachtende, durch den Glauben gewährleistete, vom Heiligen Geist geleitete, stets fest zusammenhaltende Glaubensschema, welches zu unentwegter* **Freude** *im* Herrn Jesus Christus *beiträgt.* Inmitten dieser irdischen, humanitär von Fremdbeeinflussungen einwirkenden Glaubensoffenbarungen zeigen sich *die zu Gott und Jesus Christus bezogenen Lebenseinstellungen im Glauben ersichtlich – und tragen erheblich dazu bei, fortwährende Anwärter im Reich der Himmel zu werden – dem himmlischen Heimathafen – der* **Quelle des Lebens** (Psalm 36 – ein Psalm Davids, Vers 10a).

Alle diese Kriterien sind umwoben von der unanfechtbaren, unverzagten, unerschütterlichen und sogleich zuversichtlichen Glaubensgewissheit durch die Übergabe des eigenen Lebens in den Herrschaftsbereich Gottes und Jesus Christus im Heiligen Geist.

Paulus umschreibt diese fest im Herzen der Beschenkten **Freude** *der Wiedergabe* wie folgt:

Freut euch im Herrn allezeit; abermals sage ich euch: Freuet euch! (Philipper, Kapitel 4, Vers 4 / Auslegung folgt!).

Verse 19 – 30
Timotheus und Epaphroditus –
zwei vorbildliche Diener Jesu Christi

[19]*Ich hoffe aber in dem Herrn Jesus, Timotheus bald zu euch zu senden, damit auch ich ermutigt werde, wenn ich erfahre, wie es um euch steht.* [20]*Denn ich habe sonst niemand von gleicher Besinnung, der so redlich für eure Anliegen sorgen wird;* [21]*denn sie suchen alle das Ihre, nicht das, was Christi Jesu ist!* [22]*Wie er sich aber bewährt hat, dass wisst ihr, dass er nämlich wie ein Kind dem Vater mir gedient hat am Evangelium.* [23]*Diesen hoffe ich nun sofort zu senden, sobald ich absehen kann, wie es mit mir gehen wird.* [24]*Ich bin aber voll Zuversicht im Herrn, dass auch ich selbst bald kommen werde.* [25]*Doch habe ich es für notwendig erachtet, Epaphroditus zu euch zu senden, meinen Bruder und Mitarbeiter und Mitstreiter, der auch euer Gesandter ist und Diener meiner Not;* [26]*denn er hatte Verlangen nach euch allen und war bekümmert, weil ihr gehört habt, dass er krank gewesen ist.* [27]*Er war auch wirklich todkrank; aber Gott hat sich über ihn erbarmt, und nicht nur über ihn, sondern auch über mich, damit ich nicht eine Betrübnis um die andere hätte.* [28]*Umso dringlicher habe ich ihn nun gesandt, damit ihr durch seinen Anblick wieder froh werdet und auch ich weniger Betrübnis habe.* [29]*So nehmt ihn nun auf im Herrn mit aller Freude und haltet solche in Ehren;* [30]*denn für das Werk des Christus ist er dem Tod nahe gekommen, da er sein Leben gering achtete, um mir zu dienen an eurer Stelle.*

Auslegung:

Vers 19: Nach den nun abgeschlossenen *Ermahnungen zu einem heiligen Wandel* (Philipper, Kapitel 2, Verse 12 – 18 / siehe Auslegung!) geht der Apostel Paulus nun über zu seinen *zwei vorbildlichen Dienern im Herrn Jesus Christus: Timotheus und Epaphroditus* (Philipper, Kapitel 2, Verse 19 – 30 – siehe noch kommende Auslegung!).

Paulus hat der Gemeinde in Philippi einige wichtige Mitteilungen zu überbringen – und sehnt sich herzlichst um eine Auskunft, wie es momentan um die Philipper steht, die seine missionierende Tätigkeit im Herrn Jesus Christus vollen Dankes *vom ersten Tag bis jetzt* (Philipper, Kapitel 1, Vers 5b / siehe Auslegung!) im Glauben an den Heiland in ihren Herzen tragen. Daher *hofft* der Apostel *in dem Herrn Jesus, Timotheus bald zu ihnen senden zu können, sodass auch er ermutigt wird, wenn er erfährt, wie es um sie steht.*

Des Paulus` Gefangenschaft und die daraus noch folgende, ihn betreffende Gerichtsverhandlung, deren Urteil noch aussteht, (Philipper, Kapitel 1, Verse 22 – 26 / siehe Auslegung!) bedrücken den Apostel zutiefst in seinem Innersten. Die in seinem Herzen ruhende Nächstenliebe auf aktuelle Informationen, welche die Gemeinde der Philipper betreffen, veranlassen ihn *voller sehnsüchtiger Hoffnung,* dass **Timotheus, sein echtes Kind im Glauben** (1.Timotheus, Kapitel 1, Vers 2a) zu den Philippern reist, um ihm aktuelle Informationen über die Gemeinde zu vermitteln. Schließlich gründet sich diese seine unentwegte Hoffnung am Leben zu bleiben aufgrund des Apostels missionierender Tätigkeit, dass sein ihm vom Heiland offenbartes Amt darstellt, welches die gewichtige Bedeutung der Evangeliums-Botschaft Jesu Christi beinhaltet, sodass seine apostolische Amtsbefugnis im Herrn *weiterhin fortgesetzt wird.* Neue Nachrichten, welche die Gemeinde betreffen, würden Paulus in seiner noch offen stehenden „zwiespältigen Lage" mehr als nur *ermutigen* (Philipper, Kapitel 2, Vers 19b).

So heißt es in den Sprüchen Salomos:

Wie die Kühle des Schnees in der Erntezeit, so erfrischt ein treuer Bote die, welche ihn gesandt haben; er erquickt die Seele seines Herrn (die Sprüche Salomos, Kapitel 25, Vers 13).

Jedoch gründen sich die voller Sehnsucht umwobenen Vorhaben des Apostels *nicht auf seinen eigenen Plänen, sondern ausschließlich auf der Entscheidungsgewalt Gottes in dem Herrn Jesus* (Philipper, Kapitel 2, Vers 19a). Allein *in* dem Heiland ruht unentwegt des Apostels inständiges Vertrauen; *ausschließlich in* dem Herrn Jesus Christus begründen sich des Paulus' *zuversichtliche Hoffnungen,* den Philippern ***bald Timotheus*** (Philipper, Kapitel 2, Vers 19b) ***zu senden.***

Vers 20: Paulus bekennt den Philippern, dass er *niemanden hat, der in gleicher Gesinnung so redlich für ihr Anliegen sorgen wird.*

Timotheus, der den Philippern bereits seit der Gründung ihrer Gemeinde bekannt ist, (siehe noch kommende Auslegung unter Philipper, Kapitel 2, Vers 22!) ist für den Apostel Paulus ein geistlicher Mitarbeiter, *der seinesgleichen sucht.* Sprich:

Paulus hält Timotheus für *einen ihm gleichgesinnten Menschen,* ja – Timotheus ist für ihn ein Christ, welcher die hervorzuhebende, gewichtige Grundeinstellung im Glauben vertritt, wie auch Paulus sie rundum im Herrn Jesus Christus bekennt. Auch des Timotheus` *Lehr-, Denk, - und Glaubensansichten beruhen ausschließlich im Heiland.* Auf diesem über allem stehenden Standpunkt prägen sich in identischer Weise sowohl des Paulus` – als auch des Timotheus` Lebensansichten, welche sich einzig und allein *in* dem tiefgründigen Glauben an den Herrn Jesus Christus darlegen.

Timotheus ist demzufolge, so Paulus, wenn er zu der Gemeinde der Philipper reist, als des Paulus` *Gleichgesinnter* zu betrachten, *der mit ehrsamer Gewissenhaftigkeit für ihr Anliegen sorgen wird* – sprich:

Timotheus wird für die weiterführende, missionierende Tätigkeit des Apostels Paulus` *würdiger Vertreter* sein, der das apostolische Amt des Paulus besonnen innerhalb der Gemeinde voller ihm übergebenen Vertrauens übernehmen wird, *solange das Gerichtsurteil des Paulus noch offen steht.*

Vers 21: Paulus begründet nun die von ihm verfassten Worte aus dem 20. Vers (siehe Auslegung!), indem er dir Philipper wissen lässt: *denn sie suchen alle das Ihre, nicht das, was Christi Jesu ist!*

Es ist anzunehmen, dass der Apostel Paulus sich an dieser Stelle ausschließlich auf *die* christlichen Missionare bezieht, welche *in der Nähe seiner Gefangenschaft* das Evangelium des Herrn Jesus Christus predigen. (Daher *bleiben die Namen des Titus und Silvanus,* welche Paulus in seinen anderen Briefen zu rühmen pflegt, *außen vor!*).

Wie wir es bereits anhand dieser Auslegung in Erfahrung bringen konnten, predigten diese Missionare zwar das Evangelium des Heilands, jedoch mit „zwiespältigen Zungen" – *denn sie suchen das Ihre, nicht das, was Christi Jesu ist* (Philipper, Kapitel 2, Vers 21).

Einerseits *predigen* sie die Evangeliums-Botschaft Jesu Christi – andererseits *beabsichtigen* sie, des Paulus` apostolische Amtsbefugnis *mit beschämenden Absichten zu beflecken,* um zu des Apostels *Fesseln noch weitere Bedrängnis hinzuzufügen* (Philipper, Kapitel 1, Vers 16c / sowie die bereits verfasste Auslegung unter Philipper, Kapitel 1, Verse 15, 16, 17 + 18).

Diese „Missionare" kann der Apostel *nicht* zu der Gemeinde in Philippi senden, *denn diese würden des Apostels apostolisches Amt nur noch weiterhin beschämend beflecken* – *anstelle dieses gleichermaßen zu fördern.* Diese verweilen – so Paulus – in „selbstgefälliger Ironie". Sie suchen einzig und allein das *Ihre, nicht das der anderen* (1.Korinther, Kapitel 10, Vers 24b).

Denn:

Er (Jesus Christus!) ist deshalb für alle gestorben, damit die, welche leben, nicht mehr für sich selbst leben, sondern für den, der für sie gestorben und auferstanden ist, bekennt Paulus in seinem 2.Brief an die Korinther in Kapitel 5, Vers 15.

Verse 22 + 23: Paulus kommt noch ein weiteres Mal auf die Bewährung des Timotheus zurück, der der Gemeinde als ebensolcher, enger Mitarbeiter des Paulus seit ihrer Gründung bekannt war (Vers 22).

Die Treue im Glauben, als auch das Vertrauen, welches Paulus auf Timotheus setzt, zeigt eindeutig die innere Verbundenheit des Paulus im Glauben zu Timotheus auf. Daher betitelt Paulus ihn als *ein Kind, welches dem Vater* (dem geistlichen Vater Paulus!) *am Evangelium gedient hat* (Vers 22).

Diesen hofft Paulus, *sofort zu ihnen senden zu können, sobald er absehen kann, wie es um ihn steht* (Vers 23).

Der Apostel verhofft sich durch die baldige Sendung des Timotheus besänftigt zu werden, ja – dass er durch die Reise des Timotheus nach Philippi *einerseits das Aufrechterhalten des Evangeliums des Herrn Jesus Christus bedingt durch des Timotheus` Missionieren erhält; andererseits sehnt sich sein Inneres auf das Befinden der Gemeinde in Philippi* (Vers 23).

Jedoch muss er noch ein wenig Geduld aufzeigen, bis dass das ihn betreffende Gerichtsurteil vollzogen ist. *Erst dann* kann Paulus die Reise des Timotheus zu der Gemeinde in Philippi bejahen. Abermals beruft sich der Apostel aufgrund seines tiefgründigen, stets unverzagten Glaubens *auf die Entscheidungsgewalt des Herrn Jesus Christus* (Vers 23 / siehe abermals Auslegung zu Philipper, Kapitel 2, Vers 19a).

Vers 24: Erneut bezieht sich Paulus auf sein ihm von Christus offenbartes, apostolische Amt, dessen Wichtigkeit nahezu unentbehrlich ist (siehe abermals Auslegung zu Philipper, Kapitel 1, Verse 24 – 26!).

Daher ist er *voll Zuversicht im Herrn, dass auch er selbst bald* zu den Philippern *kommen wird* (Philipper, Kapitel 2, Vers 24), *um ihnen etwas geistliche Gnadengabe mitzuteilen, damit sie gestärkt werden* (Römer, Kapitel 1, Vers 11b).

Diese zuversichtliche Gewissheit im Glauben lässt erahnen, inwiefern Paulus seine missionierende Tätigkeit vorausplant, um seine apostolischen Tätigkeiten *im* Herrn Jesus Christus unverzagt fortzusetzen.

Denn die Gemeinden *sind Gottes Ackerfeld und Gottes Bau*, *er aber* – als Apostel Jesu Christi – bekennt sich unentwegt als *Gottes Mitarbeiter* (1.Korinther, Kapitel 3, Vers 9).

In der Tat, der Apostel ist *durch* seinen Glauben voller positiver Lebenseinstellung – betreffend seines auf ihn zukommenden Gerichtsurteils – welches ihn letztlich – so glaubt er – *freisprechen wird, sodass er weiterhin **Nutzen im Herrn hat**.* Daraufhin **erquickt** der Apostel aufgrund seiner stetigen zu Christus Bezogenheit im Glauben *sein **Herz im Herrn***. (Philemon, Vers 20).

Vers 25: Einen noch weiteren Mitbruder im Glauben stellt uns Paulus in diesen Vers vor: *Epaphroditus*.

Diesen Mitarbeiter seines Vertrauens im Herrn ist Paulus gewillt, inclusive dieses Briefes (des uns vorliegenden Philipperbriefes!) zu der Gemeinde in Philippi zu senden. Der Apostel betitelt *Epaphroditus* als *seinen **Bruder und Mitarbeiter** und **Mitstreiter***, und weiterhin als *den **Gesandten der Gemeinde in Philippi***. Der Apostel benennt ihn fernerhin als den ***Diener in seiner Not***.

Des Paulus` dürftige „Biographie-Einblicke", die er uns zu der Person des *Epaphroditus* gewährt, reichen jedoch völlig aus, um uns ein „religiöses Einstellungsbild" des *Epaphroditus* zu ermöglichen:

Der Apostel betitelt ihn als:

seinen Bruder, ja – als einen Bruder im Geist des Herrn Jesus Christus –

als Mitarbeiter, der mit Paulus in gemeinschaftlicher Tätigkeit durch den Glauben am Evangelium Jesu Christi tiefgründig beschäftigt ist –

sowie als **seinen Mitstreiter***, der zusammen mit Paulus in Anfechtungen die Frohe Botschaft des Herrn Jesus Christus* nicht *vernachlässigt, sondern* stets *aufgrund der unverzagten Glaubensgewissheit aufrecht erhalten- und in Zeiten der Not* zu Paulus *gehalten hat, indem* **Epaphroditus** *sein Leben für den Apostel riskierte als* **Diener in des Apostels Not.**

Jenen **Epaphroditus** kann Paulus der Gemeinde *ohne hinterfragende Gedanken als seinen, bzw. als ihren Gesandten vorstellen.* Dies bedeutet wiederum, dass der Apostel diesen Mitarbeiter im Herrn Jesus Christus als einen „bewährten Vertrauensmann im Glauben an Christus" zu ihnen schicken kann, *der treu und gerecht des Paulus` Anforderungen rundum erfüllt und diese folglich mit des Apostels Vertrauen gewährleistet.*

Verse 26 – 28: Die Gemeinde in Philippi hat es vernommen, dass Epaphroditus *erkrankt war,* (Vers 26) *ja,* **wirklich todkrank war** – vervollständigt Paulus seine Aussage in Vers 27a.

Jedoch, so Paulus, *hat sich Gott über ihn erbarmt* (Vers 27a) und ihn wieder gesund werden lassen, Ja, *nicht nur* über des Paulus` Mitarbeiter Epaphroditus hat sich Gott *erbarmt, sondern ebenfalls um des Apostels sehnsüchtiges Bedürfnis zu stillen* (Vers 27b).

Zwar konnte der Apostel aufgrund seiner Gefangenschaft *nicht selbst* zu den Philippern reisen, aber *bedingt* durch des Epaphroditus` Genesung konnte Paulus nun eben *diesen* seinen Mitbruder im Geist Epaphroditus zu den Philippern, als der Gemeinde Gesandter schicken, *um nicht nur* die Sehnsucht des Epaphroditus und der Gemeinde zu stillen, *sondern Gott hat dafür Sorge getragen*, so Paulus, *dass auch des Apostels eigenes Verlangen durch den Besuch seines Mitarbeiters im gegenseitigen Informationsaustausch gestillt wird.*

Das *Verlangen* des Epaphroditus nach der Gemeinde in Philippi zu reisen sagt ebenfalls aus, dass auch er von ihren Sorgen um seinetwillen gehört hat – und daraufhin betrübt war. Dies bestätigt das Verlangen des Epaphroditus, dass Paulus ihn nach Philippi sandte, damit beide – Epaphroditus, als auch die Gemeinde in Philippi – *ihr beiderseitiges Verlangen zueinander stillen konnten* – und ebenfalls auch *des Paulus` innerliche Unruhe* durch des Epaphroditus` Genesung und die daraufhin von ihm vollbrachte Reise *besänftigt wurde* (Verse 27 + 28).

Folglich hat Gott in seiner gnadenreichen (jedoch nicht gleich für die Betreffenden ersichtlich werdenden) Barmherzigkeit für das Seelenheil *aller* Seine unentwegt wohlummantelnde Sorge getragen.

So lobt Paulus nunmehr die wunderbare Allmacht Gottes, welche *stets* dazu beiträgt, dass die an Ihn Glaubenden *allezeit Gottes allgegenwärtige Hilfe im Heiligen Geist verspüren.* Denn die Wege und Entscheidungen des Allmächtigen sind *grundsätzlich* wohl überdacht – und können mit unseren irdischen Gedankengängen *nicht in ihrer ganzen Herrlichkeit* nachvollzogen – jedoch von den Glaubenden nach und nach mit lobpreisenden Worten im Heiligen Geist erkannt werden.

Denn Gott spricht:

Denn meine Gedanken sind nicht eure Gedanken, und meine Wege sind nicht eure Wege, spricht der HERR; sondern so hoch der Himmel über der Erde ist, so viel höher sind meine Wege als eure Wege und meine Gedanken als eure Gedanken (Jesaja, Kapitel 55, Verse 8 + 9).

Vers 29: Folglich sollen die Philipper Epaphroditus als ihren Gesandten *mit aller Freude* – sprich: *mit gebührender Ehrerbietung* als den „Vertreter" des Paulus aufnehmen.

Da sich Epaphroditus – wie wir bereits aus dem 2. Kapitel aus den Versen 25 – 28 (siehe Auslegung!) in Erfahrung bringen konnten – als ein enger Mitarbeiter des Paulus im Glauben an den Herrn Jesus Christus bewährte, fordert Paulus die Gemeinde weiterhin dazu *inständig auf,* **ihn in Ehren zu halten** (Philipper, Kapitel 2, Vers 29b).

Epaphroditus *sollen die Philipper exakt in gleicher Weise aufnehmen, wie die römische Gemeinde die* **Schwester Phöbe** (Römer, Kapitel 16, Vers 1a) *aufnahm.*

Daher schreibt Paulus in seinem Brief an die Römer:

...damit ihr sie aufnehmt im Herrn, wie es sich für Heilige geziemt, und ihr in allen Dingen beisteht, in denen sie euch braucht; denn auch sie ist vielen ein Beistand gewesen, auch mir selbst (Römer, Kapitel 16, Vers 2).

Daraufhin will Paulus auch der Gemeinde in Philippi folgende, gewichtige Botschaft der Anerkennung gegenüber dem Epaphroditus hinterlassen:

Wir bitten euch aber, ihr Brüder, **(Glaubensgeschwister!)** *dass ihr diejenigen anerkennt, die an euch arbeiten und euch im Herrn vorstehen und euch zurechtweisen* (1.Thessalonicher, Kapitel 5, Vers 12).

Vers 30: Dieser von Paulus bereits benannte *Mitstreiter* (Philipper, Kapitel 2, Vers 25c) im Herrn Jesus Christus, *ist für das Werk des Christus dem Tod nahe gekommen, da er sein Leben gering achtete, um mit mir zu dienen an eurer Stelle* (Philipper, Kapitel 2, Vers 30).

Paulus vervollständigt sein inständiges Bitten aus dem soeben erwähnten 29.Vers des 2.Kapitels, (siehe Auslegung!) indem er die Gemeinde der Philipper *noch einmal auf die lebensbedrohliche Situation aufmerksam macht, in welcher sich Epaphroditus befand, nämlich:* **dass** Epaphroditus *sein eigenes Leben für gering erachtete* – sprich:

dass er sein Leben für den Herrn Jesus Christus *aufgrund seiner unverzagten Glaubensgewissheit an den Heiland riskierte,* um dem Apostel weiterhin *dienen zu können.*

Somit hat Epaphroditus *zuerst* sein eigenes Leben für den apostolischen Dienst zusammen mit Paulus *riskiert* – ist folglich an der Seite des Apostels *geblieben* – und konnte daher *erst zu einem späteren Zeitpunkt ihre Gemeinde trotz aller ihn betreffenden Sehnsucht ihnen gegenüber besuchen,* sprich:

Diesem wahrhaftigen Christen sollen die Philipper *Huldigung in Form von Anerkennung zollen.* Denn er hat erst sein eigenes Leben riskiert, um ihnen weiterhin dienen zu können. Ja, so Paulus, **er hat für mein Leben seinen eigenen Hals hingehalten** (Römer, Kapitel 16, Vers 4a).

Kapitel 3

Verse 1- 16
Das Vorbild des Paulus: Christus ist alles

[1] Im Übrigen, meine Brüder, freut euch in den Herrn! Euch (immer wieder) dasselbe zu schreiben, ist mir nicht lästig; euch aber macht es gewiss. [2] Habt acht auf die Hunde, habt acht auf die bösen Arbeiter, habt acht auf die Zerschneidung! [3] Denn wir sind die Beschneidung, die wir Gott im Geist dienen und uns in Christus Jesus rühmen und nicht auf Fleisch vertrauen, [4] obwohl auch ich mein Vertrauen auf Fleisch setzen könnte. Wenn ein anderer meint, er könne auf Fleisch vertrauen, ich viel mehr: [5] beschnitten am achten Tag, aus dem Geschlecht Israel, vom Stamm Benjamin, ein Hebräer von Hebräern, im Hinblick auf das Gesetz ein Pharisäer, [6] im Hinblick auf den Eifer ein Verfolger der Gemeinde, im Hinblick auf die Gerechtigkeit im Gesetz untadelig gewesen. [7] Aber was mir Gewinn war, das habe ich um des Christus willen für Schaden geachtet; [8] ja, wahrlich, ich achte alles für Schaden gegenüber der alles übertreffenden Erkenntnis Christi Jesu, meines Herrn, um dessentwillen ich alles eingebüßt habe; und ich achte es für Dreck, damit ich Christus gewinne [9] und in ihm erfunden werde, indem ich nicht meine eigene Gerechtigkeit habe, die aus dem Gesetz kommt, sondern die durch den Glauben an Christus, die Gerechtigkeit aus Gott aufgrund des Glaubens, [10] um Ihn zu erkennen und

die Kraft seiner Auferstehung und die Gemeinschaft seiner Leiden, indem ich seinem Tod gleichförmig werde, [11]damit ich zur Auferstehung aus den Toten gelange. [12]Nicht dass ich es schon lange erlangt hätte oder schon vollendet wäre; ich jage aber danach, dass ich das auch ergreife, wofür ich von Christus Jesus ergriffen worden bin. [13]Brüder, ich halte mich selbst nicht dafür, dass ich es ergriffen habe; eines aber (tue ich): Ich vergesse, was dahinten ist, und strecke mich aus nach dem, was vor mir liegt, [14]und jage auf das Ziel zu, den Kampfpreis der himmlischen Berufung Gottes in Christus Jesus. [15]Lasst uns alle, die wir gereift sind, so gesinnt sein; und wenn ihr über etwas anders denkt, so wird euch Gott auch das offenbaren. [16]Doch wozu wir auch gelangt sein mögen, lasst uns nach derselben Richtschnur wandeln und dasselbe erstreben!

Auslegung:

Vers 1: Erneut ruft Paulus die Gemeinde der Philipper zur **Freude im Herrn** auf. In der Tat, ihm ist es **nicht lästig**, ja, *er findet es weder taktlos, noch ungelegen immer wieder die* **Freude** *mit großem Dank zu erwähnen,* (siehe Auslegung zu Philipper, Kapitel 1, Verse 4, 18 + 25, als auch unter Philipper, Kapitel 2, Verse 17 – 20, sowie Verse 22 – 30!) welche unwillkürlich von der barmherzigen Gnade Gottes in dem Herrn Jesus Christus zum Vorschein gelangt – *der* gewichtigen Botschaft des von dem Apostels Paulus verfassten Philipperbriefes.

Aufgrund dessen findet es Paulus *nicht lästig*, den Philippern *immer wieder die Freude in dem Herrn* nahezulegen, so, wie auch der Apostel Petrus seinen Gemeinden jenes wichtige Bekenntnis anvertraute:

Darum will ich es nicht versäumen, euch stets an diese Dinge zu erinnern, obwohl ihr sie kennt und in der (bei euch) vorhandenen Wahrheit fest gegründet seid (2.Petrus, Kapitel 1, Vers 12).

Es ist eine *Freude*, die in des Apostels Herzen – als auch in einem jeden gläubigen, zu Gott und Christus bekehrten Herzen entspringt – weil fortan *die unantastbare Wahrheit Gottes in dem Herrn Jesus Christus in der Kraftausfaltung des Heiligen Geistes erkannt, im Glauben aufgenommen – und folglich mit einer sich erkenntlich zeigenden Freude mit großer Ehrerbietung ausgelebt wird.*

Denn fortan sind die Philipper *des Herrn Nachahmer geworden, indem ihr das Wort unter viel Bedrängnis aufgenommen habt mit Freude des Heiligen Geistes* (1.Thessalonicher, Kapitel 1, Vers 6).

So bekennt David in seinem 32.Psalm, Vers 11 (Lutherbibel 1984):

Freut euch des HERRN und seid fröhlich, ihr Gerechten, und jauchzet, ihr Frommen.

Ja, das Licht der Wahrheit Jesu Christi hat das Herz in der *Frucht des Geistes* (Galater, Kapitel 5, Vers 22a) *zur Freude* aufgerufen, welches nunmehr voller wohlwollender, zuversichtlicher Gewissheit spricht:

Ich aber will mich freuen in dem HERRN und frohlocken über den Gott meines Heils! **(dem Gott, der mir Heil und Rettung verschafft!** / Quelle: Schlachter – Bibel 2000 / Habakuk, Kapitel 3, Vers 18).

Diese *Freude* – so Paulus zu den Philippern – gilt es *immer wieder erneut von ganzem Herzen auszusprechen,* denn diese vollkommene Wahrheit festigt euren Glauben in dem Herrn Jesus Christus, *dem* über allem stehenden Geschenk Gottes zur vollkommenen Bewusstseinserkenntnis, *worauf* sich die *Freude* letztlich begründet. Ja, diese Wahrheit macht euch unmissverständlich bewusst, dass ihr *eines Sinnes seid* und untereinander *Frieden haltet.* Dann *wird der Gott der Liebe und des Friedens mit euch sein!* (2.Korinther, Kapitel 13, Vers 11b).

In der Tat, durch Gottes Offenbarung *in* Jesus Christus *gründen, wachsen, gedeihen und entstehen alle Wahrnehmungen christlicher Aktivitäten als eindeutige Indizien der von Herzen kommenden Freude in dem Herrn Jesus Christus.*

Diese überaus bedeutenden Kriterien umfassen den grenzenlosen Machtbereich der unantastbaren Herrlichkeit Jesu Christi, welche wiederum die kraftspendende Fülle Seiner vor allem stehenden, bedeuteten und erkenntnisreichen Belehrungen umgibt. Aus diesen sich offenbarenden Gnadengeschenken des Heilands festigt sich der Glaube der Beschenkten *zu einem fest von Ihm gegründeten* **Band des Friedens** (Epheser, Kapitel 4, Vers 3), welches sich folglich in der **Freude** zu erkennen gibt, so Paulus.

Vers 2: Unvermittelt spricht der Apostel nun den Konflikt der Irrlehrer an, welche durch ihre falschen, von Gott und Jesus Christus entfernten Lehren der Gemeinde der Philipper erheblichen Schaden bedingt durch Falschaussagen zufügen können. Daher lässt Paulus die Gemeinde voller mahnender Worte wissen:

Habt acht auf die bösen Hunde, habt acht auf die bösen Arbeiter, habt acht auf die Zerschneidung!

Diese zurechtweisenden Worte des Apostels jedoch erweisen sich als vollkommen berechtigte Kriterien. Anhand dieser sich von Gott und Christus entfernten Falschlehren decken sich die üblen Absichten der Irrlehrer wie folgt auf:

So betitelt sie Paulus einerseits als **böse Hunde**, ja, *als von der Wahrheit Gottes weit entfernte Ungläubige, welche in von Gott abgeschobener Finsternis Lügen zerstreuen.*

Andererseits betitelt sie der Apostel als **böse Arbeiter**, *welche als falsche Prediger Irrlehren verbreiten, um ihre Zuhörer von der Wahrheit Gottes in dem Herrn Jesus Christus zu verführen.*

Denn solche sind – so Paulus in seinem 2.Korintherbrief in Kapitel 11, Vers 13 – **falsche Apostel, betrügerische Arbeiter, die sich als Apostel des Christus verkleiden.**

Vor diesen von Gott abgekapselten Personen sollen sich die Philipper *hüten*, spricht Paulus mit impulsiv geprägten Worten, denn:

Draußen (**von dem Herrschaftsbereich Gottes und Jesus Christus aus dem himmlischen Jerusalem Ausgestoßene!**) *aber sind die Hunde und Zauberer und die Unzüchtigen und die Mörder und die Götzendiener und jeder der die Lüge liebt und tut* (die Offenbarung des Johannes, Kapitel 22, Vers 15).

Weiterhin spricht Paulus *die Zerschneidung* (Philipper, Kapitel 3, Vers 2c) an. Der Apostel will die Gemeinde vor denjenigen Irrlehrern warnen, *welche versucht sind*, den Philippern *die Beschneidung aufzuzwingen,* ja, diese *verlangen* die Beschneidung von ihnen.

Daraufhin warnt der Apostel die Philipper wie folgt:

So steht nun fest in der Freiheit, zu der uns Christus befreit hat, und lasst euch nicht wieder in ein Joch der Knechtschaft spannen! Siehe, ich, Paulus, sage euch: <u>*Wenn ihr euch beschneiden lasst, wird euch Christus nichts nützen.*</u> *Ich bezeuge nochmals jedem Menschen,* <u>*der sich beschneiden lässt,*</u> *dass* <u>*er verpflichtet ist,*</u> *dass* <u>*ganze Gesetz zu halten.*</u> *Ihr seid* <u>*losgetrennt von Christus,*</u> *die ihr durch Gesetz gerecht werden wollt; ihr seid* <u>*aus der Gnade gefallen!*</u> *Wir aber erwarten im Geist aus Glauben die Hoffnung der Gerechtigkeit; denn in Christus Jesus gilt weder Beschneidung noch Unbeschnittensein etwas,* <u>*sondern der Glaube,*</u> *der durch* <u>*die Liebe wirksam ist*</u> (Galater, Kapitel 5, Verse 1 – 6).

Diesen Gottesgegnern will Paulus *resolut* entgegenstreben, nämlich mit der unabdingbaren Wahrheit, *die nur vollkommen in Gott und dem Herrn Christus auffindbar ist*...

Vers 3: Folglich sind die Christen die *wahren Beschnittenen*, so Paulus (siehe abermals Galater, Kapitel 5, Verse 1 – 6!).

Der Apostel will der Gemeinde verdeutlichen, dass *die wahre Beschneidung <u>nicht</u> die äußerliche, körperliche Beschneidung* darstellt, <u>sondern</u> *diese zeigt sich erkenntlich als eine* **im Herzen und Geist** (Römer, Kapitel 2, Vers 29b) *vollbrachte. Es ist daher jene Beschneidung, welche einzig und allein von dem* **Glauben an Jesus Christus** *geprägt ist,* **der durch die Liebe der neuen Schöpfung wirksam ist** (Galater, Kapitel 1, Vers 6b + Kapitel 6, Vers 15b).

So dienen wir fortan **dem Ruhm des Herrn und Erlösers Jesus Christus im Geist Gottes und vertrauen nicht auf das Fleisch** (Philipper, Kapitel 3, Vers 3b).

Folglich ist das **Fleisch** ein Anzeichen der Vergänglichkeit.

So heißt es im Buch des Propheten Jesaja in Kapitel 40, in den Versen 6b, 7 + 8:

*„**Alles Fleisch ist Gras und alle seine Anmut wie die Blume des Feldes.** Das Gras wird dürr, die Blume fällt ab; denn der Hauch des HERRN hat sie angeweht. Wahrhaftig, das Volk ist Gras! Das Gras ist verdorrt, die Blume ist abgefallen; aber das Wort unseres Gottes bleibt in Ewigkeit!"*

Wenn daher der Mensch nach dem Fleisch lebt und auf dieses „sündenumwobene Weltgeschehen" *vertraut*, so begibt sich dieser *in irdische Vergänglichkeit.* Diese jedoch endet mit dem dahinschwindenden Tod, ohne jegliche Hoffnung.

Denn das Trachten des Fleische ist Tod – bekennt Paulus in seinem Brief an die Römer in Kapitel 8, Vers 6a.

Der Mensch begeht *einen massiven Fehler, denn er vertraut auf das irdisch-vergängliche Fleisch – und dies bedeutet unwillkürlich* **Feindschaft gegen Gott** (Römer, Kapitel 8, Vers 7a) – anstelle auf seinen Schöpfer, den allmächtigen Gott *zu vertrauen, der uns den Herrn Jesus Christus sandte, ja, sich in Ihm verwirklichte, um uns eben durch diesen Erlöser eine auf immer währende Freiheit zu offenbaren, welche uns* **den Geist** *im Glauben* **sät***, um anhand mit diesem über allem stehenden Offenbarungsgeschenk des Höchsten* **ewiges Leben zu ernten** (Galater, Kapitel 6, Vers 8b).

Doch sich *in dem Herrn Christus Jesus zu rühmen* (Philipper, Kapitel 3, Vers 3b) bedeutet, *die Freude im Herrn* zu erkennen:

Dass Gott in dem gnadenreichen Kreuzestod des Herrn Jesus Christus uns Sündern Ewiges Leben offenbart hat. In dem Heiland werden wir durch die Selbstverwirklichung Gottes in Jesus Christus *freigesprochen.*

Ja, ***der Tod wurde verschlungen in den Sieg, den uns Jesus Christus offenbart hat*** (1.Korinther, Kapitel 15, Verse 54c + 57).

Diese errettende Nachricht schenkt uns Gläubigen die *Freude im Glauben!*

Denn die Beschneidung *im Herzen und Geist,* (Römer, Kapitel 2, Vers 29b) als auch die darauf resultierende Beschneidung, welche *durch die Liebe der neuen Schöpfung wirksam ist* (Galater, Kapitel 1, Vers 6b + Kapitel 6, Vers 15b) definiert Paulus wie folgt in seinem Brief an die Kolosser in Kapitel 2 in den Versen 11 + 12:

In ihm **(Jesus Christus!)** *seid auch ihr beschnitten mit einer Beschneidung, die nicht von Menschenhand geschehen ist, durch das Ablegen des fleischlichen Leibes der Sünden, in der Beschneidung des Christus, da ihr mit ihm begraben seid in der Taufe. In ihm seid ihr auch mitauferweckt worden durch den Glauben an die Kraftwirkung Gottes, der ihn aus den Toten auferweckt hat.*

Weitere Erkennungsmerkmale der *wahren Beschneidung* sind Folgende:

Somit sind fortan die Christen *durch* den Mittler des neuen, ewigen Bundes – Jesus Christus – auf Ewigkeit Seine durch die Gnade Gottes hervorgerufenen Kinder in der Obhut des allmächtigen Gottes. Daraufhin lässt uns der Brief an die Hebräer Folgendes wissen:

Darum ist er **(Jesus Christus!)** *auch der Mittler eines neuen Bundes,* **(den Loskauf des sündigen Menschen durch das stellvertretend vergossene Blut Jesu Christi** / Quelle: Schlachter – Bibel 2000) *damit – da sein Tod geschehen ist zur Erlösung von dem unter dem ersten Bund begangenen*

Übertretungen – die Berufenen das verheißene ewige Erbe empfangen (Hebräer, Kapitel 9, Vers 15).

Der Apostel Paulus will der Gemeinde in Philippi eindeutig zu verstehen geben, dass die Beschneidung *nicht nur* auf einer „unscheinbaren Überlieferung" basiert, *sondern* diese fordert das Einhalten *des ganzen Gesetzes* (Galater, Kapitel 5, Vers 3b) – *und leitet demzufolge den Menschen zur* **Feindschaft gegen Gott** (Römer, Kapitel 8, Vers 7a).

Die Beschneidung *im Herzen und Geist* (Römer, Kapitel 2, Vers 29b) jedoch, welche *durch die Liebe der neuen Schöpfung wirksam ist*, (Galater, Kapitel 1, Vers 6b + Kapitel 6, Vers 15b) *führt durch Gottes Selbstverwirklichung in Jesus Christus und des Menschen Glaube an den Heiland zum Ewigen Leben* in das Reich der Himmel, *dem* stets angestrebten Heimathafen christlicher Sehnsucht.

Vers 4: Der Apostel kommt erneut auf das bereits in Philipper, Kapitel 3, Vers 3 (siehe Auslegung!) von ihm in Betracht gezogene *Fleisch* zu sprechen, welchem der Mensch *kein Vertrauen schenken soll*. Paulus aber leitet anhand einer dem *Fleisch* betreffenden, ja, einer überaus adäquaten Beweisführung, welche sich *auf seine eigene Person* bezieht, die Gemeinde der Philipper zu einer weiteren „Täuschung", welche durch das *Fleisch hervorgerufen wird*.

Ist das *Fleisch* einerseits als ein *irdisch-vergängliches Anzeichen zu verstehen*, wenn der Mensch sein Vertrauen auf das

Fleisch setzt, welches ihm die *Feindschaft gegen Gott* (Römer, Kapitel 8, Vers 7a / siehe erneut Auslegung zu Philipper, Kapitel 3, Vers 3!) offen darlegt, so kann das *Fleisch* andererseits wiederum als ein Anzeichen betrachtet werden, welches *auf die sichtbaren Prioritäten und folglich auf die Handlungen der Menschen ausgerichtet ist.*

Baut der Mensch nun sein Leben auf die Vergänglichkeit des Fleisches auf – oder neigt er sein Vertrauen auf die Selbstverwirklichung Gottes in Jesus Christus, welches den Glauben an den Heiland bevorzugt?

Diese Betrachtungen können damit nur wie folgt unterschieden werden:

Einerseits die sichtbare, auf das Werk der Menschen zu erachtende, vergängliche Basis, andererseits sich auf die Werke Gottes in Jesus Christus beziehende, immerwährende Basis, welche man nicht sieht, die jedoch durch den Glauben im Heiligen Geist einen festen, zuversichtlichen Bestand hat.

Folglich kann man den Glauben als solchen definieren, wie ihn uns der Brief an die Hebräer offen darlegt:

Es ist aber der Glaube eine feste Zuversicht auf das, was man hofft, eine Überzeugung von Tatsachen, die man nicht sieht (Hebräer, Kapitel 11, Vers 1).

Paulus beginnt nun, in der „Ich-Form" *seine persönliche Bertoffenheit* zu schildern, (= jene Betroffenheit des Apostels Paulus, welche ihn *bis* zu seiner Durchreise nach Damaskus *ergriffen hat* / siehe die Apostelgeschichte des Lukas, Kapitel 9! / – als ihm dort *ein Licht vom Himmel umstrahlte* / die Apostelgeschichte des Lukas, Kapitel 9, Vers 3b – und dem Apostel *seine Bekehrung* von dem Herrn Jesus Christus für sein apostolisches Amt offenbart wurde!) die er der Gemeinde der Philipper wie folgt *im Vergleich, ja – in nahezu identischer Handlungsweise, wie es die Irrlehrer ebenfalls in Selbsttäuschung praktizieren* – offen darlegt.

Jene *ehemalige* Betroffenheit des Paulus (siehe noch folgende Auslegung unter Philipper, Kapitel 3, Verse 4 – 6 im Vergleich mit des Heilands dem Apostel zugute dienenden Bekehrung unter Philipper, Kapitel 3, Verse 7 – 14 / Auslegung folgt!) – *weist uns zugleich die von Schwachheit umgebenen Selbsttäuschungen unverblümt auf, welche sich durch eine auf das Fleisch vertrauende Basis unwillkürlich erkenntlich zeigen – im Vergleich auf den unverzagten Glauben des Apostels Paulus an den Erlöser Jesus Christus im Heiligen Geist:*

Paulus beginnt mit der auf seine eigene Person bezugnehmende Betroffenheit, indem der Apostel einen Vergleich zu den Irrlehren zieht, der da lautet:

Obwohl ich mein Vertrauen auf Fleisch setzen könnte (Philipper, Kapitel 3, Vers 4a) kann man auf *zweierlei Hinsicht* in Betracht ziehen.

Sprich: einerseits lässt des Paulus` *jetziges Vertrauen* zwar aufgrund seines stets im Glauben ruhenden Gewissheit „fleischliche Betrachtungen als humanitäre Handlungen" bestehen, *vereint sie aber keinesfalls* mit den durch den Heiligen Geist in seinem Herzen sich ersichtlich zeigenden Weisungen

Gottes im Herrn Jesus Christus, auf welche sich Paulus *immerdar bezieht.*

Daher trennt er beide Perspektiven vehement voneinander und entscheidet sich stets auf die im Glauben an Gott und Christus zum Leben basierenden Beweisführungen unter der Leitung des in seinem Herzen wirkenden Heiligen Geistes.

Andererseits die *vor seiner Bekehrung in seinem Herzen ruhende Einstellung,* welche er – bezogen auf diesen 4.Vers im 3.Kapitel des Philipperbriefes letztlich ausdrücken will. Nämlich:

Den Vergleich seiner eigenen, *damaligen Lebenseinstellung* mit jener der Irrlehrer:

Wenn ein anderer meint, er könne auf Fleisch vertrauen, ich viel mehr (Philipper, Kapitel 3, Vers 4b), so Paulus – sprich:

Wenn ein anderer Mensch auf das vertraut, was er aufgrund seiner eigenen Identität vorweisen kann, (des „Ruhmes" ihrer Beschneidung, ihrer israelitischen Abstammung usw.) *so kann ich* (Paulus!) *meine eigene Darstellung noch um einiges exakter und brisanter zum Vorschein bringen* – sprich:

Da sich viele rühmen nach dem Fleisch, will auch ich mich rühmen (2.Korinther, Kapitel 11, Vers 18).

Vers 5: Paulus beginnt nun mit der Auflistung seines persönlichen Lebensverzeichnisses:

Folglich ist auch er *am achten Tag beschnitten* (Philipper, Kapitel 3, Vers 5) worden, wie es das Gesetz wie folgt erforderte, *denn in dem Bund Gottes mit Abraham, der die Beschneidung fordert* steht geschrieben:

Und ihr sollt am Fleisch eurer Vorhaut beschnitten werden. Das soll ein Zeichen des Bundes sein zwischen mir (Gott!) *und euch* (die Hebräer / Israeliten!)*. Jedes Männliche von euren Nachkommen soll bei euch beschnitten werden, wenn es acht Tage alt ist, sei es im Haus geboren oder um Geld erkauft von irgendwelchen Fremden, die nicht von deinem Samen sind* (1.Mose, Kapitel 17, Verse 11 + 12).

Paulus will uns mit dieser seiner Aussage zu erkennen geben, dass er *von Geburt an*[*1] zu Gottes auserwähltem Volk gehört.

Im 5.Buch Mose, Kapitel 7, Verse 6 – 8 steht geschrieben:

Denn ein heiliges Volk bist du für den HERRN, deinen Gott; dich hat der HERR, dein Gott, aus allen Völkern erwählt, die auf Erden sind, damit du ein Volk des Eigentums für ihn seist. Nicht deshalb, weil ihr zahlreicher wärt als alle Völker, hat der HERR sein Herz euch zugewandt und euch erwählt – denn ihr seid das geringste unter allen Völkern –, sondern weil der HERR euch liebte und weil er den Eid halten wollte, den er euren Vätern geschworen hatte, darum hat der HERR euch mit starker Hand herausgeführt und dich erlöst aus dem Haus der Knechtschaft, aus der Hand des Pharao, des Königs von Ägypten.

*... aus dem Geschlecht Israel, vom Stamm Benjamin, *1ein Hebräer von Hebräern* (Philipper, Kapitel 3, Vers 5) sprich:

Paulus bekennt seine jüdische Abstammung in seinem Brief an die Römer in Kapitel 11, Vers 1b wie folgt:

Denn auch ich bin ein Israelit, aus dem Samen Abrahams, aus dem Stamm Benjamin.

... im Hinblick auf das Gesetz ein Pharisäer (Philipper, Kapitel 3, Vers 5), sprich:

Ich (Paulus!) bin ein Pharisäer und der Sohn eines Pharisäers – ich bin ein jüdischer Mann, geboren in Tarsus in Cilicien, aber erzogen in dieser Stadt, zu den Füßen Gamaliels, (des Paulus` pharisäischer Lehrer!) unterwiesen in der gewissenhaften Einhaltung des Gesetzes der Väter, und ich war ein Eiferer für Gott (die Apostelgeschichte des Lukas, Kapitel 23, Vers 6c + Kapitel 22, Vers 3).

Des Apostels Paulus` Aussage bekräftigt seine von ihm erworbene Zielrichtung als *Pharisäer*, welche eine religiöse Auffassung im Judentum im Glauben aufnahmen. Sprich: diese Sparte der *Pharisäer ist in ihrem Glauben besonders gekennzeichnet von ihren religiösen Zielsetzungen, sprich – sie rechtfertigen energisch die überaus genau einzuhaltende Dienstbereitwilligkeit gegenüber der Tora.*

Vers 6: Aufgrund des Apostels Dienstbereitwilligkeit gegenüber der *Tora* bezeichnet sich Paulus nunmehr *selbst (im Hinblick auf den Eifer* / Philipper, Kapitel 3, Vers 6a) *als ein Verfolger der Gemeinde* (Philipper, Kapitel 3, Vers 6a) Jesu Christi.

Damit bestätigt er seinen damalig an ihm haftenden, schwerwiegenden Fehler, nicht nur die Gemeinde des Christus verfolgt zu haben, sondern auch den Herrn Jesus Christus selbst in seine Verfolgung mit eingeschlossen zu haben.

Paulus will der Gemeinde der Philipper zu verstehen geben, dass sein damaliger Eifer als **Pharisäer** ebenfalls diejenigen *abtrünnigen Israeliten bekämpfte*, welche sich *nicht* den Ansichten der **Pharisäer** *unterwarfen*.

Jedoch **im Hinblick auf die Gerechtigkeit im Gesetz** konnte sich Paulus als **untadelig** (Philipper, Kapitel 3, Vers 6b) bezeichnen. In der Tat, im Hinblick auf die „pharisäische Lehre" jedoch waren seine Handlungsweisen gegenüber den abtrünnigen Israeliten, als auch gegenüber der, der Christen durchaus als **untadelig** – sprich: *„als ohne Fehl und Tadel einzustufen"*.

Damals, noch *vor* seiner Bekehrung war sich der Apostel sicher, dass er das Gesetz mit seinen abtrünnigen Handhabungen „erfüllen würde", doch seit seiner Bekehrung durch den Herrn Jesus Christus (siehe abermals die Apostelgeschichte des Lukas, Kapitel 9!) <u>verlässt er den Gesetzesweg nicht aufgrund seiner unerfüllbaren Gesetze, sondern weil Paulus durch die Kraftwirkung des Heiligen Geist Gottes im Herrn Jesus Christus erkannt hat, dass die pharisäischen Eigenschaften sich gegen Gott in dem Herrn Jesus Christus aufbäumen und diese rundweg falsch sind.</u>

So schreibt Paulus in seinem Brief an die Galater:

Denn ihr habt von meinem ehemaligen Wandel im Judentum gehört, dass ich die Gemeinde Gottes über die Maßen verfolgte und sie zerstörte und im Judentum viele meiner Altersgenossen in meinem Geschlecht übertraf durch übermäßigen Eifer für die Überlieferungen meiner Väter. Als es aber Gott, der mich von Mutterleib an ausgesondert und durch seine Gnade berufen hat, wohlgefiel, seinen Sohn in mir zu offenbaren, damit ich ihn durch das Evangelium unter den Heiden verkündigte, ging ich sogleich mit Fleisch und Blut zurate... (Galater, Kapitel 1, Verse 13 – 16).

In der Tat – Paulus hat aufgrund seiner Bekehrung durch den Heiland Jesus Christus erstmals erfahren, dass der von ihm *einst* angestrebte Gesetzesweg *niemals das Heil eines Menschen erfüllen kann,* **weil aus Werken des Gesetzes kein Fleisch vor ihm (Gott!)** *gerechtfertigt werden kann; denn durch das Gesetz kommt Erkenntnis der Sünde* (Römer, Kapitel 3, Vers 20).

Denn der Gesetzesweg strebt *allein auf das vergängliche Vertrauen des Fleisches zum Selbstruhm, anstatt auf die barmherzige Gnadentat Gottes in dem Herrn Jesus Christus vollends zu vertrauen,* welche durch des Herrn Jesus Christus` Sündenvergebung am Kreuz von Golgatha *Ewiges Leben in den himmlischen Regionen denen gewährleistet,* **die seine (des Christus!) Erscheinung lieb gewonnen haben** (2.Timotheus, Kapitel 4, Vers 8e).

Vers 7: Des Apostels damals geachteter Gewinn aufgrund der fleischlichen, humanitären Vorzüge als ein Pharisäer jedoch sieht Paulus *seit seiner Bekehrung als vollkommen nichtig an.* Hier „weitet" er die bereits von ihm benannten Aussagen des 3. Verses dieses 3. Kapitels aus (siehe Auslegung!). Denn das, was der Mensch aufgrund eigener Tätigkeit aufweisen kann, ist für ihn nunmehr aus christlicher Sicht *schlicht unerfüllbar, ja, ganz und gar aussichtlos und daher absolut unvorstellbar.*

Das Gleichnis unseres Herrn Jesus Christus *vom Schatz im Acker und von der kostbaren Perle* (Matthäus, Kapitel 13, Verse 44 – 46) wird uns an dieser Stelle den wahren Sinn Seiner unantastbaren Herrlichkeit nochmals verdeutlichen – und den überaus bedeutenden Unterschied zwischen den vergänglich-menschlichen und den von Christus offenbarten, niemals vergehenden und daher auf Ewigkeit bleibenden Vorzügen wie folgt herauskristallisieren:

Wiederum gleicht das Reich der Himmel einem verborgenem Schatz im Acker, den ein Mensch fand und verbarg. Und vor Freude darüber geht er hin und verkauft alles, was er hat, und kauft jenen Acker. Wiederum gleicht das Reich der Himmel einem Kaufmann, der schöne Perlen suchte. Als er eine kostbare Perle fand, ging er hin, verkaufte alles, was er hatte, und kaufte sie.

Auch der Glaubensweg des Mose (Hebräer, Kapitel 11, Verse 23 – 31) schenkt uns einen weiteren, gewichtigen Unterschied zwischen fleischlichem, vorübergehendem und vergänglichem Besitz und des im Herzen sich befindenden Glaubens, der im Gegensatz zum flüchtigen Gewinn *durch* Gottes barmherzige Gnade in Jesus Christus zum Ewigen Leben führt:

Durch Glauben wurde Mose nach seiner Geburt von seinen Eltern drei Monate lang verborgen gehalten, weil sie sahen, dass er ein schönes Kind war; und sie fürchteten das Gebot des Königs nicht. Durch Glauben weigerte sich Mose, als er groß geworden war, ein Sohn der Tochter des Pharao zu heißen. Er zog es vor, mit dem Volk Gottes Bedrängnis zu erleiden, anstatt den vergänglichen Genuss der Sünde zu haben, da er die Schmach des Christus für größeren Reichtum hielt als die Schätze, die in Ägypten waren; denn er sah die Belohnung an. Durch Glauben verließ er Ägypten, ohne die Wut des Königs zu fürchten; denn er hielt sich an den Unsichtbaren, (Gott! – *denn Gott ist Geist* / Johannes, Kapitel 4, Vers 24a!) *als sähe er ihn. Durch Glauben hat er das Passah durchgeführt und das Besprengen mit Blut, damit der Verderber ihre Erstgeborenen* (denn Gott spricht: *Alle Erstgeburt gehört mir, ich habe alle Erstgeburt in Israel geheiligt* / 4.Mose, Kapitel 3, Vers 13!) *nicht antaste. Durch Glauben gingen sie durch das Rote Meer wie durch das Trockene, während die Ägypter ertranken, als sie das versuchten. Durch Glauben fielen die Mauern von Jericho, nach dem sie sieben Tage umzogen worden waren. Durch Glauben ging Rahab, die Hure, nicht verloren mit den Ungläubigen, weil sie die Kundschafter mit Frieden aufgenommen hatte.*

So hat auch der Apostel Paulus *einen verborgenen Schatz im Acker gefunden* (Matthäus, Kapitel 13, Verse 44 – 46) – in der Tat, durch das ihm *umgebene Licht des Christus* (die Apostelgeschichte des Lukas, Kapitel 9, Vers 3b) hat er den *unver-*

gänglichen, auf immer währenden Heilbereich der Herrlichkeit Jesu Christi erlangt, der ihm den alles bedeutenden Unterschied zwischen fleischlichem Vergehen jeglicher Art und des Heilands ` unantastbarer Herrlichkeit mehr als nur deutlich aufwies. Für Jesus Christus <u>alles irdische</u> ad acta zu legen, bedeutete fortan für den Apostel <u>jeglichen</u> irdischen Ruhm und Besitz, als auch sein „pharisäischen Wissen" *um des Christus willen für Schaden zu erachten* (Philipper, Kapitel 3, Vers 7b), um anhand des allen übertreffenden Reichtums des Herrn Jesus Christus beständig als dessen gewissenhafter, apostolischer Diener *durch Glauben im Heiligen Geist nachzufolgen.*

Folglich hat nun auch Paulus jegliche Arten von *Bedrängnissen* (Hebräer, Kapitel 11, Vers 25a / in Bezug auf die Person des Apostels Paulus siehe 2.Korinther, Kapitel 11, Verse 23 – 33 / wie z.B.: *über die Maßen viele Schläge, in etlichen Gefängnisaufenthalten, in Todesgefahren* usw.) *als das auserwählte Werkzeug Jesu Christi* auf sich genommen, *um des Christus Namen vor Heiden und Könige und vor die Kinder Israels zu tragen* (die Apostelgeschichte des Lukas, Kapitel 9, Vers 15b) – der für Paulus von Christus auserwählten Aufgabe als des Heilands` Gesandter.

Vers 8: Die von Paulus erwähnten Worte des soeben ausgelegten 7. Verses werden nun im 8.Vers noch einmal von ihm vertieft.

Seinen ehemaligen, fleischlichen „Gewinn" – ja – *rundum alles* erachtet der Apostel fortan für einen erheblichen **Scha-**

den, (Philipper, Kapitel 3, Vers 8a) ja, *für eine abfällige, finstere Beleidigung, welche man daher als ein Kind Gottes nur mit strikter Abwendung des Verlassens gegenübertreten kann*, denn er weiß allzu genau, dass *wer Häuser oder Brüder oder Schwestern oder Vater oder Mutter oder Frau oder Kinder oder Äcker verlassen hat um meines Namens* (Christi Namen!) *willen, der wird es hundertfältig empfangen und das ewige Leben erben* (Matthäus, Kapitel 19, Vers 29).

Was hatte des Paulus` ehemaliges, sündiges und daher fleischliches Wirken mit dem jetzigen, durch des Christus geprägten, wahrhaftigen, ihm zuteilwerdenden Ausblickes bedingt durch des Heilands` Herrlichkeit gemeinsam?

Nichts – restlos gar nichts. Alles Vorherige war **nichtig und ein Haschen nach dem Wind**; (der Prediger Salomo, Kapitel 1, Vers 14b) *ohne Maß, Ziel und bleibenden Bestand*. Kurzum, wie es Paulus ausdrückt war dies alles nur vergänglicher **Dreck**, (Philipper, Kapitel 3, Vers 8c) *ja – ausgeschiedener Kot* – ein von Vergänglichkeit nicht weiter zu „übertreffendes Abscheidungsritual".

Alles aber, was *einen bleibenden, immerwährenden Bestand hat,* ist einzig und allein in dem Herrn Jesus Christus auf Ewigkeit auffindbar, so Paulus. In der Tat, dies ist die **Erkenntnis Christi Jesu, meines Herrn, um dessentwillen ich alles eingebüßt habe, damit ich Christus gewinne** (Philipper, Kapitel 3, Vers 8b + c). Es ist daher eine **Einsicht des Erkennens** (Jeremia, Kapitel 9, Vers 23b) – ja, noch viel mehr – denn:

Das ist aber das ewige Leben, – spricht Jesus Christus im Evangelium des Johannes in Kapitel 17, Vers 3 – *dass sie dich, den allein wahren Gott, und den du gesandt hast, Jesus Christus, erkennen.*

Erkennen, das Alte rundum flüchtig Entschwindende *vollends abgeschoben zu haben,* bedeutet nunmehr so Paulus, *eine innige Beziehung eingegangen zu sein in brüderlicher, ineinander verschmelzender, gemeinschaftlicher Verbindung zu dem, der* **Gerechtigkeit, Friede und Freude im Heiligen Geist** (Römer, Kapitel 14, Vers 17b) *durch den Glauben an Ihn vollends gewährleistet: Jesus Christus.*

Es ist ein Gewinn in Christus, weil wir von Ihm gefunden wurden, so Paulus; denn der Herr Jesus Christus spricht:

Nicht ihr habt mich erwählt, sondern ich habe euch erwählt und euch dazu bestimmt, dass ihr hingeht und Frucht bringt und eure Frucht bleibt, damit der Vater euch gibt, was auch immer ihr ihn bitten werdet in meinem Namen (Johannes, Kapitel 15, Vers 16).

Daher ist die Erkenntnis Gottes in dem Herrn Jesus Christus umwoben von *einer durch Gott in Christus hervorgerufenen Bestimmung* **seit Grundlegung der Welt**, (Matthäus, Kapitel 25, Vers 34 d) welche den Beschenkten im Heiligen Geist offenbart, *dass dieser in Christus den an ihm vollbrachten Vorgang Gottes im Heiland durch selbstständiges Verstehen und Begreifen im Geist Gottes erkennt,* dass bedingt durch Christi Selbstaufopferung am Kreuz von Golgatha des Heiland`s Tod und die durch Gott an Ihm erwirkte Auferstehung *für den Be-*

schenkten aufgrund seines Glaubens selbst geschehen ist, und er sich daraufhin durch die grenzenlose Barmherzigkeit Gottes als ein Teilhaber in den himmlischen Regionen, dem rundum behüteten Heimathafen der ewigen Liebe Gottes und Jesu Christi betrachten kann.

Vers 9: So sind wir nun, fährt Paulus in Vers 9 fort, *in ihm* **(Jesus Christus!)** *erfunden worden.*

Dies ist jedoch daraufhin zurückzuführen, dass *meine eigene* **Gerechtigkeit nicht aus dem Gesetz kommt**, (Philipper, Kapitel 3, Vers 9b) sondern diese wird ausschließlich *durch den* **Glauben an Christus** (Philipper, Kapitel 3, Vers 9c) erlangt. Daher ist *die Gerechtigkeit aus Gott, weil wir glauben* (Philipper, Kapitel 3, Vers 9d), so Paulus – sprich:

Die eigene Gerechtigkeit entspringt *nicht* aus dem Gesetz, **denn Christus ist das Ende des Gesetzes** (Römer, Kapitel 10, Vers 4a) *sondern* **weil Gott die Menschen so sehr liebte, sodass er Seinen eigenen Sohn für uns dahingab**, (Johannes, Kapitel 3, Vers 16a) um uns durch unseren von Herzen kommenden Glauben an Jesus Christus, ja, durch den Glauben an des Heilands` Tod und Auferstehung – des Herrn Jesus` Erlösungswerk im Auftrag des allmächtigen Gottes – die Glaubenden in die Herrlichkeit Seiner selbst zu leiten.

So schreibt Paulus in seinem Römerbrief:

***Denn wenn du mit deinem Mund Jesus als den Herrn bekennst und in deinem Herzen glaubst, dass Gott ihn aus den Toten auferweckt hat, so wirst du gerettet. Denn mit dem Herzen glaubt man, um gerecht zu werden, und mit dem Mund bekennt man, um gerettet zu werden; denn die Schrift spricht:* *„*Jeder, der an ihn glaubt, wird nicht zuschanden werden!*"** (Römer, Kapitel 10, Verse 9 – 11 / *Jesaja, Kapitel 28, Vers 16b).

Daher mahnt der Apostel Johannes:

Und nun, Kinder, bleibt in ihm **(Jesus Christus!)** ***damit wir Freimütigkeit haben, wenn er erscheint, und uns nicht schämen müssen vor ihm bei seiner Wiederkunft*** (1.Johannes, Kapitel 2, Vers 28).

Folglich ist die *eigene Gerechtigkeit,* so Paulus, „eine stets auf das eigene Fleisch vertrauende, rundum nichtige Gerechtigkeit", welche sich *in jeder Hinsicht vehement* von der *wahren Gerechtigkeit* Gottes durch den Glauben an den Herrn und Erlöser Jesus Christus wie folgt *unterscheidet:*

Die Gerechtigkeit aus Gott aufgrund des Glaubens (Philipper, Kapitel 3, Vers 9d) *aber entsteht, wächst, gedeiht und wird* vom Allmächtigen *in* Jesus Christus aufgrund der unverzagten Glaubensgewissheit *gefördert,* damit **der Gerechte aus Glauben leben wird** (Römer, Kapitel 1, Vers 17b / Habakuk, Kapitel 2, Vers 4b) *sodass der Name des Gläubigen* **im Buch des Lebens** (die Offenbarung des Johannes, Kapitel 17, Vers 8c) *aufgenommen wird.*

Dies ist das Lebensziel eines jeden Christen, dass Gott ihn aufgrund seines tiefgründigen Glaubens an Jesus Christus *als gerecht anerkennt*. *In diesem Urteil verbirgt sich die ganze Heiloffenbarung des allmächtigen Gottes in dem Herrn Jesus Christus*. Daher ist die Gerechtigkeit als Gottes barmherziges Gnadengeschenk zu betrachten, welches wahres und zugleich Ewiges Leben durch den Glauben an den Heiland schenkt. *Der einst von Gott Entfernte ist nun nicht mehr länger ein Kind der Finsternis, sondern ein Kind Gottes im immerwährenden Lichtglanz des Herrn und Erlösers Jesus Christus.*

Fortan können alle Beschenkten voller Freude im Herrn Jesus Christus von ganzem Herzen bekennen:

„**Der HERR ist unsere Gerechtigkeit**" (Jeremia, Kapitel 23, Vers 6b).

Vers 10: So haben fortan *alle Gläubigen* **durch den Glauben an Christus die Gerechtigkeit aus Gott aufgrund des Glaubens** (Philipper, Kapitel 3, Vers 9c + d / siehe Auslegung!) erlangt, so Paulus – und folglich sind sie nunmehr von Gott aufgrund ihres Glaubens erfolgreiche Teilnehmer – und daher die von Gott Auserwählten, die nunmehr Jesus Christus anhand ihres Glaubens erkennen, um mit dem Heiland bezüglich *dank der Kraft Seiner Auferstehung im Tod gleichförmig*, sprich:

gleichgestaltet (Quelle: Schlachter-Bibel 2000!) zu werden, weil die Glaubenden *in brüderlicher Gemeinsamkeit* (**die Ge-**

meinschaft seiner Leiden) Anteilnehmer an des Christus` Leiden sind (Philipper, Kapitel 3, Vers 10).

Der Apostel spricht an dieser *Stelle die innere Verbundenheit, ja – die innige, durch den Glauben von Gott geprägte Beziehung zu dem Herrn Jesus Christus im Heiligen Geist an.* Diesbezüglich ist es einzig und allein *die Kraft seiner Auferstehung und die Gemeinschaft seiner Leiden, indem ich seinem Tod gleichförmig werde, um ihn zu erkennen*, so Paulus in Philipper, Kapitel 3, Vers 10.

Daher tragen wir, so Paulus – *allezeit das Sterben des Herrn Jesus am Leib umher, damit auch das Leben Jesu an unserem Leib offenbart wird* (2.Korinther, Kapitel 4, Vers 10).

Folglich sind wir – fährt der Apostel fort – *also mit ihm begraben worden durch die Taufe in den Tod, damit, gleichwie Christus durch die Herrlichkeit des Vaters aus den Toten auferweckt worden ist, so auch wir in einem neuen Leben wandeln. Also auch ihr: Haltet euch selbst dafür, dass ihr für die Sünde tot seid, aber für Gott lebt in Christus Jesus, unserem Herrn!* (Römer, Kapitel 6, Verse 4 + 11).

Es ist jenes an den Gläubigen vollbrachte Wirken Gottes im Herrn Jesus Christus – so Paulus in seinem Brief an die Epheser in Kapitel 1 in den Versen 19 + 20 – *was auch die überwältigende Größe seiner Kraftwirkung an uns ist, die wir glauben, gemäß der Wirksamkeit der Macht seiner Stärke. Die hat er wirksam werden lassen in dem Christus, als er ihn aus den*

Toten auferweckte und ihn zu seiner Rechten setzte in den himmlischen (Regionen).

Der Apostel Petrus verfasst diese von Gott in Christus an den Glaubenden vollbrachte Gleichgestaltung wie folgt:

Dann **(bei der Wiederkunft des Herrn Jesus!)** *werdet ihr euch jubelnd freuen, die ihr jetzt eine kurze Zeit,* **(das jetzige Dasein im Leiden – im Vergleich zum Ewigen Leben –** *wenn Gott alle Tränen von ihren Augen abwischen wird* / die Offenbarung des Johannes, Kapitel 21, Vers 4a!**)** *wenn es sein muss, traurig seid in mancherlei Anfechtung, damit die Bewährung eures Glaubens (der viel kostbarer ist als das vergängliche Gold, das doch durchs Feuer erprobt wird) Lob, Ehre und Herrlichkeit zur Folge habe bei der Offenbarung* **(bei der Wiederkunft!)** *Jesu Christi* (1.Petrus, Kapitel 1, Verse 6 + 7).

So können wir des Apostels Paulus` Leiden in seinem Brief an die Kolosser in Kapitel 1 in Vers 24 in Erfahrung bringen, wenn er schreibt:

Jetzt freue ich mich in meinem Leiden,[*1] *(die ich) um euretwillen (erleide), und ich erfülle meinerseits in meinem Fleisch, was noch an Bedrängnissen des Christus aussteht, um seines Leibes willen, welcher die Gemeinde ist.*

[*1] Folglich sind des Apostels Paulus` Leiden für ihn wie folgt zu begründen:

Und er (Jesus Christus!) *hat zu mir gesagt: Lass dir an meiner Gnade genügen, denn meine Kraft wird in der Schwachheit vollkommen! Darum will ich mich am liebsten vielmehr meiner Schwachheit rühmen, damit die Kraft des Christus bei mir wohne. Darum habe ich Wohlgefallen an Schwachheiten, an Misshandlungen, an Nöten, an Verfolgungen, an Ängsten um des Christus willen; denn wenn ich schwach bin, dann bin ich stark* (2.Korinther, Kapitel 12, Verse 9 + 10).

Paulus will der Gemeinde in Philippi zu erkennen geben, *dass die von Gott in dem Herrn Jesus Christus erwirkte Gleichgestaltung Seines Sohnes* – sprich – **die Kraft seiner Auferstehung und die Gemeinschaft seiner Leiden** <u>erst dann wirksam wird</u>**, wenn ich (jeder Glaubende!) seinem Tod gleichförmig** = gleichgestaltet **werde** (Philipper, Kapitel 3, Vers 10).

Daher spricht unser Herr Jesus Christus im Evangelium des Johannes folgende Worte:

Wahrlich, wahrlich, ich sage euch: Wenn das Weizenkorn nicht in die Erde fällt und stirbt, so bleibt es allein; wenn es aber stirbt, so bringt es viel Frucht (Johannes, Kapitel 12, Vers 24).

Die Teilnahme an der Verherrlichung des Heilands Jesus Christus *wird erst dann vollends die von Gott bestimmte, an den Gläubigen vollbrachte Wirkung erzielen, wenn das Weizenkorn stirbt.* Zwar *bleibt* das Weizenkorn – wenn es noch auf der Tenne liegt *erhalten* - aber es muss in die Erde *fallen – und sterben.* Ja, *es muss sich in der Erde zum Korn* (<u>erst dann</u> in der Wirkung des Gläubigen Todes *wirksam wird!*) *entfalten, um in einem von Gott stets gewollten Entwicklungsprozess in einem neuen, Christus` gleichgestalteten Dasein erneut aufleben zu können* (*um dass ich seinem Tod gleichförmig werde* / Philipper, Kapitel 3, Vers 10b).

*Darum ist auch **das Sterben** – so Paulus –für ihn **ein Gewinn*** (Philipper, Kapitel 1, Vers 21b / siehe Auslegung!).

So wird nun deutlich, dass das „in Kraft tretende Verwirklichungsgeschehen Gottes in Jesus Christus" *erst mit dem Tod der Glaubenden rundum verwirklicht und auch wirksam wird.* Folglich treffen *die **Kraft seiner*** **(des Christus`!) *Auferstehung**, als auch **die Gemeinschaft seiner Leiden*** *mit dem gemeinsamen Tod Christi und das Sterben der an Ihn Glaubenden in verschmelzender Harmonie zueinander* – sprich:

Der stets uns zugedachte, barmherzige Wille Gottes erhält erst im Tod seine vollendete, den Gläubigen vom Höchsten gegebene, heilsame und zugleich ewige Wirksamkeit.

Vers 11: Diese sich aus dem 10.Vers des gleichnamigen Kapitels sich „verwirklichenden Glaubensoffenbarungen der Gläubigen an den Herrn Jesus Christus" vollenden sich aber *erst bei des Herrn Jesus Wiederkunft* – ***damit ich***, so Paulus – ***zur Auferstehung aus den Toten gelange***.

In der Tat, **wir haben die Erstlingsgabe des Geistes, (aufgrund unseres Glaubens!)** *auch wir erwarten seufzend die*

Sohnesstellung, die Erlösung unseres Leibes, so Paulus in seinem Brief an die Römer in Kapitel 8, Vers 23b.

Auch in der Offenbarung des Johannes heißt es in Kapitel 20, Vers 6a + b:

Glückselig und heilig ist, wer Anteil hat an der ersten Auferstehung! Über diese hat der zweite Tod keine Macht.

Der Apostel Paulus will den Philippern verdeutlichen, dass wir zwar *jetzt* an des Herrn Jesus Christus` Leiden *Anteil an Seinem Tod haben, jedoch bleibt die endgültige Anteilnahme bis zu der Auferstehung aus den Toten – und daher noch bis zu des Herrn Jesus` Wiederkunft aus.*

Die endgültige, von Gott gewollte, sich an uns offenbarende Absicht des Herrn Jesus Christus *wird erst dann vollkommen mit der unverzagten Hoffnung in Kraft treten, bzw. von Gott rundum gewährleistet sein, wenn sich die Auferstehung der Toten bei des Herrn Jesus` Wiederkunft verwirklicht.*

Wir Glaubenden sind – so der Apostel Paulus – *bereits im Hier und Jetzt durch den Tod des Heilands in Ihm von Gott auserkoren worden, jedoch wird unser endgültiges Hoffen durch unseren Glauben bei des Herrn Jesus` Wiederkunft vollendet werden, indem wir* **seinem Tod gleichförmig werden** (Philipper, Kapitel 3, Vers 10b).

Paulus will der Gemeinde in Philippi eindeutig übermitteln, *dass das an uns Vollbrachte nicht aus Eigeninitiative ge-*

schieht, sondern bedingt durch die gnadenreiche Barmherzigkeit des uns liebenden Gottes – aufgrund unseres Glaubens an Ihn und an den Herrn Jesus Christus – verwirklicht wird. Allein in und durch des Herrn Jesus Christus` Tod sind die an Ihn Glaubenden dem Heiland gleichgestaltet worden, um mit Ihm in gleichförmiger Gemeinsamkeit bei Seiner Wiederkunft auferstehen zu können.

Bewirkt wird diese Gottesgnade letztlich in Verbindung mit des Allmächtigen, uns zugutekommender Liebe in Christus in Gemeinsamkeit mit unserem vom Herzen kommenden Glauben an den Erlöser. *Folglich ist der Herr Jesus Christus gestorben, um uns mit Seinem zugute dienenden Tod Ewiges Leben im Reich der Herrlichkeit des uns liebenden Gottes zu offenbaren.*

Daher lässt uns der Apostel Paulus wissen:

Denn leben wir, so leben wir dem Herrn, und sterben wir, so sterben wir dem Herrn; ob wir nun leben oder sterben, wir gehören dem Herrn. Denn dazu ist Christus auch gestorben und auferstanden und wieder lebendig geworden, dass er sowohl über Tote als auch über Lebende Herr sei (Römer, Kapitel 14, Verse 8 + 9).

Der Evangelist Johannes drückt diese unverzagte Hoffnung der an Gott und Jesus Christus Glaubenden in seinem Evangelium wie folgt aus:

Allen aber, die ihn (**Jesus Christus!**) *aufnahmen, denen gab er das Anrecht, Kinder Gottes zu werden, denen, die an seinen Namen glauben; die nicht aus dem Blut, noch aus* *dem Willen des Fleisches, noch aus dem Willen des Mannes, sondern aus Gott* (im Heiligen Geist!) *geboren sind* (Johannes, Kapitel 1, Verse 12 + 13).

Eine nähere, noch eindeutigere Detailierung des Apostels folgt in den nun kommenden Versen 12 – 16 (siehe noch kommende Auslegung!):

Vers 12: Diese von Paulus beschriebene, zukünftig sich erkenntlich zeigende, zuversichtliche Gewissheit aus dem 11. Vers des gleichnamigen Kapitels (siehe Auslegung!) setzt sich in den folgenden Versen – wie hier im 12. Vers beginnend – wie folgt im Glauben fort:

Die nun folgenden, von Paulus verfassten Worte aber sprechen *alle Gläubigen in dem Herrn Jesus Christus* an. So schreibt er:

Nicht dass ich es schon erlangt hätte oder schon vollendet wäre; ich jage aber danach, dass ich das auch ergreife, wofür ich von Christus Jesus ergriffen worden bin (Philipper, Kapitel 3, Vers 12).

Der Apostel will mit dieser seiner Aussage die innerliche, von Herzen kommende Gewissheit des Glaubens – welche *alle* Gläubigen aufgrund ihrer verbundenen Liebe zu Jesus Christus mit der Kraftauswirkung des Heiligen Geistes in ihren Herzen tragen – den Philippern noch einmal vertiefend darlegen:

Die letzte Instanz der Offenbarung Gottes *in* dem Herrn Jesus Christus ist von den Glaubenden *noch nicht erlangt oder gar vollendet worden.* Jedoch weist die Kraft des Heiligen Geistes die Gläubigen auf ihre unentwegte Gewissheit durch den Glauben an Christus beständig darauf hin, dass sie das sich in Zukunft von Gott in Christus Offenbarende schon ergriffen haben, als wäre es bereits geschehen, bzw. als wäre dies bereits vollständig von ihnen ergriffen worden. Es ist folglich *ein Jagen nach der vom Heiligen Geist unverzagten und daher nicht durch Fremdeinwirkungen jeglicher Art beeinflussbaren Gewissheit.*

Daraufhin mahnt Paulus die Gemeinde der Thessalonicher, dessen Worte er auch den Philippern mahnend zu verstehen geben möchte:

Lasst euch nicht so schnell in eurem Verständnis erschüttern oder gar in Schrecken jagen, weder durch einen Geist noch durch ein Wort noch durch einen angeblich von uns stammenden Brief, (durch **Fremdbeeinflussungen jeglicher Art!**) *als wäre der Tag des Christus schon da. Last euch von niemand in irgendeiner Weise verführen!* (2.Thessalonicher, Kapitel 2, Vers 2 + 3a). Daher:

Kämpfe den guten Kampf des Glaubens; ergreife das ewige Leben, zu dem du auch berufen bist und worüber du das gute Bekenntnis vor vielen Zeugen abgelegt hast (1.Timotheus, Kapitel 6, Vers 12).

Aufgrund dessen ist das unerschütterliche, vom Geist der Wahrheit ummantelnde, von Gott in Jesus Christus Offenbarte wie folgt erkennbar, so Paulus:

Der Gerechten Pfad glänzt wie das Licht am Morgen, das immer heller leuchtet bis zum vollen Tag – heißt es in den Sprüchen Salomos, Kapitel 4, Vers 18 (Lutherbibel 1984).

Anhand dieser vom Heiligen Geist unterstützenden, unbeirrbaren, vom Herzen kommenden, zukünftigen Gewissheit eines jeden Gläubigen, so Paulus:

Seid ihr gekommen zu dem Berg Zion und zu der Stadt des lebendigen Gottes, dem himmlischen Jerusalem, und zu Zehntausenden von Engeln, zu der Festversammlung und zu der Gemeinde der Erstgeborenen, die im Himmel angeschrieben (im Buch des Lebens / die Offenbarung des Johannes, Kapitel 17, Vers 8c) *sind, und zu Gott, dem Richter über alle, und zu den Geistern der vollendeten Gerechten, und zu Jesus, dem Mittler des neuen Bundes, und zu dem Blut der Besprengung, das Besseres redet als (das Blut) Abels* – heißt es im Brief an die Hebräer in Kapitel 12 in den Versen 22 – 24.

Für dieses sich an uns noch in Zukunft verwirklichende Geschehen Gottes in dem Herrn Jesus Christus – für eben *dieses sich an uns zukünftig offenbarende Geschehen* – so Paulus, *jage ich nach – dass ich das auch ergreife, wofür ich von Christus Jesus ergriffen worden bin* (Philipper, Kapitel 3, Vers 12b).

Mit mehr als nur eindeutigen Worten der zuversichtlichen, unverzagten Gewissheit will Paulus der Gemeinde in Philippi verdeutlichen, *dass das an allen ihnen von Gott im Heiligen Geist vollbrachte Wirken die in Gott entstehende Gewissheit des Glaubens prägt. Eben diese, ja – exakt diese von Gott gegeben Gewissheit in dem Herrn Jesus Christus ist es wiederum, welche die beständige Unverzagtheit der Gläubigen letztlich prägend ausmacht.*

Sprich:

*Der Herr Jesus Christus hat mich **ergriffen** durch Sein Erreichen der an mir zuteilgewordenen, von Ihm ausgehenden Gnade – ja – an dem bereits an mir Vollbrachten im Heiligen Geist – darum bin ich unentwegt gewillt, auch das in noch Vollendung Geschehene, zukünftig an mir Vollbrachte mit der unabdingbaren Hilfe des mir von Gott gegebenen Heiligen Geistes **zu ergreifen**, was der Herr Jesus Christus an mir bereits im Hier und jetzt dank Seiner unaussprechlichen Liebe zu mir **ergriffen** hat.*

Daraufhin können alle Gläubigen mit vollstem Vertrauen von ganzem Herzen dem allmächtigen Gott in dem Herrn Jesus Christus bekennen:

Nach dir, HERR, verlangt mich. Mein Gott, ich hoffe auf dich. Denn keiner wird zuschanden, der auf dich harret. Leite mich in deiner Wahrheit und lehre mich! Denn du bist der Gott, der mir hilft; täglich harre ich auf dich (Psalm 25 – ein Psalm Davids, Verse 1+ 2a + 3a + 5).

Vers 13: Wie wir es aus den Versen 11 + 12 des gleichnamigen 3. Kapitels des Philipperbriefes bereits in Erfahrung bringen konnten, (siehe Auslegung!) hat der Gläubige sein Ziel des Glaubens *erst dann vollendet, wenn die Wiederkunft des Herrn Jesus Christus am Tag des Jüngsten Gerichts von Gott vollzogen wurde.* Erst zu *diesem Zeitpunkt* hat der Gläubige die ihm von Gott in dem Herrn Jesus Christus offenbarte *Vollendung* seines von Herzen kommenden Glaubens in zuversichtlicher Hoffnung zu erwarten – *den* Eintritt in das Reich der Himmel.

Daher ist es ein vergänglicher *Trugschluss,* sich mit dem innerlichen, bereits abgeschlossenen Gedanken zu befassen, ja, schon *im Hier und Jetzt – noch vor des Herrn Jesus` Wiederkunft zu denken und zu erwarten – das Endziel des Glaubens* (dem Eintritt in das Reich Gottes!) *bereits erreicht, bzw. ergriffen* (Philipper, Kapitel 3, Vers 12b) *zu haben,* mahnt Paulus die Gemeinde der Philipper.

Aufgrund dessen will der Apostel den Philippern eindeutig zu verstehen geben, dass der an Christus Glaubende danach *jagen* muss, um dieses Endziel letztlich *ergreifen* zu können (Philipper, Kapitel 3, Vers 12 / siehe Auslegung!).

Diesbezüglich *muss er das bereits hinter ihm Liegende vergessen, um das noch vor ihm Liegende ergreifen zu können* (Philipper, Kapitel 3, Vers 13), so Paulus. In der Tat, selbst der Apostel Paulus, als der Gesandte Gottes in dem Herrn Jesus Christus *hält sich selbst nicht dafür, dieses Endziel bereits ergriffen zu haben.* Für ihn ist es noch *kein sicherer Besitz.* Ja, Paulus will den Philippern verdeutlichen, dass selbst *er als der Gesandte Gottes und Jesus Christus dieses Endziel nicht als abgeschlossen betrachten kann.*

193

Unser Herr Jesus Christus spricht diesbezüglich im Evangelium des Lukas:

Niemand, der seine Hand an den Pflug legt und zurückblickt, ist tauglich für das Reich Gottes! (Lukas, Kapitel 9, Vers 62).

Im Buch des Propheten Jesaja heißt es weiterhin:

Gedenkt nicht mehr an das Frühere und achtet nicht auf das Vergangene! (Jesaja, Kapitel 43, Vers 18).

Gott spricht: ... *denn man wird die früheren Nöte vergessen, und sie werden vor meinen Augen verborgen sein* (Jesaja, Kapitel 65, Vers 16c).

Daher *vergisst* der Apostel *das hinter ihm Liegende, ja – das alte bereits vergänglich zu betrachtende, ehemalige Dasein – sprich: das hinter ihm liegende Zeitalter des sündenumwobenen Todes – um mit dem stets gerichteten Blick nach vorne das Zukünftige an mir von Gott in Christus vollbrachte Heilgeschehen im Heiligen Geist zu ergreifen*, so Paulus zu den Philippern.

Es ist jenes „ergriffen sein", *welches der Herr Jesus Christus an den Gläubigen aufgrund Seiner von Ihm kommenden, unnachahmlichen Liebe bereits im Hier und Jetzt an ihnen ergriffen hat.* Dieses „ergriffen sein" aber *vollendet sich erst bei des Herrn Jesus` Wiederkunft.* Daher ist der Gedanke der Gläubigen, *dieses Endziel des Heils bereits vollständig ergrif-*

fen zu haben ein unnützer Trugschluss, so der Apostel. Man kann dieses „ergriffen sein" wie folgt interpretieren:

Wir sind durch die unnachahmliche Liebe Gottes im Herrn Jesus Christus bereits von ihm „ergriffen worden", warten jedoch noch auf das „vollendet sein" bei des Heilands` Wiederkunft, um Anwärter im Reich der Himmel zu werden.

Diese gewichtige Botschaft will der Apostel den Philippern mahnend – jedoch stets wohlwollend gemeint – in ihren Gedanken hinterlegen, nämlich – *das beständige Ausharren im Heiligen Geist durch den von Tag zu Tag geförderten Glauben.*

Vers 14: Doch die zukünftig zu erwartende Heilszeit versheißt durch den tiefgründigen Glauben im Heiligen Geist, dass der Glaubende auf eben *dieses* **(End)***Ziel zu jagt*, um den **Kampfpreis der himmlischen Berufung Gottes in Christus Jesus zu ergreifen.**

Es ist abermals jene sich ersichtlich zeigende, *im Heiligen Geist von Gott in Christus erweisende, unverzagte Zuversicht, welche den Glaubenden unentwegt hinweist, auf dieses Endziel* **der himmlischen Berufung Gottes in Christus Jesus** *hinzujagen*, so Paulus.

Dieses sich im Heiligen Geist erkenntlich zeigende „ergriffen sein" *in und durch* Christus *ist der alles in allem maßgebliche Ansporn, auf dieses über allem stehenden Endziel –* **der himm-**

lischen Berufung – *hinzujagen. Daher jage ich danach* – so der Apostel – *um es zu ergreifen.*

So schreibt Paulus in seinem 1.Brief an die Korinther – dessen Inhalt – *der Kampf und der Lohn eines Dieners des Herrn* – er auch der Gemeinde der Philipper eindringlich zu verstehen geben will:

Wisst ihr nicht, dass die, welche in der Rennbahn laufen, zwar alle laufen, aber nur einer *den Preis erlangt? Lauft so, dass ihr ihn erlangt! Jeder aber, der sich am Wettkampf beteiligt, ist enthaltsam in allem* – *jene, um einen vergänglichen Siegeskranz zu empfangen, wir aber einen unvergänglichen. So laufe ich nun nicht wie aufs Ungewisse; ich führe meinen Faustkampf nicht mit bloßen Luftstreichen, sondern ich bezwinge meinen Leib und beherrsche ihn, damit ich nicht anderen verkündige und selbst verwerflich werde* (1.Korinther, Kapitel 9, Verse 24 – 27).

Infolge dessen weist uns der Hebräerbrief auf Folgendes hin:

Daher, ihr heiligen Brüder, (Glaubensgeschwister!) *die ihr Anteil habt an der himmlischen Berufung, betrachtet den Apostel und Hohenpriester unseres Bekenntnisses, Christus Jesus* (Hebräer, Kapitel 3, Vers 1).

Daraufhin bekennt auch der Apostel Petrus in seinem 2.Brief:

Darum, Brüder, (Glaubensgeschwister!) *seid umso eifriger bestrebt, eure Berufung und Auserwählung festzumachen;*

denn wenn ihr diese Dinge tut, werdet ihr niemals zu Fall kommen; denn auf diese Weise wird euch der Eingang in das ewige Reich unseres Herrn und Retters Jesus Christus reichlich gewährt werden (2.Petrus, Kapitel 1, Verse 10 + 11).

Ausschließlich auf diese Art und Weise ist *die finale Gültigkeit, ja – der finale Einzug* **der himmlischen Berufung Gottes in Christus Jesus** zu erreichen: das an mir offenbarte Heilgeschehen Gottes in Jesus Christus durch das vom Höchsten wiederum an mir vollbrachte *Erkennen* – ja, des Höchsten Ruf im Heiligen Geist – mit der *noch offen* stehenden, *endzeitlichen Annahme in das Himmelreich bei des Herrn Jesus Christus`Wiederkunft,* so der Apostel. *Aufgrund dieser zuversichtlichen, stets unverzagten Gewissheit* **jage** *ich dem über allem stehenden Endziel unbeirrbar* **nach***, um es endgültig mit unverzagter Hoffnung – dank meines Glaubens – erreichen zu können,* so Paulus.

Es ist folglich ein permanent sich in und durch den Geist Gottes antreibendes, auf endzeitlicher Basis zu betrachtendes Zielstreben, welches einer unentwegten Förderung durch den vom Geist Gottes verankernden, im Herzen ruhenden Glauben im Hier und Jetzt bedarf, um das letztlich der Eingang in das ewige Reich der Himmel von dem Herrn Jesus Christus bewilligt wird.

In der Tat, es ist ein *beständig* in Bewegung gehaltenes, aus Sicht der Vergangenheit zu betrachtendes, „vergängliches Sündendasein" *mit der immerdar gewollten, vom Heiligen Geist offenbarten Zuversicht des Glaubens in Jesus Christus, dass* *das Ergriffene des Heilands` den Beschenkten fortan unverzagt dazu veranlasst, diesen vom himmlischen Vater in Christus offenbarten Weg bis zur Wiederkunft Seines Sohnes mit gewollter, stets vorantreibender Zuversicht zu begehen.* So duldet der Glaube *keinen Stillstand,* wird jedoch wiederum nur von der Kraftausgießung des Heiligen Geistes *unentwegt gefördert – Gottes Gabe ist es; nicht aus Werken, damit niemand sich rühme* so Paulus in seinem Brief an die Epheser in Kapitel 2, in den Versen 8b + 9.

Denn:

Wer unter dem Schirm des Höchsten sitzt und unter dem Schatten des Allmächtigen bleibt, der spricht zu dem HERRN: Meine Zuversicht und meine Burg, mein Gott, auf den ich hoffe (Psalm 91, Verse 1 + 2 / Lutherbibel 1984).

Vers 15: Folglich sollen die durch die Gnade Gottes in Christus *Gereiften so gesinnt sein.* Paulus schenkt der Gemeinde einen zu bedenkenden Hinweis:

Zwischen den in Vers 12 im gleichnamigen Kapitel genannten Worten des Apostels (siehe Auslegung!) und den Worten dieses 15.Verses liegt „der permanent aktivierte Bekenntnisstatus im Glauben durch die Kraftwirkung des Heiligen Geistes". Diese zwischenzeitliche, (zwischen dem Hier und Jetzt und der noch ausstehenden Heiloffenbarung Gottes bei des Herrn Jesus` Wiederkunft!) zuversichtliche Gewissheit, sich unter der Obhut des Herrn Jesus Christus zu befinden, weil wir von Ihm *ergriffen* worden sind, so Paulus, fordert die Beschenkten im Glauben dazu auf, in gemeinschaftlicher Art und Weise (*alle die wir gereift sind* / Philipper, Kapitel 3, Vers 15a!) dieses Endziel der Heilsoffenbarung zu erreichen.

Paulus spricht an dieser Stelle: ...*uns alle, die wir* ... – die bereits fest im Glauben sich erkenntlich zeigenden Mitglieder der Gemeinde an, welche *im Geist Gottes erkannt haben,* dass sie sich *noch* „auf der Durchreise ihres Glaubens bis zu dem noch vor ihnen liegenden Endziel" *befinden, um zu der himmlischen Berufung Gottes in Christus Jesus* (Philipper, Kapitel 3, Vers 14) *zu gelangen.*

Offensichtlich gab es in der Gemeinde noch „einige unentschlossene Personen", welche die „Meinung" vertraten, *dass sie sich schon im Hier und Jetzt in der vollkommenen Vollendung Gottes in Jesus Christus befanden,* als wäre des Herrn Jesus Christus` Wiederkunft *bereits geschehen.*

Diese irrenden, falsch denkenden Gemeindemitglieder jedoch fordert der Apostel Paulus *zum Bedenken auf, dass sich zu Gott und Jesus Christus Bekennende als in beständiger Fortbewegung erweisende Christen im Glauben präsentieren müssen, um anhand dieser unentwegten, vom Heiligen Geist geprägten Gewissheit letztlich bei des Herrn Jesus` Wiederkunft als erfolgreiche Anwärter in* **der himmlischen Berufung Gottes** (Philipper, Kapitel 3, Vers 14) *angesehen zu werden,* sprich: *um mit dem Jawort Gottes im Herrn Jesus Christus in das Reich der Herrlichkeit des Höchsten einziehen zu können.*

So fasst Paulus nun seine Worte fort mit dem Satz:

... und wenn ihr über etwas anders denkt, (die „Meinung" der unentschlossenen, noch irrenden Gemeindemitglieder!) *so wird euch Gott auch das offenbaren* (Philipper, Kapitel 3, Vers 15b).

Diese zwar geglaubte, jedoch bis zu des Herrn Jesus` Wiederkunft noch ausstehende – und daher *unkorrekte Meinung* der noch irrenden Gemeindemitglieder der Philipper trägt fernerhin dazu bei, dass Gott einem Christen offenbaren wird, *einzig und allein nur durch den bereits beschriebenen, vom Heiligen Geist unterstützten „fortwährenden Bewegungsglauben"* das noch vor ihm liegende Endziel *der* **himmlischen Berufung** (Philipper, Kapitel 3, Vers 14) *erreichen zu können, wo sich tatsächlich die Vollendung Gottes in Jesus Christus offenbarend darlegt, nämlich: bei der Annahme der Gläubigen in das Reich der himmlischen Herrlichkeit Gottes.*

Paulus will den noch Unbeständigen im Glauben nahelegen, dass er die persönliche Meinung vertritt, *dass sie anhand der korrekten Denkweise, welche Gott ihnen in naher Zukunft offenbaren wird, fortan den beständig in Bewegung zu erhaltenden Glauben erkennen – und folglich auch einhalten werden –* nämlich: dass sie *erst im endzeitlichen Geschehen vollendete Teilnehmer mit dem Jawort Gottes und Jesus Christus im Reich der Himmel werden können.* Dies ist wiederum jene Einsicht, so der Apostel Paulus, die auf der unverzagten Hoffnung des beständigen Glaubens im Heiligen Geist beruht, *denn der* **HERR** *wird ihm den Weg weisen, den er gehen soll* (Psalm 25, Vers 12 / Lutherbibel 1984).

Somit lässt Paulus auch die Philipper erkennen und auch wissen:

Wir reden allerdings Weisheit unter den Gereiften; aber nicht die Weisheit dieser Weltzeit, (der noch irrenden Gemeindemitglieder – bezogen auf Philipper, Kapitel 3, Vers 15!) *auch nicht der Herrscher dieser Weltzeit, die vergehen, sondern wir reden Gottes Weisheit im Geheimnis,* (in der sich noch von Gott offenbarenden Zukunft bei des Herrn Jesus Christus` Wiederkunft!) *die verborgene, die Gott vor den Weltzeiten zu unserer Herrlichkeit* (unser Eintritt in die himmlischen Regionen!) *vorherbestimmt hat* (1.Korinther, Kapitel 2, Verse 6 + 7).

Daher bekennt der Herr Jesus Christus dem Willen Gottes gemäß – das endzeitliche Geschehen wie folgt:

Um jenen Tag aber und die Stunde weiß niemand, auch die Engel im Himmel nicht, sondern allein mein Vater (Matthäus, Kapitel 24, Vers 36).

Vers 16: Folglich sollen *alle* Gemeindemitglieder in brüderlicher Gemeinsamkeit zielstrebig auf das zukünftig von Gott Offenbarende in zuversichtlicher Gewissheit im Heiligen Geist blicken – als auch diese Gewissheit im Glauben anstreben – weil dieses noch zukünftig vom Allmächtigen vollbrachte Offenbarungsgeschehen in Jesus Christus als ein barmherziges Geschenk des Höchsten in Betracht zu ziehen ist; denn der Christ ist *noch nicht* am Ziel seiner von Gott für ihn vorhergesehenen Heilbestimmung *angelangt – diese wird jedoch mit des Heilands' Wiederkunft vollkommen vollendet werden.*

Dazu ruft sie der Apostel Paulus auf:

Doch wozu wir auch gelangt sein mögen, lasst uns nach derselben Richtschnur wandeln und dasselbe erstreben! (Philipper, Kapitel 3, Vers 16).

Hierzu schreibt Paulus in seinem Brief an die Römer:

Seid gleichgesinnt gegeneinander; trachtet nicht nach hohen Dingen, sondern haltet euch herunter zu den Niedrigen; haltet euch nicht selbst für klug! (Römer, Kapitel 12, Vers 16).

Und der Prophet Jesaja bekennt:

Darum, so spricht GOTT, der Herr: Siehe, ich lege in Zion einen Stein, einen bewährten Stein, einen kostbaren Eckstein, (den Herrn und Erlöser Jesus Christus!) der aufs Festeste gegründet ist. Wer glaubt, der flieht nicht! Und ich will das Recht zur Richtschnur machen und die Gerechtigkeit zur Waage! Und eurer Bund mit dem Tod wird außer Kraft gesetzt, und euer Vertrag mit dem Totenreich hat keinen Bestand (Jesaja, Kapitel 28, Verse 16 + 17a + 18a).

Die Gläubigen bewähren sich daher auf *die fortwährende Beständigkeit in dem vom Heiligen Geist geleiteten Glauben – und verharren daraufhin unentwegt in kontinuierlicher Fortbewegung der zukünftigen Hoffnung Gottes auf die erlösende*

Verheißung in den himmlischen Regionen – ihrer auf Ewigkeit bestehenden Bleibe gemäß dem Willen Gottes in dem Herrn Jesus Christus.

So bekennt Paulus:

Die Hoffnung aber lässt nicht zuschanden werden; denn die Liebe Gottes ist ausgegossen in unsere Herzen durch den Heiligen Geist, der uns gegeben worden ist (Römer, Kapitel 5, Vers 5).

Das Hier und Jetzt – als auch das noch in Zukunft von Gott Offenbarte ist folglich *nur* durch den Glauben an den himmlischen Vater und an den von Ihm gesandten Erlöser, den Herrn Jesus Christus erreich- sowie erfüllbar.

Es ist jene **Weisheit Gottes im Geheimnis**, welche noch *im Verborgenen liegt*, (1.Korinther, Kapitel 2, Vers 7b) jedoch bei des Herrn Jesus` Wiederkunft mit dem Eintritt in das Himmelreich vollkommen aufgedeckt wird – *der* zuversichtlichen, unverzagten Bestätigung unseres unerschütterlichen Glaubens.

Verse 17 – 21
Warnung vor Feinden des Kreuzes des Christus

[17]Werdet meine Nachahmer, ihr Brüder, und seht auf diejenigen, die so wandeln, wie ihr uns zum Vorbild habt. [18]Denn viele wandeln, wie ich euch oft gesagt habe und jetzt auch weinend sage, als Feinde des Kreuzes des Christus; [19]ihr Ende ist das Verderben, ihr Gott ist der Bauch, sie rühmen sich ihrer Schande, sie sind irdisch gesinnt. [20]Unser Bürgerrecht aber ist im Himmel, von woher wir auch den Herrn Jesus Christus erwarten als den Retter, [21]der unseren Leib der Niedrigkeit umgestalten wird, sodass er gleichförmig wird seinem Leib der Herrlichkeit, vermöge der Kraft, durch die er sich selbst auch alles unterworfen hat.

Auslegung:

Vers 17: *Lasst uns nach derselben Richtschnur wandeln und dasselbe erstreben!* – lautete der Aufruf des Apostels Paulus an die Philipper in Kapitel 3, Vers 16b.

Auf diesen Appell folgt in Vers 17 eine weitere mahnende, ihm nachzuahmende Aufforderung, *um daran festzuhalten, wozu wir auch gelangt sind* (Philipper, Kapitel 3, Vers 16a – siehe Auslegung!). Paulus spricht die Gemeinde der Philipper mit *Brüder* an.

Damit meint er seine ihm im Herzen eng verbundenen *Glaubensgeschwister im Geist der unabdingbaren Wahrheit Gottes in dem Herrn Jesus Christus.* Die Nachricht, die ihnen Paulus mahnend hinterlegen will, interpretierten bereits die von ihm zitierten Worte aus den ausgelegten Versen des 3.Kapitels, wobei die besondere Beachtung auf die Verse 7 – 16 fallen muss.

Es ist jene von den Philippern nachzuahmende Botschaft, *welche das Heil des Christus im Glauben an den Heiland darlegt.* Exakt dieser von Paulus aus seinem gläubigen Herzen heraus beschriebenen, alles bedeutenden Botschaft *des ewigen Heils durch den Glauben* sollen die Philipper dank *ihres* Glaubens an den Herrn Jesus Christus nachfolgen. *Ja, dies ist der von Paulus vollbrachte Glaubensweg der Nachahmung, um erfolgreiche Teilnehmer im Reich der Himmel zu werden.*

Da der Apostel in den von ihm dargelegten Versen 7 – 16 des 3.Kapitels zwar in der „Ich-Form" spricht,(siehe Auslegung!) jedoch wiederum jene Worte zitiert, welche *ein jeder Christ* im Herzen trägt, sprich – inwiefern sich der innige Glaube wahrer Christen von ganzem Herzen erkenntlich zeigt – so wird der nächste Aufruf des Paulus in diesem zweiten Satzteil des 17.Verses umso verständlicher:

... und seht auf diejenigen, die so wandeln, wie ihr uns zum Vorbild habt.

Es sind diejenigen „Vorzeigechristen", welche Paulus hier den Philippern *dank ihres nachzuahmenden, unerschütterlichen Glaubens erkenntlich zeigen will.*

Daher heißt es im Brief an die Hebräer:

Gedenkt an eure Führer, (die Apostel und Propheten!) *die euch das Wort Gottes gesagt haben; schaut das Ende ihres Wandels*[*1] an (die Aufnahme in das Reich Gottes![*1]**) *und ahnt ihren Glauben nach!*** (Hebräer, Kapitel 13, Vers 7).

[*1] Denn der Herr Jesus Christus spricht *über das Ende ihres Wandels* (des Wandels der Propheten / in Bezug auf Hebräer, Kapitel 13, Vers 7b!) im Reich Gottes:

Da wird das Heulen und das Zähneknirschen sein, wenn ihr <u>Abraham, Isaak und Jakob und alle Propheten im Reich Gottes seht</u>, euch selbst aber hinausgestoßen! (Lukas, Kapitel 13, Vers 28).

Aufgrund dessen lässt uns der Apostel Petrus in seinem 1.Brief folgende überaus gewichtig zu erachtende Mahnung wissen, um diese im Herzen mit einer stets andächtigen Nachahmung tatkräftig umzusetzen:

Hütet die Herde Gottes bei euch, indem ihr nicht gezwungen, sondern freiwillig Aufsicht übt, nicht nach schändlichem Gewinn strebend, sondern mit Hingabe, nicht als solche, die über das ihnen Zugewiesene herrschen, sondern indem ihr Vorbilder der Herde seid! (1.Petrus, Kapitel 5, Verse 2 + 3).

Wiederum ist es jene freiwillige, von Herzen kommende Christusliebe, so Paulus, welche die Beschenkten *im Geist der Wahrheit leitet, um erfolgreiche Anwärter für das Reich der Herrlichkeit Gottes zu werden.* Dies ist wiederum *der bereits von dem Apostel geforderte, nachzuahmende* Glaube, welcher in *beständiger Fortbewegung im Hier und Jetzt ausgeübt werden muss,* denn dieser *bedarf keinerlei Stillstand.*

Vers 18: Anhand einer Konfrontation stellt der Apostel der Gemeinde nun *die beschämenden* **Feinde des Kreuzes des Christus** dar, deren *viele nachwandeln,* so Paulus, welche in Verruchtheit – sprich – *in von Gott und Jesus Christus entfernter, düsterer Dekadenz ihr irdisches, sündenvolles Dasein vollbringen.*

Dieses überaus bedauerliche, ja, erbarmungswürdige Handeln der Christusgegner veranlasst den Apostel, den Philippern diese von Gott und Christus entfernten Personen mit **weinenden** Worten zu beschreiben; *denn des Paulus` Herz ist aufgrund ihrer verruchten, vom Wort der unabdingbaren Wahrheit entfernten Handlungen bis ins Mark seiner stets zu Gott und Christus bezogenen Seele zutiefst erschüttert.*

So lassen diese herzzerreißenden Handlungen der Christusgegner des Apostels Herz mit bemitleidenswerten Worten sprechen:

Meine Augen fließen von Tränen, weil man dein (Gottes!) *Gesetz nicht hält* (Psalm 119 – das güldene ABC, Vers 136 / Lutherbibel 1984).

Daher bekennt Paulus in seinem Brief an Titus:

Denn es gibt viele widerspenstige und leere Schwätzer und Verführer (Titus, Kapitel 1, Vers 10a).

Aufgrund dieser beschämenden Tatsache sollen die Philipper, so Paulus:

… nicht jedem Geist glauben, sondern die Geister prüfen, ob sie aus Gott sind! Denn es sind viele falsche Propheten in die Welt ausgegangen (1.Johannes, Kapitel 4, Vers 1).

Mit eindringlichen Worten will Paulus die Gemeinde der Philipper vor diesen von Gott entfernten Personen *warnen*. Der Apostel verweist die Philipper somit noch einmal auf die von ihm bereits zitierten Verse aus Philipper, Kapitel 1, Vers 28 / Kapitel 2, Vers 21 / Kapitel 3, Verse 2 + 15 (siehe Auslegung!) hin.

Der Apostel beschreibt die Gottesgegner als **Feinde des Kreuzes des Christus** (Philipper, Kapitel 3, Vers 18b). Sprich: Ihre sich von Gott und Christus entfernten Handlungsweisen zeigen unmissverständlich auf, dass ihnen *das Wort vom Kreuz eine Torheit ist*. Es handelt sich um diejenigen Individuen, welche eindeutig **verlorengehen**, so Paulus in seinem 1.Brief an die Korinther in Kapitel 1, Vers 18a.

Der gewaltige Unterschied zwischen den Gottesgegnern und den Christen aber zeigt sich *darin, dass den Christen das Wort vom Kreuz zu ihrer Errettung dient, denn ihnen ist es eine Gotteskraft*, schreibt Paulus in seinem 1.Korintherbrief in Kapitel 1, Vers 18b.

Folglich will der Apostel Paulus den Philippern eindeutig zu verstehen geben, *dass das den Glaubenden zu ihrer Sündenvergebung dienende Kreuz des Herrn und Erlösers Jesus Christus den Ruhm humanitärer Äußerungen und auch Einstellungen endgültig ad acta gelegt hat.* Denn:

Wer sich rühmen will, der rühme sich des Herrn!
(2.Korinther, Kapitel 10, Vers 17).

Und im Buch des Propheten Jeremia heißt es weiterhin noch präziser:

Wer sich rühmen will, der rühme sich dessen, dass er Einsicht hat und mich erkennt, dass ich der HERR bin, der Barmherzigkeit, Recht und Gerechtigkeit übt auf Erden! Denn daran habe ich Wohlgefallen, spricht der HERR (Jeremia, Kapitel 9, Vers 23).

Es ist jene unübertroffene, von Gott an alle Gläubigen offenbarte Gnadengabe *in* dem Herrn Jesus Christus, welche den *Weg, die Wahrheit*, als auch *das Leben* (Johannes, Kapitel 14, Vers 6) eines gottesfürchtigen Menschen im Glauben an den Heiland ausmacht und bestimmend prägt.

Denn dieser allein vom Erlöser der Welt geebnete Weg führt die Gläubigen mit der Kraft des Heiligen Geistes in die Obhut Gottes und des Herrn Jesus Christus – *der alles entscheidenden Zielsetzung* – **um den Kampfpreis der himmlischen Berufung Gottes in Christus Jesus** (Philipper, Kapitel 3, Vers 14 / siehe Auslegung!) *dank eines innigen, von ganzem Herzen kommenden Glaubens zu erhalten.*

Vers 19: Paulus geht nun zu einer näheren Detailierung der Gottesgegner über. Daher betitelt er ihr überaus trostloses Ende als **ein Ende des Verderbens**, (Philipper, Kapitel 3, Vers 19a) **denn ihr Ende** – so der Apostel in seinem 2.Korinterbrief in Kapitel 11, Vers 15b – **wird ihren Werken entsprechend sein.** Sprich: **Ihr Ende** ist folglich das *von Gott auf Ewigkeit verachtete Getrenntsein.*

Es ist jenes Verderben, welches über sie am Tag des Jüngsten Gerichts bei des Herrn Jesus Christus` Wiederkunft offenbar gemacht wird.

Unser Herr Jesus Christus beschreibt ihr Ende wie folgt:

Gleichwie man nun das Unkraut **(die Ungläubigen!)** *sammelt und mit Feuer verbrennt, so wird es sein am Ende dieser Weltzeit. Der Sohn des Menschen wird seine Engel aussenden, und sie werden alle Ärgernisse und die Gesetzlosigkeit verüben aus seinem Reich sammeln und werden sie in den Feierofen werfen; dort wird das Heulen und das Zähneknirschen sein* (Matthäus, Kapitel 13, Verse 40 – 42).

Nun folgt des Apostels Begründung der an ihnen haftenden Schande:

... ihr Gott ist der Bauch, sie rühmen sich ihrer Schande, sie sind irdisch gesinnt (Philipper, Kapitel 3, Vers 19b).

Diese von Paulus angesprochene Schande kann man nun auf zweierlei Art und Weise deuten:

Einerseits kann man aus des Apostels Worten verstehen, *dass diese von Gott entfernten Individuen ihr irdisch gesinntes Dasein aus einem Leben des Wohlstandes heraus verstehen – und über alles schätzen, welche daher das Essen und Trinken als ihren vordersten Wertstandard bewerten. Diese schmachvoll zu betrachtende Ironie betiteln sie als **ihren Gott**.*

Andererseits kann man aus den Worten des Paulus heraus verstehen, *dass es diesen Gottesgegnern einzig und allein um ihr eigenes Wohlgelingen, sprich: um ihr Befinden, ihren eigenen Triumph, ihre Realisierung und der niederträchtig zu erachtenden Umsetzung dieser Schandtaten geht. Diese aus jeder Hinsicht nichtigen „Wichtigkeiten" betiteln diese Personen als **ihren Gott**.* Sie vermeiden mit diesen von Gott und Christus abtrünnigen Handlungen *jegliche Verantwortungsgefühle gegenüber dem Nächsten, denn ihr eigenes Wohl steht unentwegt an erster Stelle.*

So schreibt Paulus in seinem Brief an die Römer in Bezug auf ihr vergängliches „Bauchwertgefühl":

Denn solche dienen nicht unserem Herrn Jesus Christus, sondern ihrem eigenen Bauch, und durch wohlklingende Reden und schöne Worte verführen sie die Herzen der Arglosen (Römer, Kapitel 16, Vers 18).

Kurzum, so Paulus: *...sie sind irdisch gesinnt* (Philipper, Kapitel 3, Vers 19c).

Ihre irdisch gesinnte Denkweise ist auf die vergängliche Sünde dieser Weltzeit gerichtet – *denn wer sein Leben liebt, der wird es verlieren*, spricht unserer Herr Jesus Christus im Evangelium des Johannes, in Kapitel 12, Vers 25a.

Und der Apostel Johannes warnt eindringlich:

Habt nicht lieb die Welt, noch was in der Welt ist! Wenn jemand die Welt lieb hat, so ist die Liebe des Vaters (Gottes!) *nicht in ihm. Denn alles, was in der Welt ist, die Fleischeslust, die Augenlust und der Hochmut des Lebens, ist nicht von dem Vater, sondern von der Welt. Und die Welt vergeht und ihre Lust* (1.Johannes, Kapitel 2, Verse 15 – 17a).

Ihr ganzes Vertrauen basiert auf weltlichen Anmutungen, die jedoch keinerlei errettende Maßnahmen bieten oder gar gewährleisten können. Sprich: ihre Augen, ihre Ohren und ihre Herzen trachten ausschließlich auf weltlich-vergänglichen „Ruhm". In der Tat:

Denn diejenigen, die gemäß der Wesensart des Fleisches (der Sünde!) sind, trachten nach dem, was dem Fleisch entspricht; denn das Trachten des Fleisches ist Tod, weil nämlich das Trachten des Fleisches Feindschaft gegen Gott ist; denn es unterwirft sich dem Gesetz Gottes nicht, und kann es auch nicht; und die im Fleisch sind, können Gott nicht gefallen, schreibt Paulus in seinem Brief an die Römer in Kapitel 8 in den Versen 5a + 6a + 7 + 8.

Ihr rundum vergängliches, von Gott entferntes „Lebensmotto" lautet dementsprechend im Buch des Propheten Jesaja wie folgt:

Doch siehe, da ist Jubel und Vergnügen, Ochsenschlachten und Schafeschächten, Fleischessen und Weintrinken: „Lasst uns essen und trinken, denn morgen sind wir tot!" Doch der HERR der Heerscharen hat sich meinem Ohr geoffenbart: Wahrlich, diese Missetat soll euch nicht vergeben werden, bis ihr sterbt!, spricht der Herrscher, der HERR der Heerscharen (Jesaja, Kapitel 22, Verse 13 + 14).

Diese gottlosen „Lebensideale" sind in der Tat, so Paulus, von weltlichen, hoffnungslosen und Gott entfernten „Lebensüberzeugungen" bestückt, *welche die endzeitliche Bestimmung Gottes als das Ende allen Geschehens definiert.*

Es ist daher eine rundum zu erachtende, schwerwiegende Verhöhnung des Höchsten – ja, eine eindeutige Gotteslästerung, welche von Gott und Jesus Christus mit dem ewigen Tod am Ende der Weltzeit schonungslos quittiert wird, so Paulus.

Vers 20: Paulus geht nun von den verruchten Gottesgegnern zu jenen von Gott auserwählten Personen im Heiligen Geist Jesu Christi – den Gläubigen – über. Ihr vom Heiligen Geist unterstützter Glaube weist die Gläubigen unentwegt darauf hin, so der Apostel, dass *ihr Bürgerrecht im Himmel ist.*

Im Brief an die Hebräer können wir folgende Botschaft in Erfahrung bringen, nämlich, dass die Glaubenden im Gegensatz zu den Gottesgegnern *Fremdlinge auf Erden* sind:

Diese alle sind im Glauben gestorben, ohne das Verheißene empfangen zu haben, sondern sie haben es nur von ferne gesehen und waren davon überzeugt, und haben es willkommen geheißen und bekannt, dass sie Gäste ohne Bürgerrecht und Fremdlinge sind auf Erden; denn die solches sagen, geben damit zu erkennen, dass sie ein Vaterland suchen. Und hätten sie dabei jenes im Sinn gehabt, von dem sie ausgegangen waren, so hätten sie ja Gelegenheit gehabt, zurückzukehren; nun aber trachten sie nach einem besseren, nämlich einem himmlischen. Darum schämt sich Gott ihrer nicht, ihr Gott genannt zu werden; denn er hat ihnen eine Stadt[*1] *bereitet* (Hebräer, Kapitel 11, Verse 13 – 16).

(*[*1] **Stadt** ist hier gemeint als die *zukünftige Heimat* / **die heilige Stadt, das neue Jerusalem, welche von Gott aus dem Himmel herabgestiegen ist** / die Offenbarung des Johannes, Kapitel 21, Vers 2b).

Folglich sind die Auserwählten Gottes, so Paulus, in der Tat *Fremdlinge auf Erden*, (Hebräer, Kapitel 11, Vers 13c) *weil ihr stets zum Himmel gerichteter Blick keine irdisch vergänglichen Züge trägt, sondern immerdar himmlische Wesenszüge im Heiligen Geist vorweist.* Sie sind – *nun nicht mehr Fremdlinge ohne Bürgerrecht und Gäste, sondern Mitbürger der Heiligen und Gottes Hausgenossen* (Epheser, Kapitel 2, Vers 19 / **Gottes Hausgenossen** = die Familienangehörige Gottes! / Quelle: Schlachter-Bibel 2000!). Aufgrund dessen *ist das Bürgerrecht* der Gläubigen *im Himmel* (Philipper, Kapitel 3, Vers 20) auffindbar.

Die Glaubenden sind folglich *die durch die unverzagte Gewissheit ihres Glaubens in der Kraft des Heiligen Geistes sehnsüchtig Ausharrenden.* Ihr fest im Herzen ruhender, ja, verankernder Glaube erfährt *keinen Stillstand, sondern dieser lebt in permanent bestrebender Hoffnung auf das noch zukünftig an ihnen von Gott und Jesus Christus Zuteilwerdende,* nämlich: *bedingt durch ihren unverzagten Glauben* **Gottes Hausgenossen** (Epheser, Kapitel 2, Vers 19b) *zu werden.*

Es ist wiederum diese unverzagte, im Glauben fest verankerte, zuversichtliche Gewissheit, dass wir unseren **Herrn Jesus Christus** als unseren **Retter vom Himmel** kommend *erwarten,* (Philipper, Kapitel 3, Vers 20b) so Paulus. Aufgrund dieser *glückseligen Hoffnung erwarten wir die Erscheinung der Herrlichkeit des großen Gottes und unseres Retters Jesus Christus* (Titus, Kapitel 2, Vers 13).

Denn wir *erwarten* – so der Apostel Paulus in seinem 1.Brief an die Thessalonicher in Kapitel 1, Vers 10 – *seinen Sohn aus dem Himmel, den er (Gott!) aus den Toten auferweckt hat, Jesus, der uns errettet vor dem zukünftigen Zorn.*

Erneut will der Apostel den Philippern unmissverständlich verdeutlichen, dass es *ausschließlich die Kraft des uns zuteilwerdenden Heiligen Geistes ist, welche uns diese Hoffnung in unseren gläubigen Herzen offenbart – es ist jenes an uns vollbrachte Heilswerk Gottes in dem Herrn und Erlöser Jesus Christus.*

Vers 21: Weil unsere im Herzen ruhende Gewissheit des Glaubens immerdar himmlische Züge durch die Kraftausgießung des uns von Gott durch Christus gegebenen Heiligen Geistes im unverzagten Glauben an Sie aufweist, wird unser *noch vergänglicher, von Sünden umwobene Leib – **unser Leib der Niedrigkeit** –* (denn auch Gläubige sind und bleiben Sünder!) durch die Wiederkunft des Herrn Jesus Christus ***umgestaltet werden**.*

Dieses von Gott *in* Jesus Christus erwirkte „Umgestalten" beschreibt der Apostel Paulus in seinem 1.Brief an die Korinther in Kapitel 15 im 49. Vers, als auch in den Versen 53 + 54 wie folgt:

Und wie wir das Bild des Irdischen **(unseren leiblichen Körper!)** *getragen haben, so werden wir auch das Bild des Himmlischen* **(den uns von Gott und Jesus Christus zuteilwerdenden, himmlischen Leib bei des Herrn Jesus` Wie-**

derkunft!) *tragen*. *Denn dieses Verwesliche* (der irdisch vergängliche, noch mit Sünden belastete Leib der Gläubigen!) *muss Unverweslichkeit* (die vollkommene Reinheit der himmlischen Gestalt / *des himmlischen Bildes* jedes Glaubenden!) *anziehen, und dieses Sterbliche muss Unsterblichkeit anziehen. Wenn aber dieses Verwesliche Unverweslichkeit anziehen und dieses Sterbliche Unsterblichkeit anziehen wird, dann wird das Wort erfüllt werden, das geschrieben steht: „Der Tod ist verschlungen in den Sieg"*.

Infolge der Umgestaltung unseres *Leibes der Niedrigkeit* (Philipper, Kapitel 3, Vers 21a) erhalten wir aufgrund unserer unverzagten Glaubensgewissheit am Tag der Wiederkunft Christi einen *gleichförmigen*, sprich – *ihm* = dem Heiland *angepassten Leib der Herrlichkeit* (Philipper, Kapitel 3, Vers 21b – in Bezug auf 1.Korinther 15, Vers 49b = *das Bild des Himmlischen*!) *mit der von Jesus Christus ausgehenden Kraft, durch die er sich selbst auch alles unterworfen hat* (Philipper, Kapitel 3, Vers 21c). Sprich:

Paulus blickt an dieser Stelle *auf die errettende Erlösung der an Christus Glaubenden, welche der Heiland allein durch Seine Ihm von Gott geoffenbarte Kraft ausüben wird.*

Nunmehr, *plötzlich, in einem Augenblick, zur Zeit der letzten Posaune; denn die Posaune wird erschallen, und die Toten werden auferweckt werden unverweslich, und wir werden verwandelt werden*, so verfasst es der Apostel Paulus in seinem 1.Korintherbrief in Kapitel 15 in Vers 52.

Fortan haben die Gläubigen ihren *Leib der Niedrigkeit*, (Philipper, Kapitel 3, Vers 21a) *den Leib ihrer Demütigung* rundum *verloren,* ja, ihre *einstige* verwesliche Natur wird aufgrund des Herrn Jesus` an ihnen vollbrachter Tat bedingt durch ihren Glauben an den Heiland nunmehr zu einem *Leib der Herrlichkeit* (Philipper, Kapitel 3, Vers 21b) verwandelt werden.

Dies ist die gewirkte Kraft des Herrn Jesus Christus, mit welcher der Messias auch das All^{*2} Seiner ewigen Herrschaft untertänig machen wird, ja, *wenn er jede Herrschaft, Gewalt und Macht beseitigt hat. Denn er muss herrschen, bis er alle Feinde unter seine Füße gelegt hat. Als letzter Feind wird der Tod beseitigt* (1.Korinther, Kapitel 15, Verse 24b + 25 + 26).

Folglich wird *der Tod in den Sieg* Gottes *in* dem Herrn Jesus Christus *verschlungen* (1.Korinther, Kapitel 15, Vers 54c).

Daher wird erkenntlich:

Der hinabgestiegen ist, ist derselbe, der auch hinaufgestiegen ist über alle Himmel^{*2}, damit er (**Jesus Christus!**) *alles erfülle* (Epheser, Kapitel 4, Vers 10).

Somit hat das Kreuz des Messias Jesus Christus die an den Heiland unverzagt Glaubenden in den Stand Gottes und Seiner Herrlichkeit als **Hausgenossen Gottes** (Epheser, Kapitel 2, Vers 19b) in die himmlischen Regionen voller Wohlwollen aufgenommen.

Daher prägt, realisiert und vollendet *das Wort des Kreuzes* Gottes *durch und in* unserem Herrn, Erlöser und Vollender Jesus Christus das unverkennbare Anzeichen der stets anwesenden, *in Ewigkeit niemals weichenden* **Gotteskraft***, aus der wir* **(die Glaubenden!)** *gerettet werden*, so Paulus in seinem 1.Brief an die Korinther in Kapitel 1, Vers 18.

Kapitel 4

Verse 1 – 9
Ansporn zu geistlichem Wandel

¹*Darum, meine geliebten und ersehnten Brüder, meine Freude und meine Krone, steht in dieser Weise fest im Herrn, Geliebte!* ²*Ich ermahne Euodia und ich ermahne Syntyche, eines Sinnes zu sein im Herrn.* ³*Und ich bitte auch dich, mein treuer Mitknecht, nimm dich ihrer an, die mit mir gekämpft haben für das Evangelium, samt Clemens und meinen übrigen Mitarbeitern, deren Namen im Buch des Lebens sind.* ⁴*Freut euch im Herrn allezeit; abermals sage ich: Freut euch!* ⁵*Eure Sanftmut lasst alle Menschen erfahren! Der Herr ist nahe!* ⁶*Sorgt euch um nichts; sondern in allem lasst durch Gebet und Flehen mit Danksagung eure Anliegen vor Gott kundwerden.* ⁷*Und der Friede Gottes, der allen Verstand übersteigt, wird eure Herzen und eure Gedanken bewahren in Christus Jesus!* ⁸*Im Übrigen, ihr Brüder, alles, was wahrhaftig, was ehrbar, was gerecht, was rein, was liebenswert, was wohllautend, was irgendeine Tugend oder etwas Lobenswertes ist, darauf seid bedacht!* ⁹*Was ihr auch gelernt und empfangen und gehört und an mir gesehen habt, das tut; und der Gott des Friedens wird mit euch sein.*

Auslegung:

Vers 1: Paulus bezieht sich erneut auf die bisher von ihm an die Angeschriebenen gerichteten Worte aus Philipper, Kapitel 3, Verse 20 + 21, als auch aus seinen bisher verfassten Worten aus Philipper, Kapitel 2, Verse 1 – 18 (siehe Auslegung!).

Nehmen wir insbesondere Philipper, Kapitel 2, Vers 16 erneut in Betrachtung, so werden wir feststellen, dass des Apostels *geliebten und ersehnten Brüder* (Philipper, Kapitel 4, Vers 1a) – sprich – seine Glaubensgeschwister im Geist *seine Freude* und auch *des Paulus` Krone* darstellen (Philipper, Kapitel 4, Vers 1b).

Es ist jene *Lieblingsgemeinde* des Apostels, welche den Glauben an Gott und Jesus Christus mit dem Apostel Paulus selbst von ganzem Herzen innig teilt. Wiederum ist es somit *die Freude,* welche aus des Apostels Herzen entspringt, die seine Worte prägend hervorhebt. Diese Freude des Herzens, welche ihren Ursprung im Heiligen Geist Gottes und Jesu Christi erzielt, teilt Paulus gemeinsam in geschwisterlicher Art und Weise mit der Gemeinde in Philippi.

Der Apostel will den Angeschriebenen eindeutig zu verstehen geben, dass sie *seine Krone sind,* bzw. *darstellen* (Philipper, Kapitel 4, Vers 1b). Mit dieser seiner von Herzen kommenden Aussage will Paulus wiederum *nicht sein eigenes* „Ich" loben, das die Gemeinde Kraft seiner eigenen Fähigkeit zu diesem seinen apostolischen Ruhm *förderte,* sondern dieser

Ruhm *gilt und entspringt einzig und allein aus der gnadenreichen und barmherzigen Kraftquelle Gottes durch den Herrn Jesus Christus im Heiligen Geist,* so der Apostel (siehe abermals Auslegung zu Philipper, Kapitel 2, Vers 16!).

Daher ist des Apostels Paulus` Rühmen *nicht sein selbsterwirktes Rühmen, sondern dieses Rühmen entspringt aus der von Gott in Jesus Christus ausgehenden Kraft des Heiligen Geistes* (siehe hierzu erneut Auslegung zu Philipper, Kapitel 1, Vers 26b!).

So schreibt Paulus in seinem 1.Brief an die Thessalonicher in Kapitel 2, Vers 19:

Denn wer ist unsere Hoffnung oder Freude oder Krone des Ruhms? Seid nicht auch ihr es _vor_ unserem Herrn Jesus Christus bei seiner Wiederkunft?

Daher mahnt der Apostel erneut die Gemeinde von ganzem Herzen mit völligem Wohlwollen:

Steht in dieser Weise fest im Herrn, Geliebte! (Philipper, Kapitel 4, Vers 1c / siehe hierzu Auslegung unter Philipper, Kapitel 1, Vers 27a – sprich: *führt euer Leben würdig des Evangeliums von Christus...*

Folglich soll die Gemeinde *einheitlich* – sprich – *gemeinsam fest zusammenhaltend und somit mit festem Herzen bei dem*

Herrn bleiben (die Apostelgeschichte des Lukas, Kapitel 11, Vers 23c).

Denn Jesus Christus hat *sie alle gemeinsam* ***versöhnt in dem Leib seines Fleisches durch den Tod, um euch heilig und tadellos und unverklagbar darzustellen vor seinem Angesicht, wenn ihr nämlich im Glauben gegründet und festbleibt und euch nicht abbringen lasst von der Hoffnung des Evangeliums, das ihr gehört habt, das verkündigt worden ist der ganzen Schöpfung, die unter dem Himmel ist, und dessen Diener ich, Paulus, geworden bin*** (Kolosser, Kapitel 1, Verse 21c + 22 + 23).

Exakt dieses gewichtige, stets zusammenhaltende, bereits von den Philippern erwirkte Bestreben in *einem Geist* (Philipper, Kapitel 1, Vers 27c / siehe Auslegung!) bedingt durch die ihnen zuteilwerdende Kraftausgießung des Heiligen Geistes aufgrund der Kraftwirkung des allmächtigen Gottes im Herrn und Erlöser Jesus Christus soll *die Gemeinde unentwegt dazu auffordern, dass sie* <u>***einmütig miteinander***</u> *für den Glauben des Evangeliums kämpfen* (Philipper, Kapitel 1, Vers 27c).

Für die bereits fest im Glauben an Christus Stehenden, so Paulus, *existiert nur noch eine feste, gemeinsame* Zielrichtung im Herrn:

Weder nach links, noch nach rechts zu schauen, sondern die Richtlinie ihres gemeinschaftlichen, feststehenden Glaubens im Herrn Jesus Christus <u>allezeit</u> fest zu bewahren, denn dieser ist es letztlich, der sie <u>gemeinsam</u> in das Reich des Herrn Jesus`

Herrlichkeit leitet – einem Weg, der bereits für sie von dem Messias Jesus Christus selbst geebnet wurde.

Vers 2: Aufgrund des gemeinschaftlichen, zusammenhaltenden, festen Strebens *im Herrn* (Philipper, Kapitel 4, Vers 1 – siehe Auslegung!) ermahnt der Apostel nunmehr *zwei Personen innerhalb der Gemeinde in Philippi*, nämlich: **Euodia und Syntyche <u>eines</u> Sinnes im Herrn zu sein** (Philipper, Kapitel 4, Vers 2).

Diese beiden namentlich erwähnten Damen werden von Paulus mahnend dazu aufgefordert, **<u>eines</u> Sinnes im Herrn zu sein**. In *gemeinsamer Unterredung* sollen die beiden Frauen sich *dem Rest der Gemeinde* – welche sich in <u>*einem Sinn*</u> *im Herrn, nämlich im Evangelium des Herrn Jesus Christus durch* <u>*einen*</u> *fest erwirkten Glauben im Heiligen Geist erkenntlich zeigt* – in <u>einer zusammenhaltenden Bestrebung</u> anschließen.

Paulus will **Euodia und Syntyche** erneut an den von ihm bereits erwähnten dringend einzuhaltenden 2.Vers des 2.Kapitels seines Philipperbriefes erinnern, (siehe Auslegung!) der wie folgt lautet:

So macht meine Freude völlig, indem ihr <u>eines Sinnes</u> seid, gleiche Liebe habt, <u>einmütig und auf das eine bedacht seid</u>.

Vers 3: Da es sich bei den beiden Frauen *Euodia und Syntyche* (Philipper, Kapitel 4, Vers 2) um zwei namentlich erwähnte Personen handelt, *deren Namen im Buch des Lebens stehen,* (Philipper, Kapitel 4, Vers 3c) bittet Paulus *seinen treuen Mitknecht, dass dieser sich ihrer annehmen soll, weil diese zwei Frauen,* so der Apostel, *mit ihm für das Evangelium gekämpft haben, samt Clemens und meinen übrigen Mitarbeitern,* fährt Paulus fort (Philipper, Kapitel 4, Vers 3a + b).

Bei *Euodia und Syntyche* handelt es sich um zwei Damen, *welche bereits im fest stehenden Glauben an Gott und Jesus Christus durch die Kraftwirkung des Heiligen Geistes in ihren Herzen erfolgreiche Teilnehmer im Reich der Himmel sind,* so Paulus, *denn ihre Namen sind bereits im Buch des Lebens von Gott und Jesus Christus verzeichnet worden.*

Paulus will den Angeschriebenen mit dieser seiner Andeutung zu erkennen geben, dass *Euodia und Syntyche bereits von Gott in Christus auserwählte Personen darstellen, welche schon im Buch des Lebens* einen Platz von Gott und dem Herrn Jesus Christus gefunden haben. *An dieser feststehenden, von Gott und Jesus Christus bereits entschiedenen Tatsache ändert ihr momentaner, untereinander getätigter, ja, dieser sich auseinander setzende Zwiespalt der Euodia und Syntyche* nichts.

So heißt es im Buch des Propheten Daniel:

Jeder, der sich in dem Buch (im Buch des Lebens!) eingeschrieben findet, wird gerettet werden (Daniel, Kapitel 12, Vers 1b).

Und im Evangelium des Lukas spricht der Heiland Jesus Christus über den Eintrag in das **Buch des Lebens**:

... freut euch aber lieber darüber, dass eure Namen im Himmel geschrieben sind (Lukas, Kapitel 10, Vers 20b).

Dennoch bittet der Apostel Paulus *seinen treuen Mitknecht, sich ihrer anzunehmen*, sodass diese beiden Frauen sich erneut in <u>einem Geist im Herrn</u> wiederfinden, sprich: *dem Evangelium Jesu Christi* **in einem Sinn, in gleicher Liebe, als auch in <u>Einmütigkeit</u>** (Philipper, Kapitel 2, Vers 2b / siehe Auslegung!) *nachfolgen*.

Leider erfahren wir an keiner weiteren Stelle, *wer* dieser Mitarbeiter des Apostels ist. Paulus lässt ihn *namentlich unbenannt*. Jedoch deutet seine zielsichere Aussprache auf diese Person darauf hin, dass sie der Gemeinde der Philipper *genauestens bekannt ist*. Sie wissen exakt, *an wen sie sich zu wenden haben, sodass die eindringliche Bitte des Apostels rundum gewährleistet und schließlich auch erfüllt wird*. Außerdem ist der von Paulus *Genannte ebenfalls selbst in Philippi anwesend*.

Paulus betont, dass **Euodia und Syntyche gemeinsam mit ihm und Clemens samt den anderen Mitarbeitern für das Evangelium gekämpft haben** (Philipper, Kapitel 4, Vers 3 a + b). Diese seine Bitte *vertieft noch einmal das von ganzem Herzen kommende, eindringliche Anliegen des Apostels, dass die beiden Frauen* **eines Sinnes im Herrn sein** *sollen*, (Philipper, Kapitel 4, Vers 2b / siehe Auslegung!) *damit **das Band des Friedens zu <u>einer Hoffnung eurer Berufung</u> bewahrt wird***, so

Paulus in seinem Brief an die Epheser in Kapitel 4, Verse 3b + 4b.

Denn *nur* mit einem gemeinsamen, dem Evangelium des Herrn Jesus Christus entsprechenden und bestrebenden Sinn ist der ganze Reichtum der Frohen Botschaft des Messias *rundum erfüllbar* – ganz im stets gewollten Sinne Gottes – so Paulus.

Vers 4: Paulus spricht noch einmal *die Freude* an, welche die Botschaft des ganzen Philipperbriefes rundum ummantelt (siehe erneut Auslegung zu Philipper, Kapitel 1, Vers 18, als auch zu Kapitel 2, Verse 17 + 18).

Der Apostel verfasst in Vers 4 die Worte:

Freut euch im Herrn allezeit; abermals sage ich: Freut euch!

Mit *zweimaliger Betonung* will er den Angeschriebenen die im Herzen der Beschenkten resultierende *Freude* erkenntlich machen. Es ist jene in der Glaubenszentrale – dem Herzen – *fest verankernde Gewissheit, welche unentwegt zur repräsentierenden Geltung kommt.*

Sprich: diese ausströmende, ja, nahezu überfließende *Freude* ist *nicht abhängig von innerlichen oder gar äußerlichen Beeinflussungen* der Auserwählten Gottes in dem Herrn Jesus Christus. *Der Heilige Geist ist diese von Gott in Christus erwirkte Kraftausströmung, die den Kindern Ihrer Obhut die unverzagte Gewissheit hinterlegt, dass diese unentwegt an **der Freude** im Herrn Jesus Christus stets nutzreiche Teilnehmer sind.*

So betont Paulus in seinem 2.Korintherbrief:

Im Übrigen, ihr Brüder, **(Glaubensgeschwister!)** *freut euch, lasst euch zurechtbringen, lasst euch ermahnen, seid eines Sinnes, haltet Frieden; so wird der Gott der Liebe und des Friedens mit euch sein!* (2.Korinther, Kapitel 13, Vers 11).

In der Tat, die **Freude**, welche die Philipper von ganzem Herzen bewegt, *trägt keinerlei irdische Züge, sondern von Gott in Christus vom Heiligen Geist geleitete, unvergängliche Züge der rundum zuversichtlichen, vom Himmel offenbarten Gewissheit des Höchsten durch den Glauben.* Aufgrund deren Zuversichtlichkeit im Glauben an den Heiland können die Philipper **sich freuen und jubeln, denn ihr Lohn ist groß im Himmel!** (Matthäus, Kapitel 5, Vers 12a).

Es ist das Werk Gottes in dem Herrn und Heiland Jesus Christus durch die Kraft des den Philippern zuteilwerdenden Heiligen Geistes; exakt dies ist der Grund ihrer *unentwegten Gewissheit im Heiligen Geist,* so Paulus:

Ihn **(Jesus Christus!)** *liebt ihr, obgleich ihr ihn nicht gesehen habt; an ihn glaubt ihr, obgleich ihr ihn jetzt nicht seht, und über ihn werdet ich euch jubelnd freuen mit unaus-*

sprechlicher und herrlicher Freude, wenn ihr das Endziel eures Glaubens davonträgt, die Errettung der Seelen! (1.Petrus, Kapitel 1, Verse 8 + 9).

Dies alles ist geschehen, *weil Gott sich aufgrund* **seiner Gnade** *an den Philippern* **erbarmt hat** (Jesaja, Kapitel 60, Vers 10c).

Erneut macht Paulus den Philippern es überaus deutlich bewusst, *dass allein Gottes Gnade in Verbindung mit ihrem unverzagten Glauben sie zu dieser allezeit auffindbaren Freude im Herrn bewegt.* Wiederum ist es *nicht* die selbsterwirkte Freude, welche die Herzen der Auserwählten Gottes ergreift, *sondern ausschließlich* die **Freude** *aufgrund des barmherzigen Erbarmens Gottes in der Person des Herrn und Erlösers Jesus Christus.*

In der Tat, die Glaubenden in Philippi sind *die Berufenen Gottes im Heiligen Geist des Herrn Jesus Christus, welche sie zu solcher konstanten* **Freude** *veranlassen.*

Denn es ist unmöglich, heißt es im Brief an die Hebräer, in Kapitel 6, in den Versen 4 – 6, *die, welche einmal erleuchtet worden sind* **(durch das Bad der Wiedergeburt bedingt durch die Kraft des Heiligen Geistes!)** *und die himmlische Gabe geschmeckt haben und Heiligen Geistes teilhaftig geworden sind und das gute Wort Gottes geschmeckt haben, dazu die Kräfte der zukünftigen Weltzeit, und die dann abgefallen sind, wieder zur Buße zu erneuern, da sie für sich* *selbst den Sohn Gottes wiederum kreuzigen und zum Gespött machen!*

Und die von unverzagter Gewissheit prägenden Worte des Herrn und Erlösers – Jesus Christus – sprechen den an Ihn Glaubenden unentwegt folgende Zuversichtlichkeit durch den innigen, festverwurzelten Glauben der Beschenkten in der Kraftentfaltung des Heiligen Geistes wie folgt zu:

Und ich gebe ihnen ewiges Leben, und sie werden in Ewigkeit nicht verlorengehen, und niemand wird sie aus meiner Hand reißen. Mein Vater, der sie mir gegeben hat, ist größer als alle, und niemand kann sie aus der Hand meines Vaters reißen. Ich und der Vater sind eins (Johannes, Kapitel 10, Verse 28 – 30).

Alle diese bestätigten Gnadenerweise sind die alles entscheidenden Kriterien der unentwegten *Freude*, welche die Herzen der Beschenkten des allmächtigen Gottes bewegen.

Denn:

In ihm (**Jesus Christus!**) *war das Leben, und das Leben war das Licht der Menschen* (Johannes, Kapitel 1, Vers 4).

Eben *nur dieses* heilbringende, zum Leben führende Licht der von Gott ausströmenden Liebe im Herrn Jesus Christus ist es letztlich, welche die **Freude** im Heiligen Geist, ja, *die Frucht des Geistes* (Galater, Kapitel 5, Vers 22a) bedingt durch überströmende Freude in den Herzen der Gläubigen *allezeit* (Philipper, Kapitel 4, Vers 4a) überfließen lässt.

Daher heißt es in Psalm 73 – einem Psalm Asafs, in Vers 28, (Lutherbibel 1984) der zugleich die Weiterleitung zum 5. Vers des 4.Kapitels des Philipperbriefes einläutet:

Aber das ist meine Freude, dass ich mich zu Gott halte und meine Zuversicht setze auf Gott, den HERRN, dass ich verkündige all dein Tun.

Vers 5: In der Tat, der im Herzen verankernde Glaube der Christen – und der von barmherziger Güte Gottes ummantelte Heilige Geist – tragen in einander verschmelzender, beiderseitiger Harmonie dazu bei, dass die **Sanftmut** von jenen im Geist Gottes Beschenkten sich gegenüber anderen Personen, bzw. gegenüber *allen Menschen* wohlwollend offenbart.

Daher lässt der Apostel die Gemeinde der Philipper wissen:

Eure Sanftmut lasst alle Menschen erfahren! Der Herr ist nahe! (Philipper, Kapitel 4, Vers 5).

Wiederum ist es *die Frucht des Geistes* (Galater, Kapitel 5, Vers 22a), welche die Gläubigen *veranlasst,* ihre von ganzem Herzen kommende Freude mit **Sanftmut**, sprich: *mit freund-*

schaftlicher Aufgeschlossenheit an andere weiterzugeben. Es ist jene Freude, welche sich *nicht enthalten kann, sondern* diese im Herzen entstehende vom Heiligen Geist getränkte Gewissheit *muss sich allen Menschen* (Philipper, Kapitel 4, Vers 5a) *zuneigen.* Paulus will den Angeschriebenen zu erkennen geben, dass sie *der Berufung würdig wandeln sollen, zu der sie berufen worden sind* (Epheser, Kapitel 4, Vers 1b).

Diese Aufforderung des Apostels sagt aus, das die im Geist Gottes Beschenkten *niemand verlästern sollen, nicht streitsüchtig sein sollen, sondern gütig, indem sie allen Menschen gegenüber Sanftmut erweisen*, so Paulus in seinem Brief an Titus in Kapitel 3, Vers 2.

Die im Herzen entsprungene Freude aber ist aufgrund der uns zugutekommenden, barmherzigen Liebe Gottes im Herrn Jesus Christus *durch* die Kraft des Heiligen Geistes *stets präsent.* Abermals ist es *nicht* das Werk des Beschenkten, der die Sanftmut wohlwollend anderen Menschen erweist, *sondern* die von Gott erwirkte, uns fördernde *Liebe im Heiligen Geist,* welche die Wirkung der Freude *allen Menschen* voller liebenswürdiger Güte anvertraut, so Paulus.

Durch Gottes uns zugewandte Barmherzigkeit ist der Beschenkte fortan in der Lage, seine ihm geoffenbarte Güte des Höchsten *zu realisieren* – und fernerhin diese den Menschen, ja, **allen Menschen** mit aufmerksamer Hilfsbereitschaft *weiterzugeben,* ganz im stets beabsichtigten Sinn des allmächtigen Gottes in der Person des Herrn und Erlösers Jesus Christus.

Folglich dringt auch an einen jeden von uns Christen der Missionsbefehl des Herrn Jesus Christus durch, nämlich die

Weitergabe der Frohen Botschaft, Seinem Evangelium, indem der Heiland spricht:

Geht hin in alle Welt und verkündigt das Evangelium der ganzen Schöpfung! (Markus, Kapitel 16, Vers 15b).

Der Herr ist nahe! – (Philipper, Kapitel 4, Vers 5b) lässt Paulus die Gemeinde fernerhin wissen.

Der Apostel will mit dieser seiner Aussage der Gemeinde zu verstehen geben, dass sie *alle gemeinsam*, ja, mit *einem Sinn* (Philipper, Kapitel 4, Vers 2b) dieser gewichtigen Aufforderung nachfolgen. Es ist sozusagen eine von dem Apostel „aufgerufene und zu erfüllende Zielsetzung" ihrer ihnen zuteilgewordenen Gnadengabe Gottes in dem Herrn Jesus Christus. Des Paulus` motivierende Worte drücken aus, dass *die Erscheinung des Herrn nahe ist*.

So heißt es im Brief an die Hebräer:

Denn noch eine kleine, ganz kleine Weile, dann wird der **(Jesus Christus!)** *kommen, der kommen soll, und wird nicht auf sich warten lassen* (Hebräer, Kapitel 10, Vers 37).

Und so schreibt der Halbbruder unsers Herrn Jesus Christus, Jakobus in seinem Brief:

So wartet auch ihr geduldig; stärkt eure Herzen, denn die Wiederkunft des Herrn ist nahe! Seufzt nicht gegeneinander,

Brüder, damit ihr nicht verurteilt werdet; siehe, der Richter steht vor der Tür! (Jakobus, Kapitel 5, Verse 8 + 9).

Paulus erwartete – wie damals die übrige Christenheit auch – die Ankunft des Herrn Jesus Christus *noch zu seinen, bzw. deren Lebzeiten.* So beschreibt der Apostel seine Wiederkunft-Erwartung Jesu Christi:

Das aber sage ich, ihr Brüder: Die Zeit (bis zur Wiederkunft Jesu Christi!) *ist nur noch kurz bemessen!* (1.Korinther, Kapitel 7, Vers 29a).

Denn das sagen wir euch in einem Wort des Herrn: Wir, die wir leben und bis zur Wiederkunft des Herrn übrig bleiben, werden den Entschlafenen nicht zuvorkommen... (1.Thessalonicher, Kapitel 4, Vers 15).

Und des Herrn Jesus` Worte *zur Wachsamkeit* lassen uns wissen:

Um jenen Tag aber und die Stunde weiß niemand, auch die Engel im Himmel nicht, auch nicht der Sohn, sondern nur der Vater. Habt acht, wacht und betet! Denn ihr wisst nicht, wann die Zeit da ist (Markus, Kapitel 13, Verse 32 + 33).

Generell ist an dieser Stelle anzumerken, dass die biblische „Zeitbemessung des Herrn Jesus` Wiederkunft" nur sehr vage, ja – in der Tat – *nahezu unmöglich zu bestimmen ist, denn diese kennt Gott, der HERR allein.*

Der 90. Psalm schenkt uns eine nähere Aufklärung; denn dort heißt es:

Denn tausend Jahre sind vor dir (Gott!) *wie der Tag, der gestern vergangen ist, und wie eine Nachtwache* (Psalm 90 – ein Gebet des Mose, des Mannes Gottes, Vers 4 / Lutherbibel 1984).

Paulus aber lässt die Philipper wissen, dass *nicht* die in naher Zukunft sich erfüllende Erwartung des Herrn Jesus Christus bestimmend ist, *sondern einzig und allein diese, dass sich die generelle, zukünftig offenbarende Hoffnung im Herrn Jesus Christus ersichtlich zeigen wird.* Diese wiederum ist es letztlich, welche uns *den Sieg gibt durch unseren Herrn Jesus Christus!* (1.Korinther, Kapitel 15, Vers 57b).

Abermals ist es jene zuversichtliche, im Glauben stets präsente, unverzagte vom Heiligen Geist geleitete Gewissheit, welche unsere Erwartung rundum prägend hervorhebt. Exakt diese zuversichtliche, fest im Glauben gegründete Gewissheit ist es folglich, welche die Glaubenden *unentwegt dazu auffordert,* diese im Herzen entstehende Freude mit *Sanftmut an alle Menschen* wohlwollend weiterzugeben, so Paulus.

Vers 6: Eine weitere tiefgründige Aussage des Apostels folgt in diesem 6.Vers, der da lautet:

Sorgt euch um nichts, sondern in allem lasst durch das Gebet und Flehen mit Danksagung eure Anliegen vor Gott kundwerden.

Der Apostel will die Gemeinde wissen lassen, das vollkommene Freude im Herrn sich *nur dann wohlgefällig repräsentieren kann, wenn sämtliche Fremdeinwirkungen wie Ängste, Nöte und Sorgen aus dem Leben entschwinden.* Daher lässt uns der Apostel Petrus wissen:

Alle eure Sorge werft auf ihn; (Jesus Christus!) *denn er sorgt für euch* (1.Petrus, Kapitel 5, Vers 7).

Und der Herr Jesus Christus spricht:

Darum sage ich euch: Sorgt euch nicht um euer Leben, was ihr essen und was ihr trinken sollt, noch um euren Leib, was ihr anziehen sollt! Ist nicht das Leben mehr als die Speise und der Leib mehr als die Kleidung? Seht die Vögel des Himmels an: Sie säen nicht und ernten nicht, sie sammeln auch nicht in die Scheunen, und euer himmlischer Vater ernährt sie doch. Seid ihr nicht viel mehr wert als sie? (Matthäus, Kapitel 6, Verse 25 + 26).

Auch der Psalm 55 schenkt uns eine niemals versiegende Hoffnung auf die allseits vorhandene Allmacht Gottes:

Wirf dein Anliegen auf den HERRN; der wird dich versorgen und wird den Gerechten in Ewigkeit nicht wanken lassen (Psalm 55 – ein Psalm Davids, Vers 23 / Lutherbibel 1984).

Paulus will den Angeschriebenen verdeutlichen, *dass Sorgen, Nöte, Ängste und Beschwerden, ja, alle Unstimmigkeiten, welche des Leben erschweren, vom Glauben in Form von Gebet und Flehen* (Philipper, Kapitel 4, Vers 6b) *zu Gott restlos entwendet werden müssen, um zur vollkommenen Freude im Herrn gelangen zu können.* Diese den Glauben hindernden Belastungen sind *irdisch gesinnte, in Eigenregie oder durch Fremdbeeinflussungen erwirkte, negative Auswirkungen.* Sie können *unmöglich die Freude völlig machen.*

Vollkommene Freude im Herrn aber kann erst dann restlos erzielt werden, wenn sämtliche Fremdbeeinflussungen jeglicher Art in Form von Gebet und Flehen Gott bekannt gegeben werden. Er wird dann *für uns sorgen*, (1.Petrus, Kapitel 5, Vers 7b) um uns diese bedrängenden Laster *zu entnehmen.* Das von uns an Gott gerichtete Gebet aber muss *ernstlich* vorgebracht werden, denn:

Das Gebet eines Gerechten vermag viel, wenn es ernstlich ist (Jakobus, Kapitel 5, Vers 16b).

Sprich: *Unser Anliegen vor Gott soll mit Danksagung kundwerden* so Paulus in Philipper, Kapitel 4, Vers 6b.

Dies wiederum bedeutet, dass das Gebet *allzeit mit Dank an Gott ernstlich gerichtet werden muss,* um anhand mit diesem Gebet *die Ehrerbietung an Gott ersichtlich zu machen,* sprich: *mit der Danksagung erweist man dem allmächtigen Gott eine gewisse Distanzierung, die Ihn wiederum erkennen lässt, dass der Betende in Ehrfurcht mit ernstlichen Worten zu Gott spricht, sei es, dass das Gebet den Erwartungen des Betenden entspricht oder auch nicht.*

So sollten wir Christen uns stets merken:

<u>Denn alles, was uns Gott nicht im Gebet gewährt, ist wiederum als ein Geschenk Gottes in Betracht zu ziehen.</u>

Daher mahnt der Apostel Paulus auch die Gemeinde der Philipper:

*... **indem ihr mit aller Demut und Sanftmut, mit Langmut einander in Liebe ertragt*** (Epheser, Kapitel 4, Vers 2).

Vers 7: Paulus schenkt uns in diesem 7.Vers eine weitere zuversichtliche Gewissheit, ja – eine *Zusage*, die da lautet:

Und der Friede Gottes, der allen Verstand übersteigt, wird eure Herzen und eure Gedanken bewahren in Christus Jesus.

Es ist eine fortbestehende, ja, eine allgegenwärtige, niemals abweichende *Zusage* Gottes, so Paulus. Diese von reinster Macht erfüllende Gewissheit der Herrlichkeit des allmächtigen Gottes *ist stets unzweifelhaft und bestimmt, denn sie ist ummantelt von der friedvollen Liebe Gottes in dem Herrn Jesus Christus. Sie umhüllt den ganzen gläubigen Menschen in seinem Handeln und Wollen mit der Kraftausgießung des den Gläubigen zuteilgewordenen Heiligen Geistes.*

Darum ist *der Friede Gottes* eine *rundum gesicherte Gewissheit,* die sich mit menschlichem Wortschatz *nicht* definieren lässt, weil sie *alle Erkenntnis übersteigt,* (Epheser, Kapitel 3, Vers 19b) und ihre Machtentfaltung schlichtweg den menschlichen *Verstand überschreitet;* (Philipper, Kapitel 4, Vers 7a) *denn ihre göttliche Fülle ist mit grenzenlosen Ausmaßen der Herrlichkeit Gottes in Jesus Christus ummantelt – damit ihr –* führt Paulus in seinem Brief an die Epheser in Kapitel 3, Vers 19b fort, *erfüllt werdet bis zur ganzen Fülle Gottes.*

Daraufhin lässt uns Paulus weiterhin wissen:

Der Gott der Hoffnung aber erfülle euch mit aller Freude und mit Frieden im Glauben, dass ihr überströmt in der Hoffnung durch die Kraft des Heiligen Geistes! (Römer, Kapitel 15, Vers 13).

Diese der gläubigen Menschheit *von Gott und Jesus Christus zugutekommende Gewissheit im Heiligen Geist ist von solcher unaussprechlichen und allseits überragenden Machtintensivität bestückt,* sodass *niemand* sie dem Schöpfer der Welt und Seinem Sohn *entnehmen kann.*

Und der Herr Jesus Christus hinterlässt uns folgende Zusage, welche den Frieden Gottes rundum kennzeichnet:

Wenn jemand mich liebt, so wird er mein Wort befolgen, und mein Vater wird ihn lieben, und wir werden zu ihm kommen und Wohnung bei ihm machen (Johannes, Kapitel 14, Vers 23b).

Vers 8: Mit einer Reihe von *Tugenden* will der Apostel der Gemeinde erkenntlich machen, *was ihren Glauben letztlich ausmachen soll, darüber sollen sie bedacht sein* – sprich: *über diese nun folgenden Tugenden sollen sie nachdenken, um sich diese letztlich auch anzueignen,* die da wären:

Was wahrhaftig ist: was wahrheitsgemäß ist, aufrichtig und unverblümt repräsentiert wird – sprich: *die rechtschaffenden Worte Gottes in dem Herrn Jesus Christus.*

So schreibt Paulus in seinem Brief an die Epheser in Kapitel 6, Vers 14 über *die Wahrheit:*

So steht nun fest, eure Lenden umgürtet mit Wahrheit, und angetan mit dem Brustpanzer der Gerechtigkeit.

Und der Apostel Johannes schreibt über *die Wahrhaftigkeit* in seinem 1.Brief in Kapitel 5, Vers 20:

Wir wissen aber, dass der Sohn Gottes gekommen ist und uns Verständnis gegeben hat, damit wir den Wahrhaftigen **(Gott!)** *erkennen. Und wir sind in dem Wahrhaftigen, in seinem Sohn Jesus Christus. Dieser ist der wahrhaftige Gott und das ewige Leben.*

Was ehrbar ist: was charakterfest, ehrenhaft, solide, geehrt, anerkennenswert, wagemutig und gesittet ist.

Was gerecht ist: was korrekt, neutral, unvoreingenommen, objektiv und auch legitim ist.

Der 11. Psalm – ein Psalm Davids, Vers 7 (Lutherbibel 1984) lässt uns über *die Gerechtigkeit* Gottes wissen:

Denn der HERR ist gerecht und hat Gerechtigkeit lieb. Die Frommen werden schauen sein Angesicht.

Was rein ist: was schuldlos, anständig, ohne Fehl, tugendhaft, schuldlos, untadelig und daher rundum mustergültig ist.

Unser Herr Jesus Christus spricht über *die Reinheit* im Evangelium des Matthäus in Kapitel 5, Vers 8 folgende Worte:

Glückselig sind, die reinen Herzens sind, denn sie werden Gott schauen!

Und Paulus schreibt über *die Reinheit im Vergleich zu der Befleckung* in seinem Brief an Titus in Kapitel 1, Vers 15:

Den Reinen ist alles rein; den Befleckten aber und Ungläubigen ist nichts rein, sondern sowohl ihre Gesinnung als auch ihr Gewissen sind befleckt.

Was liebenswert ist: was liebenswürdig, anmutig, gutartig, herzlich, freundlich, liebevoll, umgänglich und angenehm ist.

Und Salomo schreibt in seinen Sprüchen über *die Liebenswertigkeit* in Kapitel 31, Vers 26:

... ihren Mund öffnet sie mit Weisheit, und freundliche Unterweisung ist auf ihrer Zunge.

Was wohllautend ist: *was harmonisch, angenehm und wohlklingend ist.*

Was irgendeine Tugend ist: *was von Unschuld, Reinheit, Güte und von Herzen kommender Freundlichkeit beseelt ist.*

Was lobenswert ist: *was verdienstvoll, dankenswert, rühmenswert, lobenswürdig, schätzenswert und einer Anerkennung verdienend wert ist.*

Paulus schreibt in seinem Brief an die Römer über *die Lobenswertigkeit* in Kapitel 12, Vers 17:

Vergeltet niemand Böses mit Bösem! Seid auf das bedacht, was in den Augen aller Menschen gut ist.

... und komplettiert seine Aussage in seinem 2.Brief an die Korinther in Kapitel 8, Vers 21 über *die Lobenswertigkeit* wie folgt:

... und weil wir auf das bedacht sind, was recht ist, nicht nur vor dem Herrn, sondern auch vor den Menschen.

Es sind jene neutestamentlichen, nachzuahmenden Darstellungen der an Gott und Jesus Christus Glaubenden, welche sich die Philipper *stets aneignen sollen*, so Paulus, *um anhand dieser positiven Betrachtungen allen ihren Mitmenschen ihre persönliche Freude im Glauben auszudrücken, sodass ein jeder Gläubige von ganzem Herzen* **in Bedacht** (Philipper, Kapitel 4, Vers 8b) *bekennen kann:*

Lass dir wohlgefallen die Rede meines Mundes und das Gespräch meines Herzens vor dir (Psalm 19 – ein Psalm Davids, Vers 15a + b / Lutherbibel 1984).

Vers 9: Paulus schenkt der Gemeinde in Philippi noch einen weiteren *Zuspruch:*

Alles, was die Philipper über die Botschaft des Evangeliums von Jesus Christus **gelernt, empfangen und gehört haben**, bzw. **an der Person des Apostels Paulus gesehen haben**, *sollen sie von ihren gläubigen Herzen, der Zentrale des Glaubens willig ausführen* (Philipper, Kapitel 4, Vers 9a).

Der Apostel bezieht sich erneut auf die von ihm bereits erwähnten Worte aus Philipper, Kapitel 3, Vers 17 (siehe Auslegung!).

Wenn die Philipper in der gleichen Art und Weise wie bereits in Vers 8 des 4. Kapitels beschrieben wurde, handeln, (siehe Auslegung!) *so wird der Gott des Friedens mit ihnen sein*, so Paulus in Philipper, Kapitel 4, Vers 9b – **und der Gott des Friedens heilige euch durch und durch, und euer ganzes**

(Wesen), der Geist, die Seele und der Leib, möge untadelig bewahrt werden bei der Wiederkunft unseres Herrn Jesus Christus! – komplettiert Paulus in seinem 1.Thessalonicherbrief in Kapitel 5, Vers 23.

Wiederum handelt es sich in diesem 9.Vers des 4.Kapitels des Philipperbriefes um einen *Zuspruch* des Apostels Paulus, welcher von *einer durch den Glauben im Heiligen Geist erfüllenden Gewissheit Gottes im Herrn Jesus Christus ummantelt ist.* Diese Gewissheit ist abermals geprägt von *der Frucht des Geistes* (Galater, Kapitel 5, Vers 22a), welche den Beschenkten vom Höchsten wohlwollend offenbart wurde.

Zu dieser rundum von Gott in Jesus Christus gewährten Zuversicht lässt uns der Psalmist bei seinem *Loblied auf Gottes Allmacht und Hilfe* folgenden Zuspruch des allmächtigen Gottes in Erfahrung bringen:

Denn des HERRN Wort ist wahrhaftig, und was er zusagt, das hält er gewiss. Denn wenn er spricht, so geschieht`s; wenn er gebietet, so steht`s da (Psalm 33, Verse 4 + 9 / Lutherbibel 1984).

Verse 10 – 20
Paulus dankt für die Gaben der Philipper

[10] *Ich habe mich aber sehr gefreut im Herrn, dass ihr euch wieder so weit erholt habt, um für mich sorgen zu können; ihr habt auch sonst daran gedacht, aber ihr wart nicht in der Lage dazu.* [11] *Nicht wegen des Mangels sage ich das; ich habe nämlich gelernt, mit der Lage zufrieden zu sein, in der ich mich befinde.* [12] *Denn ich verstehe mich aufs Armsein, ich verstehe mich aber auch aufs Reichsein; ich bin mit allem und jeden vertraut, sowohl satt zu sein als auch zu hungern, sowohl Überfluss zu haben als auch Mangel zu leiden.* [13] *Ich vermag alles durch den, der mich stark macht, Christus.* [14] *Doch habt ihr recht gehandelt, dass ihr Anteil nahmt an meiner Bedrängnis.* [15] *Und ihr Philipper wisst ja auch, dass am Anfang (der Verkündigung) des Evangeliums, als ich von Mazedonien aufbrach, keine Gemeinde mit mir Gemeinschaft gehabt hat im Geben und Nehmen als ihr allein;* [16] *denn auch nach Thessalonich habt ihr mir einmal, und sogar zweimal, etwas zur Deckung meiner Bedürfnisse gesandt.* [17] *Nicht dass ich nach der Gabe verlange, sondern ich verlange danach, dass die Frucht reichlich ausfalle auf eurer Rechnung.* [18] *Ich habe alles und habe Überfluss; ich bin völlig versorgt, seitdem ich von Epaphroditus eure Gaben empfangen habe, einen lieblichen Wohlgeruch, ein angenehmes Opfer, Gott wohlgefällig.* [19] *Mein Gott aber wird allen euren Mangel ausfüllen nach seinem Reichtum in Herrlichkeit in Christus Jesus.* [20] *Unserem Gott und Vater aber sei die Ehre von Ewigkeit zu Ewigkeit! Amen.*

Auslegung:

Vers 10: Mit Freude umgebenen Worten des Dankes, welche Paulus den Gemeindemitgliedern der Philipper zukommen lässt, beginnt der zweitletzte Kapitelabschnitt seines Philipperbriefes.

Des Apostels von Freude umwobener Dank gilt in diesem 10.Vers *dem Gedenken,* sprich: Paulus **hat sich im Herrn sehr darüber gefreut, dass ihr**, so der Apostel, ja, *dass die Gemeinde* **wieder eifrig geworden ist, für ihn zu sorgen** (Lutherbibel 1984). Paulus spricht an dieser Stelle *die ihn unterstützenden Maßnahmen der Gemeinde in Philippi an, welche ihm von den Philippern nun wieder in Form der Nächstenliebe zukommen.*

Von ganzem Herzen freut sich der Apostel, dass sich die Gemeinde *erholt hat*, sprich: dass die Philipper *erneut zu Kräften gekommen sind.* Nun ist es ihnen *wieder möglich geworden,* Anteilnahme an der situationsbedingten Lage des Paulus in allen seinen Bedrängnissen, nämlich seinen momentan betreffenden Gefängnisaufenthalt mit von Herzen kommenden Gedenken an ihn zu bekunden. Darüber *freut sich* Paulus *im* **Herrn.**

Zwar waren die Philipper immer darauf *bedacht,* sprich: *sie haben es gewollt,* an den Apostel zu denken, dennoch hat die Lage, in der sie sich befanden, „es ihnen nicht erlaubt", ihr mitfühlendes Gedenken dem Apostel *wie gewohnt entgegenzubringen.*

Leider können wir es aus dem Briefinhalt nicht in Erfahrung bringen, inwiefern sich das situationsbezogene Befinden der Philipper ersichtlich zeigte. Wie auch immer sich die Lage der Gemeinde in Philippi ereignete, nun lässt ihr der Person des Paulus bezügliches Gedenken das Herz des Apostels *erneut erquicken, ja, zu erneuten Kräften gelangen, weil die Gemeinde in Philippi fortan ihr Gedenken an ihn zum Ausdruck bringt.*

Abermals wird es uns aus den inhaltlichen Worten dieses 10.Verses ersichtlich, *dass das Werk Gottes immer wieder hervorgehoben werden muss,* denn *nur* der Allmächtige kann die Nächstenliebe – welche die Philipper zum Apostel Paulus bestätigen – durch den unentwegten Glauben an Ihn *fördern und im Heiligen Geist ausübend gedeihen lassen.*

So treffen erneut der Glaube und die sich erkenntlich zeigende, immerwährende Allmacht des uns liebenden, wunderbaren Gottes in dem Herrn Jesus Christus *in beiderseitiger Harmonie zueinander, die wiederum die zuversichtliche, unverzagte Gewissheit der Glaubenden mit der Kraftwirkung Gottes und Jesus Christus im Heiligen Geist ineinander verschmelzend vereint.* Diese „humanitär-göttliche, durch den Geist der Wahrheit sich erfüllende Verbindung" führt zu der stets von Gott und dem Herrn Jesus Christus beabsichtigten *Freude im Herrn.*

In der Tat, dies ist das unwiderrufliche Kennzeichen, welches *das Band des Friedens unentwegt in der Einheit des Geistes prägend hervorhebt* (Epheser, Kapitel 4, Vers 3b):

Denn: ***Gnade und Wahrheit sind einander begegnet, Gerechtigkeit und Friede haben sich geküsst*** (Psalm 85 – ein Psalm von den Söhnen Korahs, Vers 11).

Vers 11: Um einen Trugschluss über jene von Paulus verfassten Worte aus dem 10.Vers zu vermeiden, lässt der Apostel die Angeschriebenen in Vers 11 wissen:

Nicht wegen des Mangels sage ich das, sprich: Paulus will den Philippern verdeutlichen, dass er aufgrund seiner von ihm ausgehenden ***Freude im Herrn*** (Philipper, Kapitel 4, Vers 10a) *keinen Mangel* leiden würde. Ja, er will es der Gemeinde besänftigend zu erkennen geben, dass er sich zwar von ganzem Herzen über das von ihnen an ihm vollbrachte Gedenken erfreut – jedoch sollen diese herzlichen, von den Philippern ausgehenden Gedanken *nicht als eine weitere Aufforderung in Bezug auf weitere Gnadengaben von der Gemeinde in Betracht gezogen werden*.

Die Aufklärung dieser falsch zu verstehenden Annahme folgt anhand des nächsten Satzteils des 11.Verses, indem Paulus die Gemeinde sanftmütig wissen lässt:

Ich habe es nämlich gelernt, mit der Lage zufrieden zu sein, in der ich mich befinde.

Paulus will seine ihm von Gott in Christus gegebene Freiheit im Heiligen Geist bewahren, *aber* lässt das Danken gegenüber den Philippern *nicht außer Acht*. Sein Glaube aber hat eine solche zu Gott und Jesus Christus bezogene Intensivität, dass er dank dieses seines unerschütterlichen Glaubens die Angeschriebenen *beruhigen* kann, *dass das, was Gott ihm gewährleistet, sich für ihn persönlich mehr als ausreichend offenbart.*

Die Begründung des Paulus sollte in gleicher Art und Weise von der Gemeinde der Philipper verstanden werden, wie es der Apostel in seinem 1.Brief an Timotheus wie folgt verfasste:

Es ist allerdings die Gottesfurcht eine große Bereicherung, wenn sie mit Genügsamkeit verbunden wird. Denn wir haben nichts in die Welt hineingebracht, und es ist klar, dass wir auch nichts hinausbringen können. Wenn wir aber Nahrung und Kleidung haben, soll uns das genügen! (1.Timotheus, Kapitel 6, Verse 6 – 8).

Die Genügsamkeit und die Gottesfurcht treffen beide in „ineinander angliedernder Art und Weise" gegenüber. Diese Argumente christlicher Gewissheit prägen die im Herzen der Beschenkten „Zufriedenheitsempfindungen im Heiligen Geist", welche die von Dietrich Bonhoeffer verfassten Worte seines Gedichts und Liedes: *„Von guten Mächten wunderbar geborgen"* herauskristallisieren:

Von guten Mächten wunderbar geborgen,

erwarten wir getrost, was kommen mag.

Gott ist bei uns am Abend und am Morgen

und ganz gewiss an jedem neuen Tag.

Verse 12 + 13: Weiterhin lässt der Apostel die Gemeinde wissen, *dass weder **Armut** noch **Reichtum**, **Hunger** oder **ausreichende Nahrung**, noch irgendwelche **Mängel*** ihn belasten können.

Denn mit dem, was ihm vom Höchsten gewährt wird, strahlt er Zufriedenheit aus. Keine dieser von ihm aufgezählten Kriterien sind ihm fremd – in der Tat – er hat alle zu genüge kennengelernt. In des Apostels 1.Brief an die Korinther erfahren wir in Kapitel 4, Vers 11, dass Paulus ***Hunger, Durst und Blöße erlitten hatte, geschlagen wurde und ohne Bleibe war.***

Erneut will Paulus den Philippern erkenntlich zeigen, dass sämtliche an ihm erwirkten eher schwachen Vor – und die sich meistens an seiner Person offenbarenden Nachteile *aus humanitärer Betrachtung* sich mehr als *aussichtlose Merkmale* darstellen.

Jedoch als ein Kind Gottes, ja, *als ein fest im unverzagten Glauben stehender Christ* werden diese humanitär vergänglich zu betrachtenden Anhaltspunkte plötzlich in einer erträglichen Betrachtungsweise aufgefasst.

Diese von Zufriedenheit umgebene Gefühlsverlagerung ist jedoch *nicht auf menschliches, sprich: eigennütziges Geschehen zurückzuführen, sondern auf die im Glauben ersichtlich werdende Gewissheit, Jesus Christus vollkommen anzugehören.* Bedingt durch innigen Glauben *an* den Messias – den Herrn und Erlöser Jesus Christus – *wird die Schwachheit zum Triumph der eigenen, menschlichen Schwäche*, so Paulus.

So kann er nun in Vers 13 behaupten:

Ich vermag alles durch den, der mich stark macht, Christus.

Folglich ist das Werk Gottes als ein vom Höchsten an jedem Menschen ausgeübtes, ja – als ein „bestimmendes, individuelles Behandlungsschema" zu betrachten. Der Allmächtige allein bestimmt das Geschehen, als auch das Schicksal jeder einzelnen Person. Der ungläubige Mensch ist daher ebenfalls als ein unter der Obhut Gottes stehendes Individuum anzusehen. *Jedoch lebt er in einer fernen, ja, einer von Gott geistlich zu betrachtenden, abgeschiedenen Entfernung, welche ihn als einen ungläubigen Menschen definiert.*

Dieser von Gott entfremdende Mensch betrachtet sein eigenes Leben als ein „glückliches" Dasein. Darum ist er aufgrund unwilliger Sturheit *nicht fähig, sein eigenes Schicksal zu erkennen, welches nunmehr unwillkürlich die vollkommene Abgeschiedenheit von Gott und dem Herrn Jesus Christus bedeutet.* Er betrachtet die „humanitäre Habsucht" als „seinen Gott".

Aufgrund dessen fokussieren die Gottlosen die Prüfungen Gottes als „unverzeihliche Maßnahmen" *und nicht als Hilfeleistungen zur Umkehr, um ein Kind Gottes zu werden.*

Der gläubige Mensch hingegen *erkennt* die an ihm erwirkte Kraftwirkung des Heiligen Geistes, weil er Buße vor Gott und Jesus Christus in Form von Gebeten hinterlegt hat. Dieser fortan zu Gott und dem Herrn Jesus Christus bezogene Mensch stellt seinen Erretter Jesus Christus *in den bedeutenden Mittelpunkt seines irdischen Daseins.* Daher weiß er allzu genau, dass das ehemals an ihm haftende, irdische Dasein *ohne Gott und Jesus Christus als ein vollkommen leeres Leben bezeichnet werden kann.* Dieser Glaubende erkennt nun, *dass er sein ehemaliges, selbstbestimmendes Vorrecht verloren hat, weil Christus fortan der Sieg ist, ja, der ganze Anhaltspunkt der alles errettenden Maßnahmen in seinem Leben darstellt.* Er trägt fortan den Sieg in seinem Herzen, den ihm Gott in Seinem Sohn im Heiligen Geist geoffenbart hat. Sein Leben ist *nicht weiterhin* ein trostlos zu begehender Pfad, *sondern* ein Weg, der von Christus *für ihn geebnet wurde,* um anhand dieses schmalen, beschwerlichen Weges in das Reich der Herrlichkeit Gottes angelangen zu können. Dieser Mensch besitzt fortan die ihm zuteilgewordene Kraft des Heiligen Geistes, der ihm erkenntlich zeigt, dass Jesus Christus in ihm alles neu gemacht hat.

In der Tat, dieser Mensch ist der Teil einer neuen Schöpfung geworden, *weil er erkannt hat, dass das Leben mit Christus das größte Offenbarungsgeschenk des allmächtigen Gottes darstellt.* Denn nur im Heiland **ist der Weg, die Wahrheit und das Leben** (Johannes, Kapitel 14, Vers 6) *auffindbar, der den Gerechten niemals wanken lässt,* sondern in das Reich der Himmel leitet.

Aufgrund dessen betrachten die an Gott und den Herrn Jesus Christus Glaubenden die Prüfungen Gottes *als zwar von Gott beabsichtigte Erschwernisse, die jedoch ihren Glauben vertiefen, weil Gott ihnen ein Zeichen Seiner unentwegten Liebe offenbart, um die Gläubigen noch tiefer in Seine unausforschlichen Gedanken mit einzubeziehen, damit sie von Tag zu Tag die Herrlichkeit Seiner selbst näher und eindeutiger erkennen* und wahrnehmen können. Denn diese Gewissheit bedeutet: *Freude im Herrn zu erlangen.* In der Tat:

Als ich den HERRN suchte, antwortete er mir und errettete mich aus aller meiner Furcht. Ich will den HERRN loben allezeit; sein Lob soll immerdar in meinem Munde sein (Psalm 34 – ein Psalm Davids, Verse 5 + 2 / Lutherbibel 1984).

Wir erhalten einen näheren Einblick, wenn wir uns in die Worte der Heiligen Schrift vertiefen, welche uns Aufklärung zwischen Ungläubigen und Gläubigen schenken. Dazu je zwei Beispiele:

Über die Ungläubigen:

Der „Tränenprophet" Jeremia schreibt:

O HERR, du bleibst im Recht, wenn ich mit dir rechte; dennoch will ich über (deine) Rechtsentscheide mit dir reden: Warum ist der Weg der Gottlosen so erfolgreich und bleiben alle, die treulos handeln, unangefochten? Du hast sie gepflanzt, sie schlagen auch Wurzeln, sie gedeihen und bringen sogar Frucht. Du bist zwar ihrem Mund nahe, aber fern von ihren Herzen (Jeremia, Kapitel 12, Verse 1 + 2).

Und der Herr Jesus Christus spricht im Evangelium des Matthäus:

„*Dieses Volk naht sich zu mir mit seinem Mund und ehrt mich mit den Lippen, aber ihr Herz ist fern von mir. Vergeblich aber verehren sie mich, weil sie Lehren vortragen, die Menschengebote sind.*" (Matthäus, Kapitel 15, Verse 8 + 9 / in Bezug auf Jesaja, Kapitel 29, Vers 13).

Über die Gläubigen:

Der Gerechte muss viel erleiden, aber aus alledem hilft ihm der HERR (Psalm 34 – ein Psalm Davids, Vers 20 / Lutherbibel 1984).

Denn wen der Herr lieb hat, den züchtigt er, und er schlägt jeden Sohn, den er annimmt (Hebräer, Kapitel 12, Vers 6 / in Bezug auf die Sprüche Salomos, Kapitel 3, Verse 11 + 12).

Denn die an Gott und Jesus Christus Glaubenden wurden:

... *gesteinigt,* (im Falle des ersten Märtyrers Stephanus!) *zersägt,* (im Falle des Propheten Jesaja! / Quelle: Bibel-Server!) *versucht,* (im Falle aller Propheten und Apostel *und vor allem der Herr Jesus Christus!*) *sie erlitten den Tod durchs Schwert,* (im Falle des Jakobus, dem Bruder des Johannes!) *sie zogen umher in Schafspelzen und Ziegenfällen,* (im Falle der Propheten!) *erlitten Mangel, Bedrückung, Misshandlung;* (im Falle der Propheten, der Apostel, *besonders* der Apostel Paulus, *vor allem aber bezugnehmend auf den Herrn*

Jesus Christus mit Seinem Sühnen bringenden, uns zugute dienendem Tod!) *sie, deren die Welt nicht wert war, irrten umher in Wüsten und Gebirgen, in Höhlen und Löchern der Erde* (Hebräer, Kapitel 11, Verse 37 + 38).

Vers 14: Auch in diesem 14.Vers kommt der Apostel Paulus erneut auf den Dank zu sprechen, den er bereits der Gemeinde der Philipper in Vers 10 des gleichnamigen Kapitels (siehe Auslegung!) bekundete.

Mit seinen weiterhin tiefgründigen Worten gibt er gibt der Gemeinde bekannt, dass sie *recht gehandelt haben*, nämlich, dass *die Philipper an seiner Bedrängnis Anteil genommen haben.*

Paulus will ihnen zu verstehen geben, dass er und die Gemeinde bedingt durch ihre ihm gebührende Anteilnahme *eine gemeinschaftliche Verbindung hervorgehoben haben, welche durch den beiderseitigen, gemeinsamen Glauben an den Herrn Jesus Christus rundum bestätigt wird.* Dieser gemeinschaftliche Zusammenhalt sagt wiederum aus, dass ihre kooperative Gemeinsamkeit den gewichtigen Anteil an der Frohen Botschaft des Heilands Jesus Christus prägt. Sprich:

Die Philipper haben *ihren Glauben aufblühen und prachtvoll mit der Kraft des Heiligen Geistes gedeihen und wirken lassen, in dem erkennenden Wissen,* dass der Herr Jesus Christus *ihnen Kraft seiner Auferstehung auch Anteilnahme an seinen Leiden gab*, nämlich mit der unverzagten Gewissheit durch den Glauben, dass die an Ihn – den Heiland – Gläubigen *seinem Tod gleichförmig werden* (siehe erneut Auslegung zu Philipper, Kapitel 3, Vers 10!).

Sie – die Gemeinde in Philippi, so Paulus – haben von dem allmächtigen Gott in Erfahrung bringen können, *dass Gott treu ist, denn durch ihn wurden sie aufgrund ihres von Herzen kommenden Glaubens berufen zur Gemeinschaft mit seinem Sohn Jesus Christus* (1.Korinther, Kapitel 1, Vers 9).

Aufgrund dieser innigen Gemeinschaft mit dem Herrn Jesus Christus in Verbindung mit dem beiderseitigen, tiefgegründeten Glauben in einem sich ersichtlich zeigenden, eng verbundenen Zusammenhalt mit dem Apostel Paulus, führen *einerseits* die Philipper in gemeinschaftlicher Ausübung die Evangeliums-Botschaft des Heilands aus – und vollbringen *andererseits* somit die von Gott geforderte Nächstenliebe gegenüber *allen Menschen* im stets gewollten Sinne des Allmächtigen (siehe Auslegung zu Philipper, Kapitel 4, Vers 5!).

Folglich können die Worte des Johannes, welche der Apostel in seinem 3.Brief dem *Gajus* bekundet, auch auf die Gemeinde der Philipper wie folgt übertragen werden:

Mein Lieber, du handelst treu in dem, was du an den Brüdern tust, auch an den unbekannten, (an allen Menschen! – siehe erneut Auslegung zu Philipper, Kapitel 4, Vers 5!) *die von deiner Liebe Zeugnis abgelegt haben vor der Gemeinde. Du wirst wohltun, wenn du ihnen ein Geleit gibst, wie es Gottes würdig ist; denn um seines Namens willen sind sie ausgezogen, ohne von den Heiden etwas anzunehmen. So sind wir nun verpflichtet, solche aufzunehmen, damit wir Mitarbeiter der Wahrheit werden* (3.Johannes, Verse 5 – 8).

In der Tat, die Philipper *sind Glieder seines* (des Herrn Jesus Christus!) *Leibes, von seinem Fleisch und von seinem Gebein.* Dieses Wissen wird von dem Apostel Paulus *auf die Gemeinde gedeutet* (Epheser, Kapitel 5, Verse 30 + 32b).

Folglich bilden *die einzelnen Glieder* und deren ihnen zugeteilten Aufgabengebiete – welche aus *den verschiedenen Gliedern und ihren zugeteilten Aufgabenbereichen zueinander entstehen* – somit die *zu erfüllende Evangeliums-Botschaft Gottes in dem Herrn Jesus Christus, um den Willen Gottes nach Seinen vorgegebenen Richtlinien gemäß auszuüben.*

Diese Aufgabengebiete sind mit folgenden Aufgabenbereichen wie folgt bestückt:

Ihr aber seid (der) Leib des Christus, und jeder ein Glied daran nach seinem Teil. Und Gott hat in der Gemeinde etliche eingesetzt, erstens als Apostel, zweitens als Propheten, drittens als Lehrer; sodann Wunderkräfte, dann Gnadengaben der Heilungen, der Hilfeleistung, der Leitung, verschiedene Sprachen, so Paulus in seinem 1.Brief an die Korinther in Kapitel 12, Verse 27 + 28.

Nun wird ersichtlich, dass *alle Gläubigen* in diese Gemeinschaft durch Gottes *wohlwollende als auch gewollte Beabsichtigung mit hineinintegriert wurden, sodass die auszuübende*

*Nächstenliebe gegenüber **allen Menschen** (Philipper, Kapitel 4, Vers 5) rundum vom Höchsten – Seinem Willen gemäß – gewährleistet wird.*

Daher ist diese gewollte Beabsichtigung Gottes eine vom Höchsten erwirkte „Aufgabenzuteilung", welche wiederum bestätigt, *dass jedes Glied eine Verantwortung gegenüber dem anderen Glied hat,* sprich: *jedes Glied hat einen von Gott gegebenen Bereich zur Ausübung erhalten und ist folglich abhängig von dem anderen Glied, sodass die gemeinschaftliche Tätigkeit erforderlich ist, um letztlich die von Gott gewollte Ausübung Seinem Willen gemäß zu vollbringen.* Folglich wird der Glaube auch rundum von der Gemeinde der Philipper geprägt, *weil* sie diese von Gott geforderte Ausübung der Nächstenliebe an *allen Menschen* (Philipper, Kapitel 4, Vers 5) nach Gottes Vorgaben wohlwollend vollbringen.

Kurzum: die Gemeinde der Philipper ist rundum in die stets von Gott in dem Herrn Jesus Christus gewollte Absicht aufgenommen worden, *weil die Philipper die an sie gerichteten Aufgaben des Höchsten rundum gewährleisten, ja, weil sie der Berufung Jesu Christi im Heiligen Geist allezeit mit christlicher Ausübung der Nächstenliebe nachfolgen,* ganz im stets gewollten Sinne des allmächtigen Gottes.

Verse 15 + 16: Jedoch sollte auch an dieser Stelle kein Trugschluss über des Apostels Paulus` Tätigkeit – bezüglich „seiner eigentlich ihm gebührenden Finanzen" – von der Gemeinde in Philippi gezogen werden.

Dieses an ihn übertragene apostolische Amt Jesu Christi (siehe erneut die Apostelgeschichte des Lukas, Kapitel 9!) tätigt der Apostel *aus reinster Überzeugung, ja, aus seiner eigenen Ungebundenheit heraus.* Diese feststehende Tatsache will Paulus den Angeschriebenen nahelegen, sodass die Gemeinde *keine falschen Rückschlüsse in ihrem Glauben annehmen wird.* Denn diese falsche Annahme könnte die Gemeinde *dazu veranlassen – und möglicherweise auch glauben lassen – dass das apostolische Amt des Apostels Paulus als eine ihm gebührende, zu bezahlende Tätigkeit angesehen wird.*

Dass auch die Gemeinde in Philippi sich zu solch *falschen* Trugschlüssen „aufgefordert", bzw. sich zur „Nachahmung veranlasst fühlt", will der Apostel *tunlichst, ja, noch mehr – auf jeden Fall – wie folgt vermeiden:*

In der Tat, das überaus herzliche, sehr eng im Glauben zusammenhaltend zu erachtende Verhältnis zwischen der Gemeinde in Philippi und dem Apostel Paulus, ja, jene freundschaftlich geprägte Beziehung im gemeinschaftlichen Glauben an den Herrn Jesus Christus kann es folglich dem Apostel gestatten, Gaben von den Philippern anzunehmen, **als er am Anfang (der Verkündigung) des Evangeliums von Mazedonien aufbrach** (Philipper, Kapitel 4, Vers 15a).

Denn auf diese Gemeinde kann sich Paulus *getrost, ja – effektiv verlassen –* und erweist den Philippern mit diesem seinen Verhalten weiterhin *die ehrerbietende Darreichung seines großen Vertrauens zu ihnen –* als er den Philippern nochmals bekundet, **von ihnen einmal, ja sogar zweimal in Thessalo-**

nich etwas zur Deckung seiner Bedürfnisse bekommen zu haben (Philipper, Kapitel 4, Vers 16).

Da, so Paulus, er *keine* so innige Gemeinschaft zu einer anderen Gemeinde pflegt, als zu der Gemeinde der Philipper, bekennt er ihnen noch einmal *seine enge Vertrautheit* wie folgt:

Und ihr Philipper wisst ja auch, dass am Anfang (der Verkündigung) des Evangeliums, als ich von Mazedonien aufbrach, keine Gemeinde mit mir Gemeinschaft gehabt hat im Geben und Nehmen als ihr allein; denn auch nach Thessalonich habt ihr mir einmal, und sogar zweimal, etwas zur Deckung meiner Bedürfnisse gesandt (Philipper, Kapitel 4, Verse 15 + 16).

Eindeutig der Wahrheit entsprechend lässt der Apostel Paulus die Philipper wissen, dass sein apostolisches Amt *sonst von keiner einzigen Gemeinde bezahlt wurde.* Er hat zwar das *Anrecht,* sich sein ihm von Christus übergebenes Amt *bezahlen zu lassen* – ***denn der Arbeiter ist seines Lohnes wert*** *–* spricht der Heiland im Evangelium des Lukas in Kapitel 10, Vers 7b – aber trotz dieses vom Herrn genehmigten Lohnerhalts *verweigert Paulus strikt seine ihm eigentlich gebührende Bezahlung.*

Der Apostel will die Gemeinden *weder beanspruchen, noch finanziell belasten.* Daher bekennt er in seinem 1.Brief an die Thessalonicher:

Ihr erinnert euch ja, Brüder, an unsere Arbeit und Mühe; denn wir arbeiten Tag und Nacht, um niemand von euch zur

Last zu fallen, und verkündigten euch dabei das Evangelium Gottes (1.Thessalonicher, Kapitel 2, Vers 9).

Mit diesem seinem bewussten finanziellen Verzicht *verhindert Paulus weiterhin falsche auf ihn zukommende, und folglich ihn betreffende Vermutungen.* So schreibt er ebenfalls in seinem 1.Thessalonicherbrief:

Denn wir sind nie mit Schmeichelworten gekommen, wie ihr wisst, noch mit verblümter Habsucht – Gott ist Zeuge –; wir haben auch nicht Ehre von Menschen gesucht, weder von euch noch von anderen, obgleich wir als Apostel des Christus würdevoll hätten auftreten können (1.Thessalonicher, Kapitel 2, Verse 5 + 6).

Daher haben wir uns dieses Rechtes nicht bedient, sondern wir ertragen alles, damit wir dem Evangelium von Christus kein Hindernis bereiten – komplettiert der Apostel Paulus in seinem 1.Brief an die Korinther in Kapitel 9, Vers 12b.

Anhand dieser von Paulus von vollkommener Wahrheit ummantelten Worte kann man *allseits erkennen,* dass es dem Apostel stets um das Evangelium und seiner überaus gewichtigen Bedeutung handelte, niemals zog er den vergänglichen Mammon in Betracht, denn:

Niemand kann zwei Herren dienen, denn entweder wird er den einen hassen und den anderen lieben, oder wird dem einen anhängen und den anderen verachten. Ihr könnt nicht Gott dienen und dem Mammon! – spricht unser Herr Jesus

Christus in dem Evangelium des Matthäus in Kapitel 6 im 24.Vers.

Außerdem hält Paulus an dieser seiner *strikten Vorgehensweise mit jeglichem Verzicht der Bezahlung unentwegt daran fest, weil er* auf seinen „eigenen Ruhm" *nicht verzichten will.* Daher ist dieser „Ruhm" *nicht sein eigener, sondern der dem Apostel offenbarte Ruhm in der Kraftauswirkung des ihm zuteilgewordenen Heiligen Geistes in dem Herrn Jesus Christus.*

Daher bekennt Paulus:

„**Wer sich aber rühmen will, der rühme sich des Herrn!**" **Denn nicht der ist bewährt, der sich selbst empfiehlt, sondern der, den der Herr empfiehlt** (2.Korinther, Kapitel 10, Verse 17 + 18).

Vers 17: Noch einmal kommt Paulus in diesem 17.Vers auf die bereits von ihm erwähnten Verse 10, 14, 15 + 16 dieses 4.Kapitels zu sprechen (siehe Auslegung!).

Daher spricht er in Vers 17 erneut seine bisherige Sorge ein weiteres Mal aus, nämlich, dass seine bereits erwähnten Worte aus den soeben genannten Versen zu einer falschen Annahme, sprich: zu einer Fehldeutung von der Gemeinde in Philippi verstanden werden könnten.

Aufgrund dessen verfasst er in Vers 17 erneut folgende Worte:

Nicht das ich nach der Gabe verlange, sondern ich verlange danach, dass die Frucht reichlich ausfalle auf eurer Rechnung.

Erneut verdeutlicht der Apostel der Gemeinde allzu genau, dass seine an sie gerichtete Aufforderung *nicht nach Gabe verlangt*, sprich: *nach vergänglichem, irdischen Mammon*, der, wie wir bereits in Erfahrung bringen konnten, *keinerlei Wert im Gegensatz zu den himmlischen Worten Gottes und dem Herrn Jesus Christus aufweist*, denn die Worte und Zusagen Gottes und die Seines Sohnes *sind auf Ewigkeit unabänderlich und vergehen niemals.*

So spricht der allmächtige Gott im Buch des Propheten Maleachi:

Denn ich, der HERR, verändere mich nicht (Maleachi, Kapitel 3, Vers 6a).

Und unser Herr Jesus Christus lässt uns im Evangelium des Markus wissen:

Himmel und Erde werden vergehen, aber meine Worte werden nicht vergehen (Markus, Kapitel 13, Vers 31).

Der Apostel Paulus, wahrlich ein Gesandter des Herrn Jesus Christus, der einen unerschütterliche, tiefgründigen Glauben in seinem gläubigen Herzen trägt, *legt absolut keinerlei* Wertachtung *auf die vergänglichen, irdischen Besitzgüter jeglicher Art*, sondern *ihm ist es wichtig, nach dem zu streben, was einen unvergänglichen, ja, einen immerwährenden Wert hat,* denn so spricht der Heiland im Evangelium des Matthäus:

Trachtet vielmehr zuerst nach dem Reich Gottes und nach seiner Gerechtigkeit (Matthäus, Kapitel 6, Vers 33a).

Exakt *auf diesen Blick,* ja, *auf dieses Ziel* sind die stets zum Himmel gerichteten, sehnsüchtigen Blicke des Apostels Paulus *allezeit* gerichtet. Darum will er den Philippern *genau diese seine Glaubensauffassung eindeutig zu verstehen geben, nämlich mit der Nachahmung, dass auch sie den Reichtum der Herrlichkeit Gottes als das oberste Ziel in ihrem Dasein betrachten und im Glauben an den Herrn Jesus Christus rundum verwirklichen.* Denn:

Die Himmel erzählen die Ehre Gottes, und die Feste verkündigt seiner Hände Werk. Die Herrlichkeit des Herrn bleibe ewiglich. (Psalm 19 – ein Psalm Davids, Vers 2 + Psalm 104, Vers 31a / Lutherbibel 1984).

Daher kann Paulus in seinem 2.Brief an die Korinther betonen:

Das aber (bedenkt): Wer kärglich sät, der wird auch kärglich ernten; und wer im Segen sät, der wird auch im Segen ernten (2.Korinther, Kapitel 9, Vers 6).

In der Tat, *irdischer Beitz jeglicher Art deutet immer auf Vergänglichkeit hin – himmlischer Reichtum aber besteht auf*

Ewigkeit und führt mit dem vom Herzen kommenden Glauben in das ewige Reich der Herrlichkeit Gottes, so Paulus.

Aufgrund dieser unumstößlichen Gewissheit ruft Paulus die Philipper zu der **Frucht** (Philipper, Kapitel 4, Vers 17b) *im Glauben* auf. Diese seine ihm anhängende, unverzagte Gewissheit will er den Philippern nahebringen, ja, *er verlangt danach, dass sie unentwegt zu dieser* **Frucht** *im Glauben streben.*

Der Apostel will den Angeschriebenen unmissverständlich zu verstehen geben, dass ihr Glaube mit der **Buße**, die sie einst vor Gott im Gebet bekannt haben, *allezeit eine ertragreiche* **Frucht** *hervorbringen soll, welche der* **Buße** *würdig ist* (Matthäus, Kapitel 3, Vers 8).

Diese fortan gedeihende, bedingt durch den innigen Glauben hervorsprießende, nun zum Leben erwachte *Frucht* ist auf *das gute Erdreich gesät, und wird bei der Ernte* (bei der Wiederkunft des Herrn Jesus Christus durch des Heilands` Engel!) den Glaubenden *vergütet* werden. Folglich trägt die *Frucht des Glaubens ihren Ertrag je nach ihrem eigenen Gedeihen: **der eine trägt hundertfältig, ein anderer sechzigfältig, ein dritter dreißigfältig*** (Matthäus, Kapitel 13, Vers 23).

Daher: ***An den Früchten werdet ihr sie erkennen*** (Matthäus, Kapitel 7, Vers 16a), denn:

Jede Rebe an mir, (Jesus Christus!) ***die keine Frucht bringt, nimmt er*** (Gott!) ***weg; jede aber, die Frucht bringt, reinigt er, damit sie mehr Frucht bringt*** (Johannes, Kapitel 15, Vers 2).

Folglich „paaren sich", so Paulus, die sich durch den Glauben *erwirkten **Früchte der Gerechtigkeit durch Jesus Christus zur Ehre und zum Lob Gottes*** (Philipper, Kapitel 1, Vers 11) *mit der Frucht des Geistes, welche die von Gott in Christus geforderte **Liebe, Freude, Friede, Langmut, Freundlichkeit, Güte, Treue, Sanftmut** und **Selbstbeherrschung** hervorruft* (Galater, Kapitel 5, Vers 22).

Diese ***Frucht, welche reichlich auf eure Rechnung ausfallen soll*** (Philipper, Kapitel 4, Vers 17b) – ihr Philipper – so Paulus, *ist die alles in allem als Erfüllung zu betrachtende Gewissheit des innigen Glaubens, ja, der Verwirklichung dessen, was nicht nur ich, sondern vor allem Gott und der Herr Jesus Christus fordern, sodass es ein lebendiger Glaube ist, welcher stets zu euren eigenen Vorteilen erstrebt werden soll.*

Diese immerdar zu Gott und Jesus Christus bezogene Mentalität *prägt nicht nur die eigene Gewissheit, im geforderten Glauben angelangt zu sein,* sondern diese *ist die Erfüllung des neuen, ewigen Bundes Gottes in dem Herrn Jesus Christus, welche Ewiges Leben in deren beider Nähe offenbart.*

Abermals wird ersichtlich, dass die Handlungen der Gläubigen *keine eigenen Werke, sondern unentwegt durch Buße und Glauben hervorgebrachte, vom Heiligen Geist geleitete Barmherzigkeitsgeschehen Gottes im Herrn Jesus Christus darstellen.*

Exakt in *diesem* vom Höchsten in Christus geleiteten Offenbarungsgeschehen wird das Heil eines jeden Glaubenden am Ende der Weltzeit *sichtbar.*

Denn *das* ist der Wille Gottes, als sich der Ewige entschied, sich selbst *in* die Person Seines Sohnes Jesus Christus zu verwirklichen, um *allen Menschen Ewiges Leben zu schenken.* So spricht der HERR der Heerscharen:

__Oder habe ich etwa Gefallen am Tod des Gottlosen, spricht GOTT, der Herr, und nicht vielmehr daran, dass er sich von seinen Wegen bekehrt und lebt?__ (Hesekiel, Kapitel 18, Vers 23).

Vers 18: In diesem Vers können wir erneut die aus dem Herzen überströmende Freude des Apostels Paulus in Erfahrung bringen. Paulus bestätigt der Gemeinde, dass er von ihr alles in Empfang genommen hat. Ja, seine ihm von den Philippern durch **Epaphroditus** (siehe abermals Auslegung zu Philipper, Kapitel 2, Vers 25!) überbrachten Gnadengaben haben ihn *völlig versorgt* – in der Tat – diese haben es Paulus ermöglicht, dass ein Teil ihres *Lebensopfers*[*1] des Apostels Herz mit *Überfluss* von Freude auflebt.

Ihre dem Paulus zugutekommende Spende drückt er somit als *__einen lieblichen Wohlgeruch__* (3.Mose, Kapitel 2, Verse 2 – 9) *und als __ein angenehmes Opfer aus, welches Gott wohlgefällig ist.__*

So ist diese von den Philippern vollbrachte Spende *nicht nur dem Apostel ein angenehmes Opfer, sondern vor allem stellt dieses sich als __ein angenehmes Opfer heraus, welches Gott wohlgefällig ist.__*

*¹ Paulus bekennt in seinem Römerbrief folgende Worte, die er auch *gewillt ist,* den Philippern offen in Nachahmung *nicht nur darzulegen sondern auch wie folgt zu bestätigen:*

Ich ermahne euch nun, ihr Brüder, angesichts der Barmherzigkeit Gottes, dass ihr eure Leiber darbringt als ein lebendiges, heiliges, Gott wohlgefälliges Opfer: Das sei euer vernünftiger Gottesdienst (Römer, Kapitel 12, Vers 1).

Denn auch im Brief an die Hebräer können wir folgende „Warnung" des Verfassers zur Nachahmung entnehmen:

Wohlzutun und mitzuteilen vergesst nicht; denn solche Opfer gefallen Gott wohl! (Hebräer, Kapitel 13, Vers 16).

Die Freude des Apostels Paulus will den Philippern bestätigen, dass ihre ihm gebührende Gabe sich als die **Frucht** ihres Glaubens und ihrer ersichtlich werdenden, ausströmenden, von Herzen kommenden Liebe ausweist, welche vor allem vor Gott als *wohlgefällig* (Philipper, Kapitel 4, Vers 18b) aufgenommen wird. Es sind jene bereits von dem *Herrn Jesus Christus erwirkten Früchte der Gerechtigkeit zur Ehre und zum Lob Gottes* (Philipper, Kapitel 1, Vers 11), welche sich fortan als *hundertfältig, sechzigfältig und dreißigfältig* präsentieren (Matthäus, Kapitel 13, Vers 23).

Daher unterbreitet sich die **Frucht** des Glaubens der Gemeinde in Philippi als eine zuversichtliche, unverzagte wie folgt zu verstehende Gewissheit:

Denn er wird sein wie ein Baum, der am Wasser gepflanzt ist und seine Wurzeln am Bach ausstreckt, der die Hitze nicht fürchtet, wenn sie kommt, sondern seine Blätter bleiben grün; auch in einem dürren Jahr braucht er sich nicht zu sorgen, <u>und er hört nicht auf, Frucht zu bringen</u> (Jeremia, Kapitel 17, Vers 8).

Dieser fruchtgedeihende Baum aber wiederum trägt *allein* die ernährenden Wurzeln und die daraus resultierenden *Früchte durch das Heilgeschehen Gottes in dem Herrn Jesus Christus – in Verbindung mit dem unverzagten Glauben der Christen:*

Denn die Liebe des Christus drängt uns, da wir von diesem überzeugt sind: Wenn einer **(Jesus Christus!)** *für alle gestorben ist, so sind sie alle gestorben; und er ist deshalb für alle gestorben, damit die, welche leben, nicht mehr für sich selbst leben, sondern für den, der für sie gestorben und auferstanden ist. So kennen wir denn von nun an niemand mehr nach dem Fleisch;* **(der Sünde!)** *wenn wir aber auch Christus nach dem Fleisch gekannt haben, so kennen wir ihn doch nicht mehr so. Darum: Ist jemand in Christus, so ist er eine neue Schöpfung; das Alte ist vergangen; siehe, es ist alles neu geworden! Das alles aber (kommt) von Gott, der uns mit sich selbst versöhnt hat durch Jesus Christus und uns den Dienst der Versöhnung gegeben hat; weil nämlich Gott in Christus war und die Welt mit sich selbst versöhnte, indem er ihnen ihre Sünden nicht anrechnete und das Wort der Versöhnung in uns legte. So sind wir nun Botschafter für Christus, und zwar so, dass Gott selbst durch uns ermahnt; so bitten wir nun stellvertretend für Christus: Lasst euch versöhnen mit Gott! Denn er hat den,* **(Jesus Christus!)** *der von keiner Sünde wusste, für uns zur Sünde gemacht, damit wir in ihm (zur)*

Gerechtigkeit Gottes würden, so Paulus in seinem 2.Brief an die Korinther in Kapitel 5, Verse 14 – 21.

Folglich, fährt Paulus fort, *existiert der gläubige Mensch nicht länger in und durch sich selbst, sondern in der zuversichtlichen, unverzagten Glaubensgewissheit Gottes in dem Herrn Jesus Christus.*

In der Tat, die Glaubenden haben *ihre Leiber Jesus Christus dargebracht als ein lebendiges, heiliges, Gott wohlgefälliges Opfer* (Römer, Kapitel 12, Vers 1b).

Dieses zum Reich der Herrlichkeit Gottes führende Ereignis ist den Philippern zuteil geworden, *nämlich die Freude im Herrn durch Buße und Glauben aufgrund Gottes ihnen zugedachter Wohltat in dem Herrn Jesus Christus, ihrem Heil.*

Jenes neue, auf Ewigkeit ummantelnde Geborgensein in der Wohltat Gottes Jesu Christi unterstreicht den wunderbaren Sinn dieses freudeumwobenen Philipperbriefes, denn:

Selig sind, die das Wort Gottes hören und bewahren, spricht unser Herr Jesus Christus im Evangelium des Lukas in Kapitel 11, Vers 28b (Lutherbibel 1984).

Vers 19: Paulus – den Blick stets zum Himmel des ewigen Heils gerichtet – dankt Gott, dass der Allmächtige den noch zu

„behebenden Mangel der Gemeinde in Philippi" *ausfüllen wird.* Diese seine von ganzer Gewissheit geprägte Aussage ist von dem Wort *... aber wird... deutlich hervorgehoben worden.* Der Apostel *ist voll zuversichtlicher, ja, unverzagter Gewissheit, dass Gott –* der Schöpfer des Himmels und der Erde *– diesen Mangel aufgrund seiner unausforschlichen, gnadenumwobenen Güte ausfüllen und letztlich beseitigen wird;*

... damit ich denen, die mich (**Gott!**) *lieben, ein wirkliches Erbteil verschaffe und ihre Schatzkammern* (**im Reich der Himmel!**) *fülle –* heißt es in den Sprüchen Salomos, Kapitel 8, Vers 21.

Der Herr ist groß und sehr zu loben, und seine Größe ist unausforschlich – heißt es weiterhin im 145.Psalm – ein Psalm Davids, Vers 3 (Lutherbibel 1984).

Denn *bei Gott sind alle Dinge möglich*, spricht der Herr Jesus Christus im Evangelium des Matthäus in Kapitel 19, Vers 26c.

Die Philipper wurden kraft des Apostels Paulus von Gott und Jesus Christus zuteilwerdenden Heiligen Geistes ebenfalls *Anteilnehmer an der Gnade* Gottes *im* Herrn Jesus Christus *durch* die wiederum ihnen offenbarte Kraftwirkung des Heiligen Geistes, bedingt durch ihren von Herzen kommenden Glauben (Philipper, Kapitel 1, Vers 7c – siehe Auslegung!). Sie sind *in* Christus aufgrund der Gnade Gottes fest verwurzelt.

Kurzum:

Die Gemeinde in Philippi ist *erfüllt mit Früchten der Gerechtigkeit, die durch Jesus Christus (gewirkt werden) zur Ehre und zum Lob Gottes* (Philipper, Kapitel 1, Vers 11 – siehe Auslegung!).

Aber *warum* bittet Paulus, **dass Gott der Gemeinde allen ihren Mangel ausfüllen wird nach seinem Reichtum in Herrlichkeit in Christus Jesus?** (Philipper, Kapitel 4, Vers 19).

Die Antwort liegt auf der Hand. Wie wir bereits mittels dieser Auslegung in Erfahrung bringen konnten, *ist jeder Mensch ein Sünder*. Selbst der tiefgegründete Glaube der Philipper hält die Gemeinde *nicht davon ab, weiterhin zu sündigen*.

Wenn wir nun mittels dieser Auslegung zum Anfang des 4.Kapitels zurückblicken, fällt uns auf, dass die Philipper untereinander *mit Meinungsverschiedenheiten belastet waren* (siehe Auslegung zu Philipper, Kapitel 4, Verse 2 + 3!). Trotz allem aber sind die von Paulus angesprochenen zwei Frauen, **Eurodia und Syntyche** (Philipper, Kapitel 4, Vers 2) trotz ihrer „Meinungsdifferenzen" *Kinder Gottes, deren Namen im Buch des Lebens* (die Offenbarung des Johannes, Kapitel 17, Vers 8c) stehen. Paulus ruft sie daher auf, <u>*eines Sinnes im Herrn zu sein*</u> (Philipper, Kapitel 4, Vers 2b – siehe Auslegung!).

Was der Apostel uns damit sagen will ist Folgendes:

Wir Gläubigen werden *erst dann die ganze Reinheit – ohne jegliche Sünde – vollends genießen können,* wenn wir am Tag der Wiederkunft Jesu Christi dem Heiland *gegenüberstehen* –

Und es wird niemals jemand in sie (die Stadt – das neue Jerusalem!) *hineingehen, der <u>verunreinigt</u>, noch jemand, der Gräuel und Lüge verübt, sondern nur die, welche geschrieben stehen im Buch des Lebens des Lammes* – (die Offenbarung des Johannes, Kapitel 21, Vers 27) oder wie sich Paulus in seinem 1.Brief an die Korinther ausdrückt:

Denn wir sehen <u>jetzt</u> mittels eines Spiegels wie im Rätsel, <u>dann</u> aber von Angesicht zu Angesicht; <u>jetzt</u> erkenne ich stückweise, <u>dann</u> aber werde ich erkennen, gleichwie ich erkannt bin (1.Korinther, Kapitel 13, Vers 12).

Somit ist der tief im Herzen verankerte Glaube des Apostels mit vollster Gewissheit ummantelt, sodass Paulus die Worte des Königs, Propheten und Psalmisten David wie folgt voller Zuversichtlichkeit aussprechen kann:

Der HERR ist mein Hirte, mir wird nichts mangeln. Er weidet mich auf einer grünen Aue und führet mich zum frischen Wasser. Er erquicket meine Seele. Er führet mich auf rechter Straße um seines Namens willen. Und ob ich schon wanderte im finstern Tal, fürchte ich kein Unglück; denn du bist bei mir, dein Stecken und Stab trösten mich. Du bereitest vor mir einen Tisch im Angesicht meiner Feinde. Du salbest mein Haupt mit Öl und schenkest mir voll ein. Gutes und Barmherzigkeit werden mir folgen mein Leben lang, und ich werde bleiben im Hause des Herrn immerdar (Psalm 23 – „Der gute Hirte" – ein Psalm Davids, Verse 1 – 6 / Lutherbibel 1984).

Paulus – voll des Heiligen Geistes – schenkt der Gemeinde in Philippi noch weitere zuversichtliche, fest im Glauben verankerte Gewissheiten, die da lauten:

Er, (Gott!) der sogar seinen eigenen Sohn nicht verschont hat, sondern ihn für uns alle dahingegeben hat, wie sollte er uns mit ihm nicht auch alles schenken? Denn Christus ist das Ende des Gesetzes zur Gerechtigkeit für jeden, der glaubt. Denn die Schrift spricht: [*1]*„Jeder, der an ihn* (**Gott und Jesus Christus!**) *glaubt, soll nicht zuschanden werden!"* (Römer, Kapitel 8, Vers 32 + Kapitel 10, Verse 4 + 11 / [*1] siehe hierzu auch Jesaja, Kapitel 28, Vers 16!).

Folglich ist der Glaube – so Paulus – *eine zuversichtliche Gewissheit, ja, eine fest und stark im Heiligen Geist umwobene, lebensstarke Überzeugung – eine in der Tat festgegründete, unerschütterliche Fundamentierung – durch Christus Jesus in der wohlwollenden Hinwendung Gottes.* Es ist jene in unserem Herzen von dem Geist der Wahrheit Gottes im Herrn Jesus Christus aufleuchtende „Bewusstseinskraft im Heiligen Geist", *welche eine stetige Weiterentwicklung erfährt.*

In der Tat, der Glaube „durchlebt eine beständige, fördernde, von Gott gewollte Entfaltung durch die Kraftausgießung des Heiligen Geistes", *bis dass wir vor das Angesicht Jesu Christi treten, ja, unserem Heil letztlich von Angesicht zu Angesicht gegenüberstehen.* Erst dann sind wir – die an den Messias Glaubenden – *in dem Reich der Wirklichkeit angelangt,* in den himmlischen Regionen der Herrlichkeit Gottes und Jesu Christi, *dem* Heimathafen christlicher Sehnsucht, **der heiligen Stadt, dem neuen Jerusalem – zubereitet wie eine für ihren Mann** *geschmückte Braut* (die Offenbarung des Johannes, Kapitel 21, Vers 2b).

Vers 20: Aufgrund dieser rein von Gott in dem Herrn Jesus Christus uns zugute dienenden Gnadengaben im Heiligen Geist lobpreist der Apostel den Allmächtigen in diesem 20.Vers mit folgenden Worten:

Unserem Gott und Vater aber sei die Ehre von Ewigkeit zu Ewigkeit! Amen.

Erneut sind die von dem Apostel Paulus verfassten Worte rundum *als eine Lobpreisung des Höchsten zu verstehen.* Abermals tritt die von Gott offenbarte **Freude im Herrn Jesus Christus** in den Vordergrund, als sich der Allmächtige dazu entschied, sich selbst in die Person Seines Sohnes zu verwirklichen. Diese unbeschreiblich liebevolle Tat des immerwährenden, uns zugutekommenden Heils, ja – dieser einzig und allein zum Ewigen Leben führende Schritt des allmächtigen Gottes – ist der unumstößliche Liebesbeweis, *wie sehr* Gott uns gläubige Menschen *liebt.* Daher sollen die an Gott und den Herrn Jesus Christus Glaubenden diese ihnen zuteilgewordene, zum Reich der Herrlichkeit Gottes führende Ehre *niemals außer Acht lassen:*

Und was immer ihr tut in Wort oder Werk, das tut alles im Namen des Herrn Jesus und dankt Gott, dem Vater, durch ihn – schreibt Paulus in seinem Brief an die Kolosser in Kapitel 3, Vers 17 – denn:

Ich will dem HERRN singen mein Leben lang und meinen Gott loben, solange ich bin. Mein Reden möge ihm wohlgefallen. Ich freue mich des HERRN. Lobe den HERRN, meine Seele! Halleluja! (Psalm 104, Verse 33, 34 + 35b / Lutherbibel 1984).

Es ist abermals jene zuversichtliche, vom Heiligen Geist offenbarte Gewissheit, welche vom Höchsten *stets gefördert* und von Tag zu Tag von den Gläubigen *voller Freude ausgelebt wird.* So kann nunmehr der an den Ewigen Glaubende von ganzem Herzen heraus behaupten:

Er (der Glaubende!) *bittet dich um Leben; du* **(Gott!)** *gibst es ihm, langes Leben für immer und ewig. Er hat große Herrlichkeit durch deine Hilfe; Pracht und Hoheit legst du auf ihn. Denn du setzest ihn zum Segen ewiglich, du erfreust ihn mit Freude vor deinem Antlitz* (Psalm 21 – ein Psalm Davids, Verse 5 – 7 / Lutherbibel 1984).

Denn Gott der HERR ist Sonne und Schild; der Herr gibt Gnade und Ehre. Er wird kein Gutes mangeln lassen den Frommen. HERR Zebaoth, wohl dem Menschen, der sich auf dich verlässt !(Psalm 84 – ein Psalm der Söhne Korach, Verse 11 – 13 / Lutherbibel 1984).

Folglich – so Paulus, voll des Heiligen Geistes und der damit verbundenen *Freude im Herrn* – wird auch der allmächtige Gott zu jedem Einzelnen an Ihn und an den Herrn Jesus Christus Glaubenden – wie einst zu dem Propheten Daniel – am Ende seines irdischen Daseins sprechen:

Du aber geh hin, bis das Ende kommt! Du darfst nun ruhen und wirst einst auferstehen zu deinem Erbteil am Ende der Tage! (Daniel, Kapitel 12, Vers 13).

Verse 21 – 23
Gruß und Segenswunsch

²¹Grüßt jeden Heiligen in Christus Jesus! Es grüßen euch die Brüder, die bei mir sind. ²²Es grüßen euch alle Heiligen, besonders die aus dem Haus des Kaisers. ²³Die Gnade unseres Herrn Jesus Christus sei mit euch allen! Amen.

Auslegung:

Vers 21: Grüße und Segenswünsche des Paulus folgen.

Auffallend ist jedoch, dass die von Paulus überbrachten Gruß – und Segenwünsche im Vergleich zu dem Schlussteil des Römerbriefes im Philipperbrief eher „kurzgefasst" ausfallen. Dies könnte nach Meinung des Autors darin begründet sein, dass der Apostel *es für notwendig erachtet hatte, Epaphroditus* zu der

Gemeinde der Philipper *zu senden*, *um ihnen alle dem Paulus betreffenden Informationen auszurichten* (siehe erneut Auslegung zu Philipper, Kapitel 2, Verse 25 – 30!).

Auch im 4. Kapitel des Philipperbriefes in Vers 18 können wir ersehen, dass **Epaphroditus** dem Paulus *die zu übermittelnde* **Gabe** *der Philipper überbrachte* (siehe Auslegung!). Es hat also definitiv ein „zwischenzeitlicher Informationsaustausch" zwischen dem Apostel und der Gemeinde stattgefunden, der folglich den Verzicht auf einen „großzügigen" Briefabschluss des Apostels erklärend darlegt.

So lässt er die Gemeinde in Philippi weiterhin wissen, dass *sie alle Heiligen in Christus Jesus grüßen sollen.* Es sind wiederum jene im Glauben an den Herrn Jesus Christus zu übermittelnden Segensgrüße, welche die Freude der Evangeliums-Botschaft des Herrn Jesus Christus rundum kennzeichnen. Daher führt der Apostel den zweiten Satzteil dieses 21.Verses wie folgt fort: *Es grüßen euch die Brüder, die bei mir sind.*

Da sich der Philipperbrief – wie auch die Mehrzahl der anderen Briefe des Apostels Paulus – an die angeschriebenen Gemeinden richtet, *sollen* somit die Leiter der adressierten Gemeinden den Briefinhalt *nicht nur* an die Gemeindemitglieder – hier im Falle an die Gemeinde der Philipper – *sondern auch* an *alle* Glaubenden *verlesen,* die den Herrn Jesus Christus als *den* gewichtigen Mittelpunkt in ihren Herzen tragen, sodass die inhaltliche Freude dieses Briefinhaltes noch tiefer und somit ertragreicher in die Herzen der Zuhörer eindringt. Diesem gemeinschaftlichen Gruß schließen sich auch *die Brüder*, bzw. die Glaubensgeschwister des Paulus an – so die Meinung des

Autors – die sich in der Nähe seines Gefangenschafts-Aufenthaltes befinden. Denn auch sie sind des Apostels *Brüder* im gemeinschaftlichen Glauben an den Herrn Jesus Christus.

Der Gruß an einen jeden Heiligen **(Gläubigen!)** *in Christus Jesus* betont die eigene Bezeichnung *des Paulus* (*und die des Timotheus* /siehe erneut Auslegung zu Philipper, Kapitel 1, Vers 1!), selbst mit dem Heiland *in inniger Verbundenheit – nämlich mit einen zum Herrn bezogenen Glauben* (... als **Knechte Jesu Christi** / siehe hierzu erneut Auslegung zu Philipper, Kapitel 1, Vers 1!) – *in stetiger Verbindung zu stehen.*

Vers 22: Auch werden die Philipper weiterhin von *allen Heiligen, besonders von denen aus dem Haus des Kaisers, gegrüßt,* so Paulus.

Abermals bezieht sich der Apostel erneut auf die von ihm bereits im 2.Kapitel dieses Philipperbriefes genannten Personen *in der ganzen kaiserlichen Kaserne, welche die Worte der Evangeliums-Botschaft ohne Furcht aus guter Gesinnung reden* (siehe hierzu Auslegung unter Philipper, Kapitel 1, Verse 13 – 15!).

Diese zu Jesus Christus bezogenen, gläubigen Personen *aus dem Haus des Kaisers* (Philipper, Kapitel 4, Vers 22) hebt Paulus *besonders* in seinen an die Philipper gerichteten Grüßen hervor. Sehr wahrscheinlich handelt es sich *um diejenigen Brüder im Geist, welche als Mitgefangene, Freigelassene oder sogar als die Diener des Kaisers bezeichnet werden können, welche zum innigen Glauben an den Herrn Jesus Christus ge-*

langt sind, als sie erfuhren, dass Paulus *um des Christus willen gefesselt war* (Philipper, Kapitel 1, Vers 13b / siehe Auslegung!).

Vers 23: Mit den Worten: *Die Gnade unseres Herrn Jesus Christus sei mit euch allen! Amen* – beschließt Paulus diesen überaus im Heiligen Geist von lehrreicher Freude ummantelten Philipperbrief.

Die von ganzer Sehnsucht durchdrungenen Worte des Apostels kennzeichnen die stets in seinem Herzen auffindbare, niemals verzagende Gewissheit, dass die Gnade des Herrn Jesus Christus *allezeit* den Philippern zugutekommen soll. Denn der tiefgegründete Glaube *dieser Gemeinde hat sich als ein solides Glaubensfundament herauskristallisiert,* der die entstehende Freude im Herzen des Paulus ersichtlich und erkenntlich werden lässt.

Dass diese von ganzer Nächstenliebe gekennzeichnete Freude des Apostels auch in Zukunft *keinen* Abbruch erhält – dies wünscht sich Paulus gegenüber den Philippern von ganzem Herzen. Denn der Apostel ist sich stets bewusst, dass die bereits von dem Herrn Jesus Christus der Gemeinde der Philipper übergebene **Gnade** *im Heiligen Geist* **auf einen** *unerschütterlichen* **Felsen** *gegründet wurde, der selbst* **Platzregen, Wasserstürmen und Winden** *erfolgreich widersteht* (Matthäus, Kapitel 7, Verse 24b + 25a).

In der Tat, die stets christliche, mehr als nur überzeugende Einstellung der Gemeinde in Philippi ist ein aufrichtiges Indiz, dass sie auch *weiterhin* in der barmherzigen Gnadengabe des Herrn Jesus Christus *verweilen,* denn sie werden –

in Ewigkeit nicht verlorengehen, und niemand wird sie aus meiner (des Christus` Hand!) *Hand reißen. Mein Vater, der sie mir gegeben hat, ist größer als alle, und niemand kann sie aus der Hand meines Vaters reißen. Ich und der Vater sind eins* – spricht der Herr Jesus Christus im Evangelium des Johannes in Kapitel 10, Verse 28b, 29 + 30.

Auf dieses rundum sich verwirklichende Geschehen bittet Paulus Gott und den Herrn Jesus Christus von ganzem Herzen.

Diese unumstößliche Gewissheit prägt nicht nur den überaus innigen Glauben, sondern den ganzen Inhalt des von Freude umwobenen Philipperbriefes des Apostels Paulus. So können nunmehr die Philipper in demütiger Gemeinschaft des Glaubens mit Paulus in einem inständigen, von Herzen kommendem Dankeslob behaupten:

Aber das ist meine Freude, dass ich mich zu Gott halte und meine Zuversicht setze auf Gott, den HERRN, dass ich verkündige all dein Tun. Du tust mir kund den Weg zum Leben: Vor dir ist Freude die Fülle und Wonne zu deiner Rechten ewiglich (Psalm 73 – ein Psalm Davids, Vers 28 + Psalm 16 – ein Psalm Davids, Vers 11 / Lutherbibel 1984).

Der Psalmist, König und Prophet David schreibt:

Ich will dich unterweisen und dir den Weg zeigen, den du gehen sollst; ich will dich mit meinen Augen leiten (Psalm 32 – ein Psalm Davids, Vers 8 / Lutherbibel 1984)

Nachwort

Sehr geehrte Leser,

in Anbetracht der mir zuteilgewordenen, barmherzigen Gnade Gottes war es mir möglich, nach den von mir verfassten Auslegungen des Römer-, den beiden Korinther-, dem Galaterals auch dem Epheserbrief nun auch den Brief des Apostels Paulus an die Philipper kommentieren zu dürfen.

Ich hoffe zutiefst, dass es mir gelungen ist, Ihnen einen näheren, tiefgründigen Einblick in diesen von Freude geprägten Brief des Apostels Paulus mit meinen gewählten Worten anhand dieser Auslegung hinterlegt zu haben.

So kann nun folgendes Resümee über den Brief des Apostels Paulus an die Philipper in Betracht gezogen werden:

Der Brief des Apostels Paulus an die Philipper ist ein überaus gewichtiger Beweis paulinischer Glaubensstärke, welche sich wohlwollend mit der Gemeinde in Philippi offenbart. So ist dieses tiefgründig im Glauben verfasste Schriftstück ein koordiniertes Indiz gegenseitiger Aufgeschlossenheit, welches sowohl im Geben und Nehmen, vor allem aber auf geistiger Gemeinsamkeit im Glauben an den Herrn Jesus Christus basiert. Der Philipperbrief ist folglich ein Brief voller Dankbarkeit und Freude, die bedingt durch die Kraftauswirkung des Heiligen Geistes irdische, scheinbar unüberwindbare Grenzen jeglicher Art durchbricht, um mit einem unerschütterlichen Glauben in die von Licht umgebene Herrlichkeit Gottes und Jesu Christi zu gelangen, welches fortan Ewiges Leben in deren beider Gemeinsamkeit bewirkt.

Dankbarkeit, Freude und die Überwindung irdischer Barrieren durch Anfechtungen jeglicher Art aber können *erst dann* im Leben eines Menschen *erfolgreich* umgesetzt werden, *wenn* ein unerschütterlicher Glaube an Gott und Jesus Christus im Hintergrund dieses Menschen steht. Ja, das Herz muss sich in Buße dazu bekehren, um diese unantastbare Wahrheit im beharrlichen Glauben gänzlich aufnehmen zu können. Dazu bedarf der Suchende das im Herzen ersichtlich werdende Erkennen, dass Jesus Christus als *der* gewichtige Mittelpunkt im Dasein dieses Menschen *betrachtet werden muss.*

In der Tat, die Heilkraft Gottes im Herrn Jesus Christus muss im gewichtigen, alles entscheidenden Vordergrund stehen, um letztlich verstehen und begreifen zu können, *dass niemand, außer dem Heiland allein Ewiges Leben offenbaren kann.* Diese unverzagte, zuversichtliche Gewissheit wird fortan in Form des Heiligen Geistes dem Beschenkten von Gott offenbart, weil dieser Suchende erkannt hat, *dass Jesus Christus das größte, heilsamste und errettende aller Geschenke des allmächtigen Gottes darstellt.* Wenn dieser innige Glaube im Herzen einkehrt, dann wird der ganze freudeumwobene Inhalt des Philipperbriefes dem Leser vollends bewusst werden.

Blicken wir daher noch einmal gemeinsam zu folgendem Psalm, den ich bereits vor dem Nachwort erwähnte:

Ich (Gott!) *will dich unterweisen und dir den Weg zeigen, den du gehen sollst; ich will dich mit meinen Augen leiten* (Psalm 32 – ein Psalm Davis, Vers 8 / Lutherbibel 1984).

Gottes Wille ist es, dass *alle Menschen* bei Seiner Selbstverwirklichung in den Herrn Jesus Christus die vollkommene Wahrheit Seiner selbst erkennen – und diese mit dem erforderlichen, dazugehörenden Glauben an Ihn von ganzem Herzen voller Dankbarkeit im Gebet der Buße bekennen. In der Tat, Gott will den sündigen Menschen Unterweisung in Seinem Heilsweg in der Person des Herrn Jesus Christus offenbarend darlegen.

Ja, Gott ist es, der uns den zu begehenden Weg in Jesus Christus offenbarte, um uns Sündern mit dem erforderlichen Glauben an Ihn und Jesus Christus Ewiges Leben zu schenken. Dies ist *der* Weg, den wir gehen *sollen,* ja, den wir beschreiten *müssen,* um erfolgreiche Anteilnehmer an der himmlischen Festfeier zu werden; denn *dieser* ist es letztlich, der Ewiges Leben offenbart.

Wer dem allmächtigen Gott und den daraufhin verbindlichen Worten der Heiligen Schrift nachfolgt, *der wandelt nach den zum Heil leitenden Worten Gottes, welche Weisheit, Erkenntnis und Einsicht zu erkennen geben.* Mittels dieser zum Leben führenden Eigenschaften sind wir nun von dem uns gegebenen Heiligen Geist dazu bemächtigt worden, zu erkennen, dass –

die Augen des Herrn die ganze Erde durchstreifen, um sich mächtig zu erweisen an denen, deren Herz ungeteilt auf ihn gerichtet ist (2.Chronik, Kapitel 16, Vers 9).

Denn:

Groß an Rat und mächtig an Tat; dessen Augen über allen Wegen der Menschenkinder offen stehen, um jedem einzelnen zu geben gemäß seinen Wegen und gemäß der Frucht seiner Taten (Jeremia, Kapitel 32, Vers 19) – dies ist das heilende, in die himmlischen Regionen führende Werk des allmächtigen Gottes in dem Herrn Jesus Christus.

Wenn wir diese zu unserem Heil dienenden Bestimmungen des allmächtigen Gottes in unseren Herzen tragen, dann haben wir das Licht des Heilands und Erlösers Jesus Christus in unseren Herzen verankert – und die zum Ewigen Leben führende Unterweisung Gottes in Seinem Sohn vollends angenommen:

Denn der HERR gibt Weisheit, aus seinem Mund kommen Erkenntnis und Einsicht. Er hält für die Aufrichtigen Gelingen bereit und beschirmt, die in Lauterkeit wandeln; er bewahrt die Pfade des Rechts, und er behütet den Weg seiner Getreuen. Dann wirst du Gerechtigkeit und Recht verstehen, Aufrichtigkeit und jeden guten Weg (die Sprüche Salomos, Kapitel 2, Verse 6 – 9).

Gottes Segen Ihnen allen!

Patrick Rompf hat folgende weitere Bücher beim BoD - Verlag veröffentlicht:

Ein neues Leben –
Depressionen mit himmlischem Vertrauen bewältigen
ISBN: 978 – 3 – 7322 – 3437 - 0

Glaube der zum Leben führt
ISBN: 978 – 3 – 7322 – 4252 - 8

Dein Geschenk heißt Jesus
ISBN: 978 – 3 – 7322 – 8286 – 9

Der Römerbrief
Eine Auslegung
ISBN: 978 – 3 – 7357 – 3973 – 5

Gott ist für Dich!
ISBN: 978 – 3 – 7357 – 6074 – 6

Die Korintherbriefe
Eine Auslegung
ISBN: 978 – 3 – 7386 – 4864 – 5

Der Galaterbrief
Eine Auslegung
ISBN: 978 – 3 – 8482 – 0737 – 4

Der Epheserbrief
Eine Auslegung
ISBN: 978 – 3 – 7412 – 9929 - 2